抗日战争档案汇编

辽宁省档案馆藏满铁与九一八事变档案汇编

5

辽宁省档案馆 编

清華大學出版社

本册目录

三、参与军事活动

四、宣传美化侵略

三、参与军事活动

满铁关于九一八事变伤病将士慰问金赠呈表（其一）（一九三一年十月至一九三三年十月）

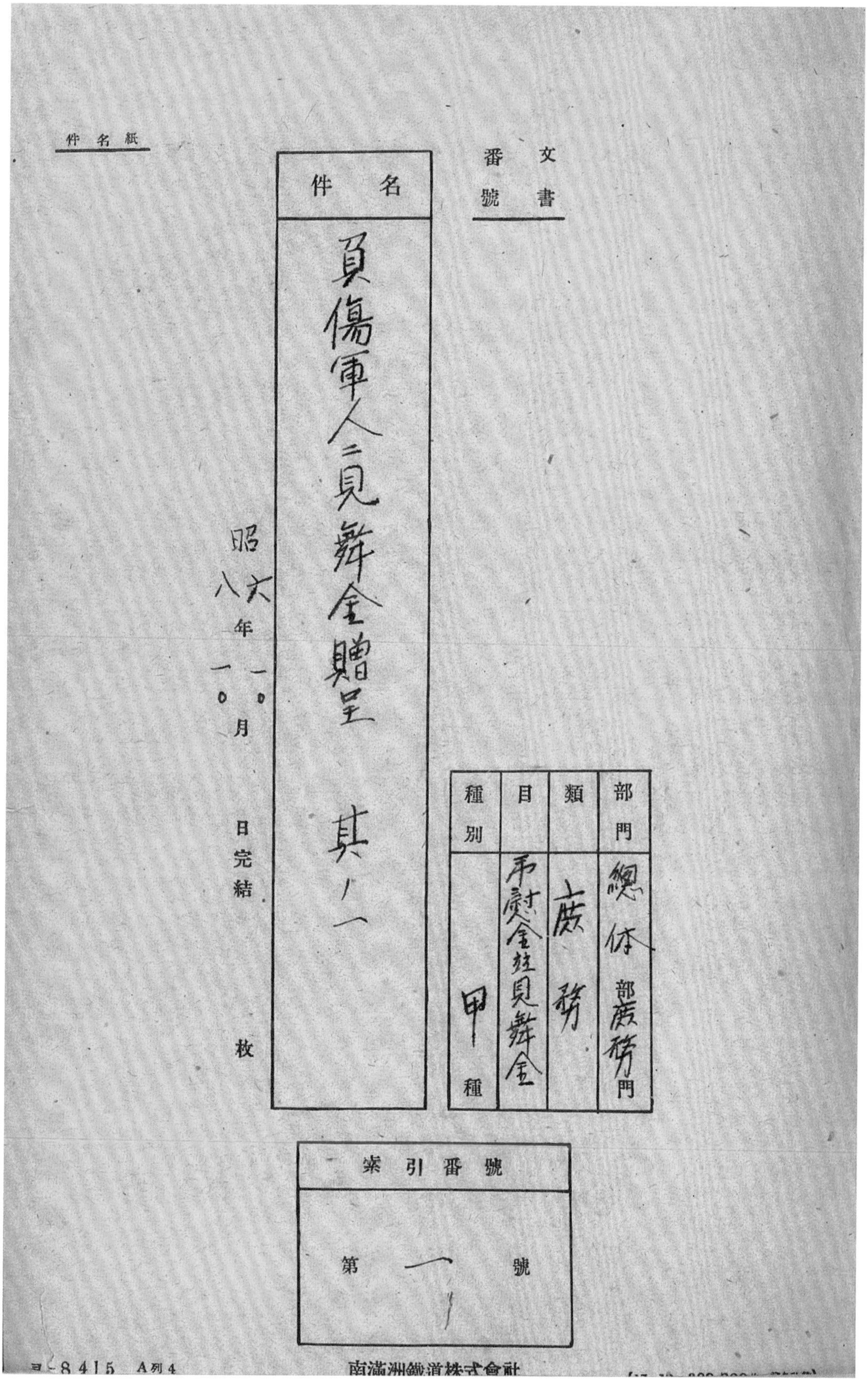

件名紙

件名
負傷軍人ニ見舞金贈呈　其ノ一

文書番號

昭六年一〇月
八年一〇月　日完結　枚

部門	類	目	種別
總体部庶務部門	庶務	弔慰金並見舞金	甲種

索引番號
第一號

ヨ-8415　A列4　南満洲鐵道株式會社

滿洲事變戰傷病者ニ對スル見舞金一覽表（關東軍）

番號	決裁年月日	文書番號	負傷者數	見舞金額
一	昭和六、一〇、二〇	奉庶文三一、一〇、一六	一三一名	一〇、五五〇圓
二	〃 六、一二、三〇	奉庶庶三一、一〇、六六三	三四八	二八、九四〇
三	〃 七、四、一六	〃 三二、一〇、二三	七〇八	五〇、〇二〇
四	〃 七、四、二二	〃 三二、一〇、二七	五四	七、二〇〇
五	〃 七、五、二六	〃 三二、一〇、二一二	一八三	一七、六七〇
六	〃 七、八、一五	〃 三二、一五、二二〇	二二五	二三、四八〇
七	〃 七、八、一二	總庶庶三二、五、一六六	一〇一	八、四八〇
八	〃 七、九、一七	〃 三二、五、一八九	九七	八、七〇〇
九	〃 七、一〇、一八	〃 三二、五、二三〇	二三八	二五、三四〇
一〇	〃 七、一一、二四	〃 三二、五、二六八	一	一五〇
一一	〃 七、一二、五	〃 三二、五、二七六	一	一五〇
一二	〃 七、一二、八	〃 三二、五、二八四	一八五	一六、四四〇

一三	〃 八、一、一六	〃 三二、五、三一四	一七一	一七、二一〇
一四	〃 八、三、二一	〃 三二、五、三四一	二四六	二一、三一〇
一五	〃 八、五、四	〃 三三、八、一七	一七一	一六、一〇〇
一六	〃 八、六、三	〃 三三、八、三七	一四四	一四、一七〇
一七	〃 八、六、七	〃 三三、八、四〇	一	一五〇
一八	〃 八、六、二六	〃 三三、八、五三	一五七	一三、四五〇
一九	〃 八、七、二一	〃 三三、八、七二	一	二〇〇
二〇	〃 八、九、一三	〃 三三、八、一一一	五一九	五三、四九〇
二一	〃 八、一〇、九	〃 三三、八、一二九	七八七	七五、一六〇
		合計	四、四六九	四〇六、三六〇

5

10

受付 6.10.19 奉事務所

6.10.19 SAKO

關副奉甲第一七四號

満洲事変ニ因ル重軽傷者人員ノ件

昭和六年十月十九日 關東軍司令部

奉天事務所庶務課長 迫喜平次殿

首題ノ件左記ノ通ニ付通牒ス

左記

十月十八日現在

軍医部原野軍医調

重傷者 三十一名

内譯

将校 一名

下士 五名

11

11

兵卒　二十五名

輕傷者　百名

内譯

將校　三十六名

下士　十名

兵卒　八十四名

以上重輕傷者總數　百三十名

(大連滿警發納)

12

29

負傷者ニ對スル見舞金贈呈表

重傷者

將校	三名	九〇〇、〇〇圓	別紙明細ノ通リ
下士	一五名	三、〇〇〇、〇〇圓	〃
兵	七三名	一〇、九五〇、〇〇圓	〃
	小計	一四、八五〇、〇〇圓	

輕傷者

將校	一六名	一、六〇〇、〇〇圓	別紙明細ノ通リ
下士	二四名	一、六八〇、〇〇圓	〃
兵	一一七名	一〇、八五〇、〇〇圓	〃
	小計	一四、一三〇、〇〇圓	
	総計	二八、九八〇、〇〇圓	

20/10 一〇、五五〇円贈呈セシ處四〇円ノ剰余ヲ生シ軍部ニテ保管シ居ルニ付右金額ヲ控除シ（別紙関局恤第二号写参照）

差引総計二八、九四〇、〇〇円贈呈

23

60

戰傷者ニ對スル見舞金贈呈表

重傷者			
將校	三名	九〇〇圓〇〇	（内譯別紙ノ通リ）
下士	一〇名	二、〇〇〇、〇〇	（〃）
兵	一〇七名	一六、〇五〇、〇〇	（〃）
小計	一二〇名	一八、九五〇、〇〇	
輕傷者			
將校	一七名	一、七〇〇圓〇〇	（内譯別紙ノ通リ）
下士	四一名	二、八七〇、〇〇	（〃）
兵	五三〇名	二六、五〇〇、〇〇	（〃）
小計	五八八名	三一、〇七〇、〇〇	
總計	七〇八名	五〇、〇二〇、〇〇	

54

126

戰傷將士ニ對スル見舞金贈呈表

重傷者		
將校	四名	一、二〇〇、〇〇圓（內譯別紙ノ通リ）
下士	四名	八〇〇、〇〇（〃）
兵	二八名	四、二〇〇、〇〇（〃）
小計	三六名	六、二〇〇、〇〇
輕傷者		
將校	ナシ	
下士	五名	三五〇、〇〇圓（內譯別紙ノ通リ）
兵	一三名	六五〇、〇〇（〃）
小計	一八名	一、〇〇〇、〇〇
總計	五四名	七、二〇〇、〇〇

120

戰傷將士ニ對スル見舞金贈呈表

重傷者			
	將校	二名	六〇〇・〇〇〇圓
	下士	一八名	三、六〇〇・〇〇〇圓
	兵	四八名	七、二〇〇・〇〇〇圓
	小計	六八名	一一、四〇〇・〇〇〇圓
輕傷者			
	將校	四名	四〇〇・〇〇〇圓
	下士	一六名	一、一二〇・〇〇〇圓
	兵	九五名	四、七五〇・〇〇〇圓
	小計	一一五名	六、二七〇・〇〇〇圓
總計		一八三名	一七、六七〇・〇〇〇圓

（各内譯別紙ノ通リ）

160

戰傷將士ニ對スル見舞金贈呈表

戰傷者

重傷之部

將校	七名	二、一〇〇、〇〇圓
下士	一二名	二、四〇〇、〇〇〃
兵	七五名	一一、二五〇、〇〇〃
小計	九四名	一五、七五〇、〇〇〃

輕傷之部

將校	一四名	一、四〇〇、〇〇圓
下士	二四名	一、六八〇、〇〇〃
兵	九三名	四、六五〇、〇〇〃
小計	一三一名	七、七三〇、〇〇〃
合計	二二五名	二三、四八〇、〇〇〃

155

戰傷者見舞金表

重傷下士	二名	~~四〇〇、〇〇~~ 六〇〇、〇〇
〃兵	~~二八名~~ 二七名	~~四二〇〇、〇〇~~ 四、〇五〇、〇〇
小計	三〇名	~~四六〇〇、〇〇~~ 四、六五〇、〇〇
輕傷將校	二名	二〇〇、〇〇
〃下士	九名	六三〇、〇〇
〃兵	六〇名	三〇〇、〇〇
小計	七一名	三、八三〇、〇〇
見舞金合計	一〇一名	~~八四三〇、〇〇~~ 八、四八〇、〇〇 圓

198

戰傷將士名明細表（關副丁第三二號七月分）

重傷者	將校	二名	六〇〇、〇〇圓
	下士	一名	二〇〇、〇〇 〃
	兵	三〇名	四五〇〇、〇〇 〃
小合計		三三名	五、三〇〇、〇〇圓
輕傷者	將校	二名	二〇〇、〇〇圓
	下士	五名	三五〇、〇〇 〃
	兵	五七名	二、八五〇、〇〇 〃
小合計		六四名	三、四〇〇、〇〇圓
合計		九七名	八、七〇〇、〇〇圓

193

戰傷將士見舞金表

歸副丁第八四號

將校	一四名	
下士	二七名	
兵	一九七名	

計 二三八名

重傷

將校	三名	九〇、〇〇〇圓
下士	一〇名	二〇〇、〇〇〇圓
兵	一〇三名	一、五四五、〇〇〇圓
小計	一一六名	一、八三五、〇〇〇圓

輕傷

將校	一一名	一一〇、〇〇〇圓
下士	一七名	一一九、〇〇〇圓
兵	九四名	四七〇、〇〇〇圓
小計	一二二名	六九九、〇〇〇圓

京地庶第九五号ノ二

昭和七年十一月二十二日

新京地方事務所長

総務部庶務課長殿

見舞金贈呈ノ件

十一月十七日附総庶庶三二第五号ノ二六一ヲ以テ御照會ニ係ル首題ノ件左記ノ通御回答ス

追テ本件ニ對スル見舞金ハ軍ヲ通シ贈呈スルコトニ致度ニ付申添フ

記

負傷者名簿

負傷月日	重軽症別	摘要	官等級	見舞金	氏名
昭和六年十一月廿二日	重症		歩兵一等卒	一五〇.〇〇	北野菊松

224

京地庶一〇二號ノ一

昭和七年十一月三十日　新京地方事務所長

總務部長殿

負傷者見舞金贈呈ニ關スル件

首題ニ關シ別紙ノ通關東軍副官ヨリ申越有之調査スルニ未贈呈ナルコト判明シタルニ付左記ノ通見舞金贈呈方御詮議相成度

記

負傷者名 淳

負傷月日	重輕傷別	官等級	見舞金	氏名
昭和六、九、二八日	重傷	歩、上等兵	一五〇圓	花崎敬三

備考　昭和六年十一月十二日附關副恤第一號軍司令部通牒ニ依リ調

戦傷者見舞金贈呈名簿

（昭和七年十一月五日関副丁第一一九号）

明細表添付

所属部隊号	見舞金額	人員
関東憲兵隊司令部	五〇〇〇	一
鉄道第一聯隊	一五〇〇〇	一
独立守備第二大隊（開原）	一、九二〇〇〇	一九
独立守備第三大隊（大石橋）	二、三六〇〇〇	三〇
独立守備第四大隊（連山関）	一五〇〇〇	一
独立守備第五大隊（鉄嶺）	一五〇〇〇	一
独立守備第六大隊（鞍山）	一、八八〇〇〇	三四

飛行第十大隊第二中隊	三〇〇	〇〇	一
飛行第十一大隊	五〇	〇〇	一
飛行第十二大隊	四〇〇	〇〇	六
騎兵第十四聯隊	一五〇	〇〇	一
第二師團野砲第二聯隊	一、八七〇	〇〇	二〇
第二師團騎兵第二聯隊	四二〇	〇〇	五
第二師團步兵第二九聯隊	一、一〇〇	〇〇	一四
第二師團步兵第三十聯隊	一、五二〇	〇〇	一五
第二師團步兵第三二聯隊	五五〇	〇〇	六
第八師團步兵第五聯隊	一五〇	〇〇	二

第十師團步兵第十聯隊	一、四二〇	〇〇	一〇
第十師團衛生班	一五〇	〇〇	一
第十師團步兵第四十聯隊	一、一〇〇	〇〇	九
第十四師團步兵第五十聯隊	一五〇	〇〇	二
第十四師團步兵第五九聯隊	四〇〇	〇〇	四
野砲兵第二十聯隊	五〇	〇〇	一
合計	一六、四四〇	〇〇	一八五

戰傷者見舞金贈呈者名簿

（昭和七年十一月二十二日關副丁第一三四號）

明細書添付

所屬部隊號	見舞金額	人員
關東憲兵隊司令部	二九〇、〇〇	三
獨立守備步兵第一大隊	四二〇、〇〇	三
獨立守備步兵第五大隊	二〇〇、〇〇	二
獨立守備步兵第六大隊	三〇〇、〇〇	二
鐵道第一聯隊	三五〇、〇〇	三
臨時派遣第一戰車隊	三九〇、〇〇	六
步兵第十聯隊	一、五七〇、〇〇	一六
步兵第八旅團司令部	一〇〇、〇〇	一

歩兵第三十九聯隊	二、四〇〇、〇〇〇	三七
歩兵第六十三聯隊	二、六二〇、〇〇〇	一九
工兵第十大隊第一中隊	一七〇、〇〇〇	三
騎兵第十聯隊	三五〇、〇〇〇	三
歩兵第五聯隊	一二〇、〇〇〇	二
歩兵第三十一聯隊	八〇〇、〇〇〇	九
飛行第十大隊	四〇〇、〇〇〇	二
飛行第十一大隊	三五〇、〇〇〇	二
歩兵第四聯隊	一、三〇〇、〇〇〇	一一
騎兵第十三聯隊	一、四二〇、〇〇〇	一一
騎兵第十四聯隊	二二〇、〇〇〇	三
歩兵第五十九聯隊	七〇〇、〇〇〇	五

步兵第十五聯隊	七五〇,〇〇〇	九
騎兵第十八聯隊	四五〇,〇〇〇	二
第十四師團輸送監視隊	五〇,〇〇〇	一
步兵第二十五聯隊第二大隊	二二〇,〇〇〇	二
步兵第二十六聯隊第二大隊	六〇〇,〇〇〇	六
步兵第二十七聯隊第一大隊	三〇〇,〇〇〇	二
混成十四旅團騎兵第七聯隊第二中隊	三七〇,〇〇〇	四
混成第十四旅團自動車班	一五〇,〇〇〇	一
騎兵第二十六聯隊	五〇,〇〇〇	一
計	一七三一〇,〇〇〇	一七一

339

戰傷者見舞金贈呈者名簿
（昭和七年十二月十五日附関副丁第一五八号）

明細表添附

所屬部隊号	見舞金額	人員
步兵第二九聯隊	一、〇〇〇、〇〇〇	九
步兵第十六聯隊	一、九七〇、〇〇〇	一九
步兵第三十聯隊	七〇〇、〇〇〇	一一
騎兵第十三聯隊	一、九四〇、〇〇〇	二〇
騎兵第十四聯隊	四七〇、〇〇〇	七
騎兵第一旅團機関銃中隊	二五〇、〇〇〇	三
騎兵第一旅團騎砲兵中隊	五〇〇、〇〇〇	三
独立守備步兵第一大隊	一〇〇、〇〇〇	二

338

340

独立守備歩兵第二大隊	二七〇、〇〇	三
独立守備歩兵第六大隊	二七〇、〇〇	五
歩兵第二聯隊	三、六〇〇、〇〇	四五
歩兵第十五聯隊	五〇〇、〇〇	四
歩兵第五十聯隊	三、九三〇、〇〇	三一
野砲兵第二十聯隊	九〇〇、〇〇	一一
歩兵第五九聯隊	四、九四〇、〇〇	五三
騎兵第二五聯隊	二〇〇、〇〇	二
歩兵第六三聯隊	一、一七〇、〇〇	一二
飛行第十大隊	六五〇、〇〇	三
飛行第十二大隊	一五〇、〇〇	一
関東憲兵隊司令部	二〇〇、〇〇	一

339

341

関東軍司令部	一〇〇、〇〇	一
計	二一、八一〇、〇〇	二四六

340

380

戦傷者見舞金贈呈者名簿
（昭和八年一月十一日関副丁第一八七号）

明細書添付

所属部隊号	見舞金額	人員
歩兵第二九聯隊	二〇〇〇〇	二
歩兵第一六聯隊	四五〇〇〇	五
歩兵第三〇聯隊	五〇〇〇	一
歩兵第五聯隊	四〇〇〇〇	三
満洲派遣歩兵第一七聯隊	三五〇〇〇	四
野砲兵第一〇聯隊	一、四九〇〇〇	一六
歩兵第二聯隊	五七〇〇〇	一一
歩兵第五九聯隊	八九〇〇〇	一一
歩兵第一五聯隊	一、三四〇〇〇	一四

380

歩兵第五〇聯隊	四〇〇〇	〇〇	四三
野砲兵第二〇聯隊	二五〇	〇〇	三
独立守備歩兵第一大隊	七〇	〇〇	一
独立守備歩兵第二大隊	八〇〇	〇〇	六
独立守備歩兵第三大隊	五〇	〇〇	一
独立守備歩兵第四大隊	九五〇	〇〇	五
独立守備歩兵第六大隊	一、九〇〇	〇〇	二〇
騎兵第一旅團司令部	五〇〇	〇〇	四
騎兵第一旅團機関銃中隊	五〇	〇〇	一
飛行第十二大隊	二〇〇	〇〇	一
騎兵第二五聯隊	一〇〇	〇〇	二
混成十四旅團歩兵第二六、第二大隊	二二〇	〇〇	二

381

混成第一四旅團步二八聯隊第五中隊	五〇	〇〇	一
混成第一四旅團騎兵第七聯隊第二中隊	三二〇	〇〇	三
步兵第四五聯隊	一五〇	〇〇	一
步兵第六三聯隊	六五〇	〇〇	八
合計	一六、〇〇〇	〇〇	一六九

417

戰傷者見舞金贈呈者名簿

（昭和八年二月二十二日附關副丁第二四三號）

明細書添付

所屬部隊號	見舞金額	人員
步兵第二十九聯隊	六五〇、〇〇	六
步兵第三十聯隊	四〇〇、〇〇	六
步兵第四十七聯隊	一二〇、〇〇	二
步兵第四十五聯隊	五〇、〇〇	一
步兵第五聯隊	九九〇、〇〇	一三
步兵第三十一聯隊	二七六〇、〇〇	二三
步兵第十七聯隊	三九〇、〇〇	七
步兵第三十二聯隊	五二〇、〇〇	五
野砲步第八聯隊	三〇〇、〇〇	四

418

工兵第八大隊第一中隊	六五〇、〇〇〇	七
第八師團通信隊	五〇、〇〇〇	一
歩兵第十聯隊	一、五七〇、〇〇〇	二二
歩兵第四十聯隊	一七〇、〇〇〇	三
工兵第十大隊第一中隊	二五〇、〇〇〇	四
歩兵第五十九聯隊	五〇、〇〇〇	一
歩兵第十五聯隊	一、六五〇、〇〇〇	一二
野砲兵第二十聯隊	一五〇、〇〇〇	一
工兵第十四大隊第二中隊	六〇〇、〇〇〇	五
歩兵第二十七聯隊第一大隊	三五〇、〇〇〇	五
歩兵第二十五聯隊	四五〇、〇〇〇	三
獨立守備歩兵第一大隊	二〇〇、〇〇〇	二
〃 第二大隊	一五〇、〇〇〇	一
〃 第三大隊	一〇〇、〇〇〇	一

419

騎兵第一旅團騎砲兵中隊	一五〇、〇〇〇	一
騎兵第二十五聯隊	一五〇、〇〇〇	一
飛行第十大隊	四五〇、〇〇〇	二
飛行第十二大隊	一五〇、〇〇〇	一
鉄道第一聯隊	五〇、〇〇〇	一
關東軍野戰自動車隊	一五〇、〇〇〇	一
臨時野砲兵中隊	五〇〇、〇〇〇	二
合計	一四、一七〇、〇〇〇	一四四

420

負傷年月日	昭和七年六月十八日
程度	重傷
摘要	

一等兵 松本 榮

467

戰傷者見舞金贈呈名簿

（昭和八年四月九日附關副丁第三〇一號）

（明細書添付）

所屬部隊號	見舞金額		人員
關東軍司令部	三〇〇	〇〇	一
獨立守備步兵第一大隊	五〇	〇〇	一
〃　第二大隊	三五〇	〇〇	五
〃　第三大隊	四五〇	〇〇	三
〃　第五大隊	一五〇	〇〇	一
〃　第六大隊	一、二二〇	〇〇	一一
步兵第四十七聯隊	七〇〇	〇〇	一四
步兵第四十五聯隊	九四〇	〇〇	九
步兵第三十九聯隊	三、一二〇	〇〇	四九

469

469

步兵第六十三聯隊	三、五七〇	〇〇	四六
野砲兵第十聯隊	八五〇	〇〇	一一
步兵第五十聯隊	一五〇	〇〇	一
輜重兵第十四大隊	五〇	〇〇	一
鉄道第一聯隊	二〇〇	〇〇	一
飛行第十大隊	一五〇	〇〇	二
旅順重砲兵大隊	二〇〇	〇〇	一
合計	一二、四五〇	〇〇	一五七

470

503

昭和七年四月中死傷者調書

混成第三十八旅團衛生班

死傷月日	程度	摘要	階級	氏名
昭和七、四、二七	重	一、見舞（要） 二、頭蓋底骨折兼腦震盪症 （四月二六日夜哈市到著夜半衛生班携行材料ヲ自動車ニテ宿營地ニ輸送勤務中墜落受傷ス）	二等看護長	今井泉

504

負傷者見舞金贈呈名簿

（昭和八年五月一日附關副丁第三三〇號）

明細書添付

所屬部隊號	見舞金額		人員
步兵第十一旅團司令部	一五〇	〇〇	一
步兵第四十五聯隊	二三、九九〇	〇〇	一九三
工兵第六大隊	一、〇五〇	〇〇	一五
步兵第十七聯隊	五〇	〇〇	一
步兵第三十二聯隊	三五〇	〇〇	五
野砲兵第八聯隊	七〇	〇〇	一
步兵第六十三聯隊	六七〇	〇〇	三七
步兵第二聯隊	四〇〇	〇〇	六
步兵第五十九聯隊	二〇〇	〇〇	二
步兵第十五聯隊	六七〇	〇〇	四

516

515

步兵第五十聯隊	一二〇	〇〇	二
工兵第十四大隊	一五〇	〇〇	一
步兵第二十五聯隊	四、七二〇	〇〇	七四
步兵第二十六聯隊	一、三九〇	〇〇	一〇
步兵第二十七聯隊	五、二三〇	〇〇	五三
步兵第二十八聯隊	二、九一〇	〇〇	三五
騎兵第七聯隊第二中隊	三五〇	〇〇	六
野砲兵第七聯隊第二大隊	二、七二〇	〇〇	三〇
騎兵第一旅團騎砲兵中隊	六五〇	〇〇	四
騎兵第二十五聯隊	一、九一〇	〇〇	一八
騎兵第二十六聯隊	九二〇	〇〇	九
獨立守備步兵第四大隊	五〇	〇〇	一
獨立守備步兵第五大隊	一五〇	〇〇	一
獨立守備步兵第六大隊	一五〇	〇〇	一
飛行第十二大隊	三五〇	〇〇	三

517

關東憲兵隊	一四〇	〇〇	二
野砲兵第二十六聯隊	一五〇	〇〇	一
步兵第三十聯隊	一七〇	〇〇	三
計	四九、八三〇	〇〇	五一九

518

580

負傷者見舞金贈呈名簿
（昭和八年六月十六日附關副丁第三七七號）

明細書

部隊號	金額	人員
關東憲兵隊司令部	七〇〇〇〇	一
飛行第十大隊	七七〇〇〇	六七
步兵第十聯隊	四三三〇〇〇	四六
步兵第三十九聯隊	二、九〇〇〇〇	二九
步兵第四十聯隊	八、九一〇〇〇	八八
步兵第四十五聯隊	四八三〇〇〇	六五
步兵第六十三聯隊	三七〇〇〇	七
獨立守備步兵第一大隊	一〇〇〇〇	二
〃 第二大隊	二七〇〇〇	二

583

獨立守備步兵第三大隊	五〇	〇〇	一
〃 第四大隊	九五〇	〇〇	六
〃 第五大隊	二〇〇	〇〇	二
〃 第六大隊	一〇〇	〇〇	二
騎兵第六聯隊	五〇〇	〇〇	四
步兵第十五聯隊	三〇〇	〇〇	二
野砲兵第十聯隊	一、一五〇	〇〇	一〇
騎兵第十八聯隊	一、六七〇	〇〇	一九
野砲兵第二十聯隊	一、四五〇	〇〇	一一
關東軍電信隊第三大隊	八五〇	〇〇	九
第六師團衛生班第一部	一〇〇	〇〇	二
步兵第十三聯隊	一一、〇八〇	〇〇	八六
步兵第四十七聯隊	一、二〇〇	〇〇	一九

584

582

步兵第二十三聯隊	一五〇	〇〇	三
步兵第五聯隊	八五〇	〇〇	一〇
步兵第十七聯隊	二、九七〇	〇〇	三八
步兵第三十一聯隊	四、二三〇	〇〇	五六
步兵第三十二聯隊	七、四一〇	〇〇	六九
騎兵第八聯隊	二〇〇	〇〇	一
野砲兵第八聯隊	二五〇	〇〇	四
第八師團通信隊	一五〇	〇〇	一
步兵第五十九聯隊	五〇	〇〇	一
步兵第十五聯隊	一五〇	〇〇	一
臨時重砲兵中隊	一〇〇	〇〇	二
飛行第十一大隊	五〇	〇〇	一
混成第十四旅團司令部	一〇〇	〇〇	一

585

混成第十四旅團 歩兵第二十五聯隊	一、三五〇	〇〇	一三
〃 歩兵第二十六聯隊	三、九五〇	〇〇	四六
〃 歩兵第二十七聯隊	六、九〇〇	〇〇	六二
〃 歩兵第二十八聯隊	三、八五〇	〇〇	五一
〃 騎兵第七聯隊第二中隊	一五〇	〇〇	三
〃 野砲兵第二大隊	三五〇	〇〇	七
合計	七五、三六〇	〇〇	七九〇 八九

满铁关于九一八事变伤病将士慰问金赠呈表（其二）（一九三三年十一月至一九三五年十一月）

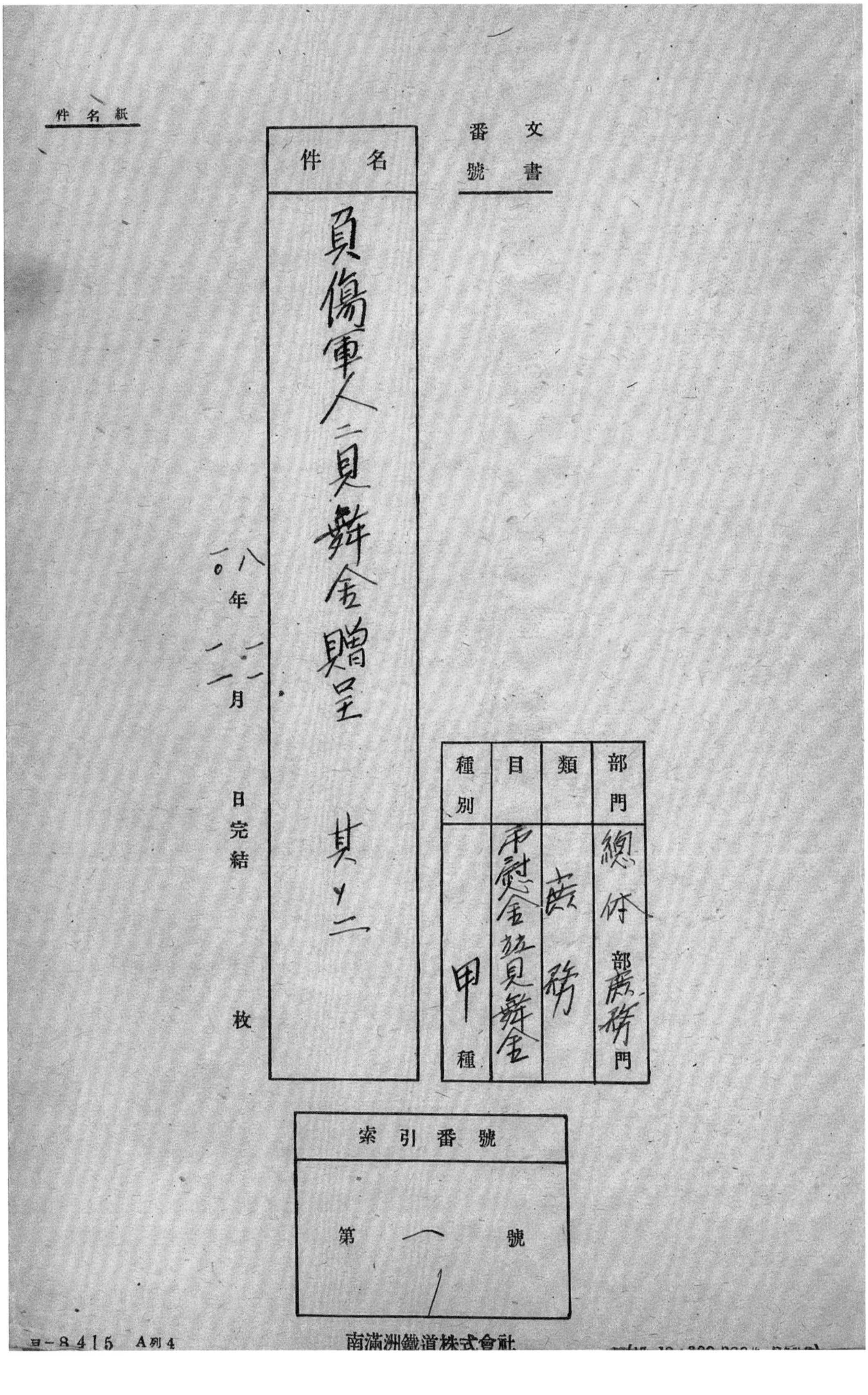
件名紙

件名：負傷軍人ニ見舞金贈呈 其ノ二

文書番號

八 一〇 年 一一 一二 月 日完結 枚

種別	目	類	部門
甲種	弔慰金並見舞金	庶務	總体部 庶務部門

索引番號

第 一 號

ヨ-8415 A列4 南満洲鐵道株式會社

滿洲事變戰傷病將士ニ對スル見舞金一覽表（關東軍）

番號	決裁年月日	文書番號	負傷者數	見舞金額
二二	昭和八、一一、一〇	總庶三三八、一五五	三八七名	三七、一五〇圓
二三	〃 八、一一、二八	〃 三三八、一四二	五八	六、一六〇
二四	〃 九、二、五	〃 三三八、一七一	九四一	七五、九三〇
二五	〃 九、二、二六	〃 三三八、一七九	二二九	二七、二五〇
二六	〃 九、三、一四	〃 三三八、一九五	七六	八、二〇〇
二七	〃 九、三、二八	〃 三三八、二〇二	六〇	六、一七〇
二八	〃 九、八、四	京地庶九〇ノ八	二	一〇〇
二九	〃 九、八、一	飽十庶一九二	一	五〇
三〇	〃 九、八、九	總庶庶三四一、二二四	四六	四、六一〇
三一	〃 九、九、七	〃 三四一、二七一	三二三	三三、九六〇
三二	〃 一〇、四、一八	〃 三五一、二八	三二〇	三三、五二〇
三三	〃 一〇、八、二七	〃 三五一、二〇九	一六五	一六、八三〇

3

3

三四	昭和一〇、一二、一八	京地庶二五ノ一	三	三四〇
三五	〃 一〇、一二、二三	總庶庶三五、一、三九二	二四八	二五、一一〇
三六	〃 一一、三、二三	〃 三五、七二五四	三三二	三三、九五〇
三七	〃 一一、三、二八	〃 三五、七二六四	六一	六、一〇〇
		合計	三、二四〇	三一四、四五〇

其一　四、四六九名　四〇六、三六〇圓

其二　三、二四〇名　三一四、四五〇圓

計　七、七〇九名　七二〇、八一〇圓

4

負傷者見舞金贈呈名簿
（昭和八年七月十七日附關副丁第四一九號）

明細書

部隊號	金額		人員
關東軍自動車隊	四五〇	〇〇	四
步兵第十三聯隊	二、五〇〇	〇〇	三一
步兵第二十三聯隊	一三、七六〇	〇〇	一四〇
步兵第四十七聯隊	九二〇	〇〇	一〇
騎兵第六聯隊	二〇〇	〇〇	四
野砲兵第六聯隊	七、二一〇	〇〇	五二
滿洲派遣第六師團工兵中隊	三〇〇	〇〇	三
步兵第十聯隊	一、七〇〇	〇〇	一六
步兵第三十九聯隊	六七〇	〇〇	九

9

步兵第四十聯隊	五〇	〇〇	一
步兵第六十三聯隊	四五〇	〇〇	五
野砲兵第十聯隊	三七〇	〇〇	三
步兵第二聯隊	二九〇	〇〇	五
步兵第十五聯隊	五〇	〇〇	一
步兵第五十聯隊	四七八〇	〇〇	六四
步兵第五十九聯隊	五〇	〇〇	一
工兵第十四聯隊	八〇〇	〇〇	一一
混成第十四旅團步兵第二十六聯隊第二大隊	五〇	〇〇	一
獨立守備第一大隊	二五〇	〇〇	三
獨立守備第三大隊	六〇〇	〇〇	四
獨立守備第五大隊	一五〇	〇〇	一
獨立守備第六大隊	九〇〇	〇〇	一三

10

臨時重砲兵中隊	三〇〇	〇〇	二
鉄道第一聯隊	三五〇	〇〇	三
合計	三七一五〇	〇〇	三八七

11

67

負傷者見舞金贈呈名簿

（昭和八年八月二十二日附關副丁第四五二號

部隊號	金額	人員
獨立守備第一大隊	二二〇 〇〇	二
〃第三大隊	七〇 〇〇	一
〃第五大隊	三五〇 〇〇	二
〃第六大隊	三七〇 〇〇	三
步兵第三十聯隊	五〇 〇〇	一
步兵第四十五聯隊	七五〇 〇〇	一一
步兵第四十七聯隊	二〇〇 〇〇	二
野砲兵第六聯隊	一五〇 〇〇	一
步兵第三十九聯隊	一、〇〇〇 〇〇	一〇
步兵第四〇聯隊	二〇〇 〇〇	二

69

歩兵第十聯隊	五〇	〇〇	一
騎兵第十聯隊	九五〇	〇〇	五
野砲兵第十聯隊	一、三〇〇	〇〇	九
工兵第十大隊	五〇	〇〇	一
歩兵第五十九聯隊	五〇	〇〇	一
工兵第十四大隊	二〇〇	〇〇	四
騎兵第二十六聯隊	二〇〇	〇〇	二
合計	六、一六〇	〇〇	五八

95

戰負傷者見舞金贈呈名簿

（昭和八年九月十四日附總副丁第四八四號）

部隊號	金額	人員
獨立守備步兵第二大隊	五〇、〇〇〇	一
〃 第三大隊	七〇、〇〇〇	一
〃 第四大隊	二一〇、〇〇〇	一四
〃 第五大隊	五〇、〇〇〇	四
步兵第五聯隊	一、六四〇、〇〇〇	一三〇
步兵第三十一聯隊	一、七九九、〇〇〇	二二九
步兵第十七聯隊	一、六二六、〇〇〇	二一六
步兵第三十二聯隊	一、九四一、〇〇〇	二五九
騎兵第八聯隊	七〇〇、〇〇〇	五
野砲兵第八聯隊	一、九二〇、〇〇〇	二七
工兵第八大隊	五五〇、〇〇〇	一〇

96

第八師團通信隊	一五〇、〇〇〇	一
步兵第三十九聯隊	五〇、〇〇〇	一
步兵第四十聯隊	四〇〇、〇〇〇	四
步兵第十聯隊	二〇〇、〇〇〇	四
步兵第二聯隊	五〇、〇〇〇	一
步兵第十五聯隊	五〇、〇〇〇	一
步兵第五十聯隊	一、〇〇〇、〇〇〇	七
混成第十四旅團步兵第二十六聯隊第二大隊	一五〇、〇〇〇	三
混成第十四旅團步兵第二十七聯隊第一大隊	八〇〇、〇〇〇	五
〃 步兵第二十八聯隊第二大隊	三七〇、〇〇〇	五
混成第十四旅團通信隊	一〇〇、〇〇〇	二
騎兵第一旅團裝甲自動車隊	五五〇、〇〇〇	五

97

飛行隊第十二大隊	五〇〇、〇〇〇	二
関東憲兵隊	四二〇、〇〇〇	五
合計	七六〇、〇〇〇 七五、九八〇、〇〇	九四二

98

200

戰負者見舞金贈呈名簿（昭和八年十月二十四日附關副丁第五二七號）

明細書

部隊號	金額		人員
獨立守備歩兵第一大隊	五〇	〇〇	一
〃　第三大隊	五〇	〇〇	一
〃　第五大隊	一、〇五〇	〇〇	七
〃　第六大隊	五〇	〇〇	一
鉄道第一聯隊	一五〇	〇〇	一
臨時派遣第一戰車隊	一、四六〇	〇〇	一八
野戰重砲兵第九聯隊	五〇	〇〇	一
第六師團歩四五ノ五	三〇〇、	〇〇	一

201

201

步兵第三十九聯隊	二二〇	〇〇	四
步兵第四十聯隊	四五〇	〇〇	五
步兵第十聯隊	六七〇	〇〇	七
步兵第六十三聯隊	一〇〇	〇〇	一
野砲兵第十聯隊	五〇	〇〇	一
步兵第二聯隊	二〇〇	〇〇	二
步兵第五十九聯隊	二五〇	〇〇	三
步兵第五十聯隊	五五〇	〇〇	六
混成第十四旅團自動車班	三五〇	〇〇	二
混十四旅騎七第二中隊	一五〇	〇〇	三
騎兵第二十五聯隊	七七〇	〇〇	八
騎兵第二十六聯隊	六五〇	〇〇	六
混成第十四旅團通信隊	二〇〇	〇〇	四

202

混成第十四旅團衛生班	三五〇	〇〇	二
混十四旅歩二十五第二大隊	一五〇	〇〇	三
〃　歩二十六第二大隊	二、九二〇	〇〇	二七
〃　歩二十七第一大隊	一、八~~七~~一〇	〇〇	八~~七~~一
〃　歩二十八第二大隊	四、二五〇	〇〇	三三
合計	二七、~~三~~二~~四~~五〇	〇〇	二~~三~~二~~〇~~九

203

276

戰負傷者見舞金贈呈名簿

（昭和八年十二月附關副丁第五七九號）

部隊號	金額	人員
步兵第十七聯隊	二〇〇、〇〇	一
第八師團步兵第三十二聯隊	五〇、〇〇	一
步兵第三十九聯隊	四〇〇、〇〇	六
步兵第四十聯隊	六〇〇、〇〇	六
步兵第十聯隊	五〇〇、〇〇	八
步兵第六十三聯隊	五〇、〇〇	一
野砲兵第十聯隊	五〇、〇〇	一
步兵第二聯隊	一五〇、〇〇	一
步兵第五十九聯隊	五〇、〇〇	一
步兵第五十聯隊	六〇〇、〇〇	三
騎兵第十八聯隊	二〇〇、〇〇	二

283

工兵第十四大隊	一五〇、〇〇〇	二
歩兵第二十五聯隊第二大隊	二、〇五〇、〇〇〇	一六
歩兵第二十六聯隊第二大隊	六五〇、〇〇〇	三
歩兵第二十七聯隊第一大隊	一、一五〇、〇〇〇	九
歩兵第二十八聯隊第二大隊	三五〇、〇〇〇	五
混成第十四旅團通信隊	二〇〇、〇〇〇	二
混成第十四旅團自動車班	一五〇、〇〇〇	一
獨立守備歩兵第一大隊	五〇、〇〇〇	一
獨立守備歩兵第三大隊	一五〇、〇〇〇	一
獨立守備歩兵第六大隊	二五〇、〇〇〇	三
飛行第十二大隊	一五〇、〇〇〇	一
騎兵第二十六聯隊	五〇、〇〇〇	一
合計	八、二〇〇、〇〇〇	七六

309

戰負傷者見舞金贈呈名簿

（昭和八年十二月二十八日關副丁第六〇九號）

步兵第三十九聯隊	三七〇、〇〇〇	三
步兵第四十聯隊	一五〇、〇〇〇	一
步兵第十聯隊	一五〇、〇〇〇	三
步兵第六十三聯隊	二七〇、〇〇〇	五
步兵第二聯隊	一、八二〇、〇〇〇	一四
步兵第五十九聯隊	六〇〇、〇〇〇	八
步兵第十五聯隊	一、二四〇、〇〇〇	九
騎兵第十八聯隊	五〇、〇〇〇	一
混十四旅步二五第二大隊	二〇〇、〇〇〇	二
〃　二六第二大隊	五〇、〇〇〇	一
〃　二七第一大隊	四五〇、〇〇〇	三
〃　二八第二大隊	五〇、〇〇〇	一

316

騎兵第十四聯隊	五〇、〇〇〇	一
騎兵第二十六聯隊	一五〇、〇〇〇	一
騎四旅装甲自動車隊	二二〇、〇〇〇	二
關東軍自動車隊	一〇〇、〇〇〇	二
關東憲兵隊司令部	二五〇、〇〇〇	三
合計	六、一七〇、〇〇〇	六〇

340

戰負傷者見舞金贈呈名簿

（昭和九年一月二十九日關副丁第六三五號）

部隊號	金額	人員	
步兵第五聯隊	一九〇、〇〇	三	✓
步兵第十聯隊	一、〇五〇、〇〇	七	✓
步兵第六三聯隊	四〇〇、〇〇	六	✓
步兵第二聯隊	五〇、〇〇	一	✓
步兵第五九聯隊	一五〇、〇〇	一	✓
步兵第五〇聯隊	二〇〇、〇〇	二	✓
混一四旅步二五聯隊第二大隊	二五〇、〇〇	三	✓
混一四旅步二六聯隊第二大隊	四五〇、〇〇	三	✓
混一四旅步二七聯隊第一大隊	三〇〇、〇〇	二	✓
混一四旅步二八聯隊第二大隊	一〇〇、〇〇	二	✓

346

混一四旅騎七聯隊第二中隊	五、〇〇〇	一
獨立守備歩兵第二大隊	五、〇〇〇	一
獨立守備歩兵第一五大隊	二五、〇〇〇	三
飛行第十大隊	二〇、〇〇〇	二
鉄道第一聯隊	九二、〇〇〇	九
合計	四六一、〇〇〇	四六

361

見舞金贈呈名簿

二月二六日關副丁六八五　七月　三日關副丁八四九
四月　二日關副丁七三一　七月一八日關副丁八七五
四月二八日關副丁七七五

部隊號	金額	人員	頁
關東軍自動車隊	四九〇、〇〇	七	一
第三師團步兵第十八聯隊	三五〇、〇〇	五	二
〃　〃　第六十八聯隊	二、一五〇、〇〇	二五	三
〃　騎兵第二十六聯隊	一五〇、〇〇	一	六
第七師團步兵第二十七聯隊	一五〇、〇〇	一	七
〃　混成第十四旅團 步兵第二十五聯隊第二大隊	五〇、〇〇	一	八
〃　〃　第二十七聯隊第一大隊	一五〇、〇〇	一	九
〃　〃　第二十八聯隊第二大隊	二五〇、〇〇	二	一〇
〃　自動車班	一五〇、〇〇	一	一一

367

第六師團步兵第二十三聯隊	四七五、〇〇〇	三〇	一二
〃 〃 第四十五聯隊	一、五〇〇、〇〇〇	一〇〇	一五
〃 〃 第四十七聯隊	二五〇、〇〇〇	三	一六
〃 野砲第六聯隊	三〇〇、〇〇〇	二	一七
〃 通信隊	七五〇、〇〇〇	七	一八
第八師團步兵第三十一聯隊	二〇〇、〇〇〇	四	一九
〃 工兵第八大隊	五〇、〇〇〇	一	二〇
第十師團步兵第十聯隊	一、七四〇、〇〇〇	一九	二一
〃 〃 第三十九聯隊	一七〇、〇〇〇	三	二三
〃 〃 第四十聯隊	七〇〇、〇〇〇	六	二四
〃 〃 第六十三聯隊	八、〇八〇、〇〇〇	七六	二五
〃 野砲兵第十聯隊	六七〇、〇〇〇	七	三二
〃 輜重兵中隊	三六〇、〇〇〇	六	三三
第十四師團步兵第二聯隊	五〇、〇〇〇	一	三四

368

363

第十四師團步兵第十五聯隊	二〇〇、〇〇	一	三五
〃 〃 第五十聯隊	二、九七〇、〇〇	三四	三六
〃 野砲兵第二十聯隊	一五〇、〇〇	一	三九
〃 騎兵第十八聯隊	一、一四〇、〇〇	一二	四〇
獨立守備步兵第一大隊	二〇〇、〇〇	二	四二
〃 〃 第二大隊	四〇〇、〇〇	五	四三
〃 〃 第三大隊	三五〇、〇〇	七	四四
〃 〃 第四大隊	九〇〇、〇〇	七	四五
〃 〃 第五大隊	一、一〇〇、〇〇	七	四六
〃 〃 第六大隊	一五〇、〇〇	一	四七
〃 〃 第七大隊	一、〇七〇、〇〇	一〇	四八
〃 〃 第十七大隊	一五〇、〇〇	三	四九
〃 〃 第十八大隊	一二〇、〇〇	二	五〇
飛行第十大隊	一、〇〇〇、〇〇	八	五一

369

飛行第十二大隊	八五〇、〇〇〇	五	五二
戰車第三大隊	一五〇、〇〇〇	一	五三
計	三四、三六〇、〇〇〇	三二五	

370

422

負傷者見舞金贈呈名簿

昭和九年十月十五日關副丁第一〇四〇號
同年十二月十七日關副丁第一七七七號
昭和十年一月二十四日關副丁第一八四七號
同年二月二十日關副丁第一九一〇號

部隊號	金額		人員
關東軍測量隊	六〇〇	〇〇	四
關東憲兵司令部	六七〇	〇〇	六
關東軍自動車隊	二〇〇	〇〇	四
步兵第六聯隊	一、四五〇	〇〇	一三
同 九聯隊	一〇〇	〇〇	二
同 十八聯隊	三五〇	〇〇	二
同 二十聯隊	一、九七〇	〇〇	二五
同 二十五聯隊	四五〇	〇〇	三

428

步兵第二十七聯隊	五五〇	〇〇	七
元混十四旅團步二十八聯隊	一五〇	〇〇	一
同　三十三聯隊	一五〇	〇〇	一
步兵第三十四聯隊	一、三〇〇	〇〇	一八
同　三十八聯隊	一、三六〇	〇〇	一六
同　六十八聯隊	二、〇五〇	〇〇	一九
騎兵第三聯隊	三〇〇	〇〇	三
同　七聯隊	二〇〇	〇〇	四
同　十三聯隊	三〇〇	〇〇	一
野砲兵第七聯隊第二大隊	二、〇五〇	〇〇	一六
元混成十四旅團步兵二十六聯隊第二大隊	二〇〇	〇〇	二
飛行第十大隊	一五〇	〇〇	一
鐵道第三聯隊	一五〇	〇〇	一

429

424

工兵第七大隊第一中隊	五〇	〇〇	一
獨立守備步兵第一大隊	七七〇	〇〇	九
同　二大隊	一、四七〇	〇〇	一四
同　三大隊	五〇〇	〇〇	五
同　四大隊	一、〇七〇	〇〇	九
同　五大隊	四、一四〇	〇〇	二七
同　六大隊	一、二二〇	〇〇	一二
同　七大隊	二、三二〇	〇〇	二〇
同　八大隊	八四〇	〇〇	七
同　九大隊	一、一五〇	〇〇	一一
同　十大隊	三七〇	〇〇	七
同　十一大隊	六〇〇	〇〇	六
同　十二大隊	五七〇	〇〇	八

430

獨立守備歩兵第十三大隊	五五〇	〇〇	五
同　十四大隊	八〇〇	〇〇	八
同　十五大隊	四五〇	〇〇	五
同　十六大隊	六〇〇	〇〇	五
同　十七大隊	二五〇	〇〇	三
同　十八大隊	六五〇	〇〇	六
騎兵第四旅團機關銃隊	六五〇	〇〇	五
合　計	三三、廿五二〇	〇〇	三二廿〇

431

483

戰負傷者見舞金贈呈名簿

昭和一〇年三月二七日 關副丁第一九七六號
昭和一〇年四月四日 關副丁第一九八八號
昭和一〇年四月一六日 關副丁第二〇一〇號
昭和一〇年四月二三日 關副丁第二〇二五號
昭和一〇年五月二四日 關副丁第二〇八四號

部隊號	金額		人員
關東憲兵隊司令部	二五〇	〇〇	二
第三獨立守備隊司令部	八〇〇	〇〇	六
獨立守備步兵第一大隊	七〇〇	〇〇	六
獨立守備步兵第三大隊	一七〇	〇〇	三
獨立守備步兵第四大隊	一、一〇〇	〇〇	六
獨立守備步兵第五大隊	七〇〇	〇〇	六
獨立守備步兵第六大隊	一、七〇〇	〇〇	一一

489

獨立守備步兵第七大隊	二二〇	〇〇	四
獨立守備步兵第八大隊	九〇〇	〇〇	五
獨立守備步兵第十大隊	五〇	〇〇	一
獨立守備步兵第十一大隊	四五〇	〇〇	三
獨立守備步兵第十二大隊	九五〇	〇〇	七
獨立守備步兵第十三大隊	一五〇	〇〇	一
獨立守備步兵第十四大隊	三五〇	〇〇	三
獨立守備步兵第十七大隊	一〇〇	〇〇	一
獨立步兵第十二聯隊	四〇〇	〇〇	四
步兵第十聯隊	五〇	〇〇	一
步兵第二十聯隊	五、二七〇	〇〇	六六
步兵第三十三聯隊	二〇〇	〇〇	三
步兵第三十四聯隊	九五〇	〇〇	一〇

485

步兵第六十八聯隊	一、一五〇	〇〇	一二
騎兵第三聯隊	二二〇	〇〇	四
計	一六、八三〇	〇〇	一六五

491

戰負傷者見舞金贈呈名簿

（昭和一〇年六月二六日 關副丁第二一六八號）
（昭和一〇年七月二二日 關副丁第二二一九號）
（昭和一〇年八月二六日 關副丁第二二八七號）
（昭和一〇年九月二三日 關副丁第二三一九號）

部隊號	金額		人員
關東軍測量隊	一五〇	〇〇	一
第四獨立守備隊司令部	七五〇	〇〇	五
獨立守備步兵第一大隊	六〇〇	〇〇	七
獨立守備步兵第二大隊	三七〇	〇〇	七
獨立守備步兵第三大隊	九二〇	〇〇	一〇
獨立守備步兵第四大隊	一、六五〇	〇〇	一一
獨立守備步兵第五大隊	一、六〇〇	〇〇	一一
獨立守備步兵第六大隊	一、〇二〇	〇〇	八
獨立守備步兵第七大隊	二五〇	〇〇	三

532

527

獨立守備步兵第八大隊	六五〇	〇〇	一一
獨立守備步兵第九大隊	七〇〇	〇〇	八
獨立守備步兵第十大隊	一、〇七〇	〇〇	九
獨立守備步兵第十一大隊	二、一〇〇	〇〇	一七
獨立守備步兵第十二大隊	八五〇	〇〇	六
獨立守備步兵第十三大隊	一、四五〇	〇〇	一二
獨立守備步兵第十四大隊	二〇〇	〇〇	四
獨立守備步兵第十六大隊	一五〇	〇〇	一
獨立守備步兵第二十一大隊	四二〇	〇〇	六
獨立守備步兵第二十二大隊	一五〇	〇〇	一
獨立守備步兵第二十三大隊	一〇〇	〇〇	一
獨立步兵第十一聯隊	一、二五〇	〇〇	一七
獨立步兵第十二聯隊	六〇〇	〇〇	八
步兵第六聯隊	八二〇	〇〇	八

533

歩兵第九聯隊	二五〇	〇〇	三
歩兵第十八聯隊	三、二九〇	〇〇	三〇
歩兵第二十聯隊	一〇〇	〇〇	一
歩兵第三十四聯隊	一、四五〇	〇〇	一八
歩兵第三十八聯隊	二〇〇	〇〇	二
歩兵第六十八聯隊	七五〇	〇〇	一一
騎兵第三聯隊	八〇〇	〇〇	八
工兵第十六大隊	一五〇	〇〇	一
獨立混成第十一旅團司令部	二〇〇	〇〇	一
飛行第十六聯隊	一〇〇	〇〇	一
計	三、五一一〇	〇〇	二四八

534

573

戰負傷者見舞金贈呈名簿

昭和一〇年一〇月二六日 關副丁第二三六七號
昭和一〇年一二月二日 關副丁第二四二五號
昭和一〇年一二月二四日 關副丁第二四五五號
昭和一一年一月二七日 關副丁第二四九三號

部隊號	金額	人員
關東軍憲兵隊司令部	三二〇〇〇	三
關東軍測量隊	六〇〇〇〇	三
獨立混成第十一旅團司令部	三〇〇〇〇	一
第三獨立守備隊司令部	一五〇〇〇	一
獨立步兵第一聯隊	一五〇〇〇	一
獨立步兵第十一聯隊	一、二七〇〇〇	一四
獨立步兵第十二聯隊	三、一〇〇〇〇	二六
獨立守備步兵第一大隊	七〇〇〇〇	一〇

579

574

獨立守備歩兵第二大隊	六〇〇	〇〇	五
獨立守備歩兵第三大隊	一、〇五〇	〇〇	一二
獨立守備歩兵第四大隊	五〇〇	〇〇	四
獨立守備歩兵第五大隊	五七〇	〇〇	六
獨立守備歩兵第六大隊	九二〇	〇〇	八
獨立守備歩兵第七大隊	三五〇	〇〇	四
獨立守備歩兵第八大隊	一、四〇〇	〇〇	九
獨立守備歩兵第九大隊	一、〇〇〇	〇〇	八
獨立守備歩兵第十大隊	八七〇	〇〇	一〇
獨立守備歩兵第十一大隊	五〇	〇〇	一
獨立守備歩兵第十二大隊	四五〇	〇〇	三
獨立守備歩兵第十三大隊	一、一五〇	〇〇	八
獨立守備歩兵第十五大隊	五〇〇	〇〇	四
獨立守備歩兵第十七大隊	一五〇	〇〇	一

580

575

獨立守備歩兵第十八大隊	八〇〇	〇〇	九
獨立守備歩兵第十九大隊	八〇〇	〇〇	五
獨立守備歩兵第二十大隊	三〇〇	〇〇	四
獨立守備歩兵第二十一大隊	二〇〇	〇〇	二
獨立守備歩兵第二十三大隊	一五〇	〇〇	三
歩兵第六聯隊	一、〇五〇	〇〇	九
歩兵第七聯隊	六五〇	〇〇	六
歩兵第九聯隊	六〇〇	〇〇	七
歩兵第十八聯隊	一、一五〇	〇〇	一四
歩兵第十九聯隊	一、一六〇	〇〇	一四
歩兵第二十聯隊	九五〇	〇〇	九
歩兵第三十三聯隊	一、四二〇	〇〇	一二
歩兵第三十四聯隊	一、五五〇	〇〇	一五
歩兵第三十五聯隊	一、三九〇	〇〇	一三

581

步兵第三十八聯隊	一、六三〇	〇〇	二三
步兵第六十八聯隊	六〇〇	〇〇	六
騎兵第三旅團騎砲兵中隊	三五〇	〇〇	二
騎兵第二十聯隊	五〇	〇〇	一
騎兵第二十三聯隊	一、〇七〇	〇〇	一八
騎兵第二十四聯隊	五〇	〇〇	一
騎兵第二十六聯隊	三〇〇	〇〇	二
獨立騎兵第十一中隊	二二〇	〇〇	二
騎兵第三旅團機關銃隊	一〇〇	〇〇	二
工兵第三大隊	五四〇	〇〇	六
戰車第三大隊	六五〇	〇〇	四
旅團裝甲自動車隊	七〇	〇〇	一
	三三、九五〇	〇〇	三三二

643

負傷者見舞金贈呈名簿

昭和一一年二月二五日　關副丁第二五四二號

部隊號	金額	人員
獨立步兵第十一聯隊	六七〇　〇〇	七
獨立步兵第十二聯隊	四五〇　〇〇	三
獨立守備步兵第一大隊	二〇〇　〇〇	二
獨立守備步兵第二大隊	一五〇　〇〇	一
獨立守備步兵第四大隊	六、八〇〇　〇〇	四三
獨立守備步兵第五大隊	二二〇　〇〇	二
獨立守備步兵第七大隊	一二〇　〇〇	二
獨立守備步兵第八大隊	五〇　〇〇	一
獨立守備步兵第九大隊	五五〇　〇〇	五
獨立守備步兵第十一大隊	五〇　〇〇	一

649

獨立守備步兵第十六大隊	三四〇	〇〇	四
獨立守備步兵第十七大隊	一五〇	〇〇	一
步兵第十八聯隊	五〇	〇〇	一
步兵第二十聯隊	五〇	〇〇	一
步兵第三十四聯隊	七五〇	〇〇	七
步兵第三十八聯隊	一〇〇	〇〇	二
步兵第六十八聯隊	一、一五〇	〇〇	一〇
騎兵第二十三聯隊	五五〇	〇〇	六
騎兵第二十四聯隊	五〇	〇〇	一
騎兵第三旅團機關銃隊	二五〇	〇〇	二
騎兵第三旅團騎砲兵中隊	二〇〇	〇〇	二
總計	一六、九〇〇	〇〇	一〇四

650

满铁关于九一八事变战死者吊慰金赠呈表（其一）（一九三一年十一月至一九三二年二月）

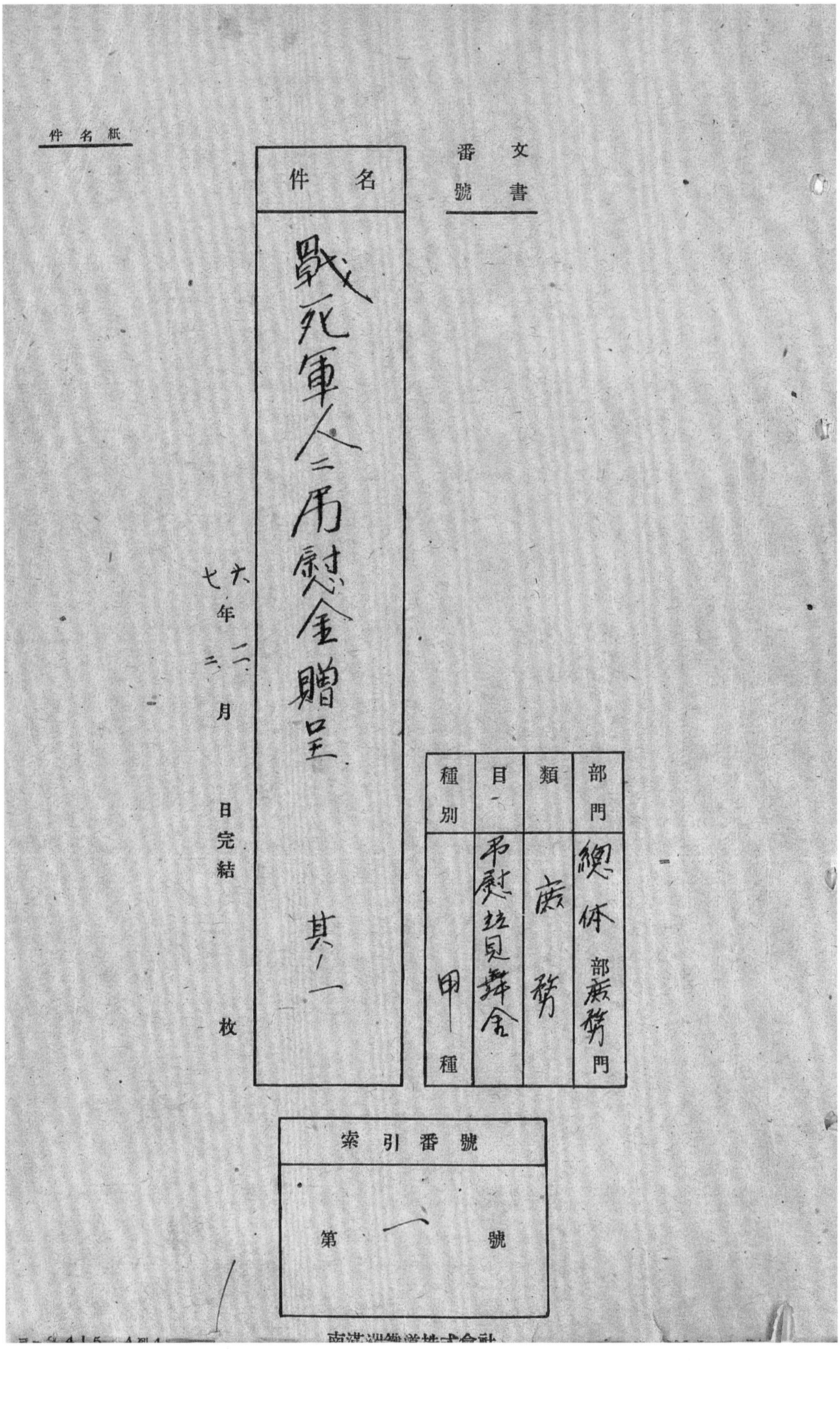
件名紙

件名：戰死軍人ニ弔慰金贈呈 其ノ一

文書番號

六年十二月
七年二月　日完結　枚

部門	類	目	種別
總体部 庶務部門	庶務	弔慰並見舞金	甲種

索引番號 第一號

南滿洲鐵道株式會社

1

滿洲事變戰死者弔慰金贈呈表（其ノ一）

2

2

一覧表

	將校、准士官 人員	將校、准士官 弔慰金額	下士官 人員	下士官 弔慰金額	兵 人員	兵 弔慰金額	合計 人員	合計 弔慰金額
關東軍								
關東軍司令部附	一	六〇〇					一	六〇〇
憲兵隊			三	一、二〇〇	一	三〇〇	四	一、五〇〇
獨立飛行隊	二	一、二〇〇					二	一、二〇〇
計	三	一、八〇〇	三	一、二〇〇	一	三〇〇	七	三、三〇〇
獨立守備隊								
第一大隊	三	一、八〇〇	一三	五、二〇〇	二七	八、一〇〇	四三	一五、一〇〇
第二大隊	一	六〇〇	四	一、六〇〇	六	一、八〇〇	一一	四、〇〇〇
第三大隊			四	一、六〇〇	七	二、一〇〇	一一	三、七〇〇
第四大隊	一	六〇〇	一	四〇〇	三	九〇〇	五	一、九〇〇
第五大隊	一	六〇〇	三	一、二〇〇	四	一、二〇〇	八	三、〇〇〇
計	六	三、六〇〇	二五	一〇、〇〇〇	四七	一四、一〇〇	七八	二七、七〇〇

3

3

第二師團								
步兵第四聯隊	三	一、八〇〇	二一	八、四〇〇	三一	九、三〇〇	五五	一九、五〇〇
〃第一六聯隊	二	一、二〇〇	九	三、六〇〇	三三	九、九〇〇	四三	一四、七〇〇
〃第二九聯隊	二	一、二〇〇	二	八〇〇	一〇	三、〇〇〇	一四	五、〇〇〇
〃第三〇聯隊	五	三、〇〇〇	七	二、八〇〇	二二	六、六〇〇	三四	一二、四〇〇
騎兵第二聯隊	一	六〇〇	四	一、六〇〇	五	一、五〇〇	一〇	三、七〇〇
野砲兵第二聯隊			四	一、六〇〇	五	一、五〇〇	九	三、一〇〇
工兵第二大隊					一	三〇〇	一	三〇〇
計	一三	七、八〇〇	四七	一八、八〇〇	一〇七	三二、一〇〇	一六七	五八、七〇〇
第二〇師團								
步兵第七七聯隊	一	六〇〇	一	四〇〇	四	一、二〇〇	六	二、二〇〇
〃第七八聯隊	一	六〇〇	三	一、二〇〇	一二	三、六〇〇	一六	五、四〇〇
〃第七九聯隊			一	四〇〇			一	四〇〇
騎兵第二八聯隊			二	八〇〇	二	六〇〇	四	一、四〇〇
野砲兵第二六聯隊			一	四〇〇	一	三〇〇	二	七〇〇

4

4

工兵第二〇大隊	一	六〇〇			三	九〇〇	四	一、五〇〇
計	三	一、八〇〇	八	三、二〇〇	二二	六、六〇〇	三三	一一、六〇〇
混成旅團								
步兵第五聯隊					二	六〇〇	二	六〇〇
〃第一七聯隊			一	四〇〇			一	四〇〇
騎兵第一〇聯隊	三	一、八〇〇	四	一、六〇〇	九	二、七〇〇	一六	六、一〇〇
野砲兵第八聯隊			一	四〇〇	一	三〇〇	二	七〇〇
野戰重砲兵第六聯隊			一	四〇〇	二	六〇〇	三	一、〇〇〇
混成八旅團 通信隊 衛生班	二	一、二〇〇					二	一、二〇〇
計	五	三、〇〇〇	七	二、八〇〇	一四	四、二〇〇	二六	一〇、〇〇〇
總計	三〇	一八、〇〇〇	九〇	三六、〇〇〇	一九一	五七、三〇〇	三一一	一一一、三〇〇

5

内譯明細表

6

6

關東軍

氏名	階級	所屬部隊	弔慰金額
川野寛市	少佐	關東軍司令部附	六〇〇
榎本嘉代治	曹長	憲兵隊	四〇〇
嘉納彌	〃	〃	〃
須田玉男	伍長	〃	〃
濱地定成	傭人	〃	三〇〇
清水潔（清）	少佐	獨立飛行隊	六〇〇
中林茂春	少尉	〃	〃

7

獨立守備隊

弔慰金額	所屬部隊	階級	氏名
六〇〇圓	獨立守備隊第一大隊	少佐	倉本茂
〃	〃	大尉	前市岡孝治
〃	〃	少尉	蘆田芳雄
四〇〇	〃	曹長	加藤與助
〃	〃	軍曹	淺川鈴喜
〃	〃	〃	川田清
〃	〃	伍長	鈴木秀三郎
〃	〃	〃	高橋幸藏
〃	〃	〃	須藤森男
〃	〃	〃	太田公道
〃	〃	〃	稻垣榮太郎
〃	〃	〃	小原斌
〃	〃	〃	川畑忠三郎
〃	〃	〃	相澤伊勢治

8

三〇〇	獨立守備隊第一大隊	上等兵	大信田 彌四郎
〃	〃	〃	渡邊 慶治郎
〃	〃	〃	佐々木 德治
〃	〃	〃	佐々木 平吉
〃	〃	〃	石川 仁作
〃	〃	〃	嘉藤 權三郎
〃	〃	〃	土田 勉
〃	〃	〃	相田 嘉一郎
〃	〃	〃	小林 一郎
〃	〃	〃	高橋 末三
〃	〃	〃	菅原 友治
〃	〃	〃	板垣 貞三
〃	〃	〃	大場 廣告
〃	〃	〃	梅津 吉右エ門
〃	〃	〃	小野 爲吉

8

三〇〇	獨立守備隊第一大隊	上等兵	榎本安吉
〃	〃	〃	增田宗吉
〃	〃	〃	小山内勇治
〃	〃	〃	佐藤勇三
〃	〃	〃	天野德治郎
〃	〃	〃	淺尾博
〃	〃	〃	奧山善雄
〃	〃	〃	北澤武夫
〃	〃	〃	後藤三代吉
〃	〃	〃	有川彥四郎
〃	〃	〃	大澤武夫
〃	〃	〃	今井六十一
四〇〇	〃	囑託(判任)	小路萬太郎
〃	〃	〃	原專司
六〇〇	第二大隊	少佐	板倉至

10

10

四〇〇	獨立守備隊第二大隊	曹長	小杉喜一
〃	〃	伍長	新國六三
〃	〃	〃	吉田三郎
〃	〃	〃	千葉八重治
三〇〇	〃	上等兵	池田馬作
〃	〃	〃	增子正男
〃	〃	〃	涌井茂二
〃	〃	〃	荒一誠
〃	〃	〃	渡邊重一郎
〃	〃	〃	鈴木養作
四〇〇	〃 第三大隊	伍長	今井靜夫
〃	〃	〃	中村勳
〃	〃	〃	鷹取嘉
〃	〃	〃	尾池平八郎
三〇〇	〃	上等兵	栗山好雄

11

11

三〇〇	獨立守備隊第三大隊	上等兵	大塚健市
〃	〃	〃	井口宏
〃	〃	〃	谷本幸造
〃	〃	〃	森下稻吉
〃	〃	〃	森下良雄
〃	〃	〃	土屋勘市
六〇〇	第四大隊	特務曹長	鳥井忠治郎
四〇〇	〃	曹長	杉山榮
三〇〇	〃	上等兵	吉澤榮三郎
〃	〃	〃	井川要藏
〃	〃	傭人	杉本貞吉
六〇〇	第五大隊	少尉	奥村仁次郎
四〇〇	〃	軍曹	作本繁美
〃	〃	伍長	齋藤金吉
〃	〃	〃	小林敬藏

12

12

三〇〇	獨立守備隊第五大隊	上等兵	佐藤富雄
〃	〃	〃	高橋菊治郎
〃	〃	〃	安藤雄之助
〃	〃	〃	庄司準作

13

0013

第二師團

弔慰金額	所屬部隊	階級	氏名
六〇〇	歩兵第四聯隊	少尉	熊川威
〃	〃	特務曹長	菅原民助
〃	〃	〃	川名一郎
四〇〇	〃	曹長	森榮一
〃	〃	〃	阿部武
〃	〃	〃	熊谷民雄
〃	〃	軍曹	佐藤七郎
〃	〃	二等計手	佐藤幸一
〃	〃	伍長	菊地孝志
〃	〃	〃	太田甫
〃	〃	〃	加藤源助

14

0000 14

四〇〇	歩兵第四聯隊	伍長	三浦賢喜
〃	〃	〃	金子治
〃	〃	〃	大和田利三郎
〃	〃	〃	大黒榮治
〃	〃	〃	渡邊芳治
〃	〃	〃	菅原次男
〃	〃	〃	佐藤勝雄
〃	〃	〃	佐藤文雄
〃	〃	〃	小野寺盛男
〃	〃	〃	西條直一
〃	〃	〃	早坂新治郎
〃	〃	〃	小池吉之助
〃	〃	〃	藤原龜一郎
三〇〇	〃	上等兵	泉田利夫

15

15

三〇〇	歩兵第四聯隊	上等兵	山田貞助
〃	〃	〃	佐藤村男
〃	〃	〃	中澤八郎
〃	〃	〃	高橋新之助
〃	〃	〃	阿部新太郎
〃	〃	〃	山家伊勢松
〃	〃	〃	佐々木繁美
〃	〃	〃	佐藤要
〃	〃	〃	相澤榮三郎
〃	〃	〃	鎌田健藏
〃	〃	〃	遠藤基
〃	〃	〃	及川卓
〃	〃	〃	柴山京之助
〃	〃	〃	佐々木福治

16

16

三〇〇	步兵第四聯隊	上等兵	佐藤隻太
〃	〃	〃	三浦右近
〃	〃	〃	阿部忠右衛門
〃	〃	〃	菊地正人
〃	〃	〃	小林健治
〃	〃	〃	高橋丈作
〃	〃	〃	後藤友吉
〃	〃	〃	遠藤意雄名
〃	〃	〃	渡邊春男
〃	〃	〃	佐藤盛
〃	〃	〃	常松重律
〃	〃	〃	長崎清一
〃	〃	〃	山谷眞一
〃	〃	〃	小松忠吾

17

三〇〇	歩兵第四聯隊	上等兵	渡邊喜吉
〃	〃	〃	三浦留治
六〇〇	歩兵第十六聯隊	少尉	武者清治
〃	〃	特務曹長	野内廣治
四〇〇	〃	曹長	高地國一
〃	〃	〃	田邊武雄
〃	〃	伍長	小田耐三
〃	〃	〃	吉田正
〃	〃	〃	島津松造
〃	〃	〃	坪川義德
〃	〃	〃	豐島彊
〃	〃	〃	小澤直次
〃	〃	〃	大川原常一郎
三〇〇	〃	上等兵	石田禪龍

18

三〇〇	步兵第十六聯隊	上等兵	小杉廣作
〃	〃	〃	渡邊平彌
〃	〃	〃	田中寅松
〃	〃	〃	佐藤喜八
〃	〃	〃	渡邊勝
〃	〃	〃	小林政市
〃	〃	〃	駒形晋吉
〃	〃	〃	關根豐次郎
〃	〃	〃	齋藤哲
〃	〃	〃	村山與四郎
〃	〃	〃	川瀨六平
〃	〃	〃	小林與三郎
〃	〃	〃	金子福治
〃	〃	〃	佐久間要作

18

三〇〇	歩兵第十六聯隊	上等兵	瀬倉三代吉
〃	〃	〃	樋浦仁平
〃	〃	〃	笠原銀一
〃	〃	〃	小林啓吉
〃	〃	〃	湧井勇
〃	〃	〃	片桐輝久
〃	〃	〃	田中重二郎
〃	〃	〃	西村末吉
〃	〃	〃	小島憲二
〃	〃	〃	大橋良平
〃	〃	〃	廣川廣保
〃	〃	〃	横山正旭
〃	〃	〃	熊倉長二郎
〃	〃	〃	山崎安二

20

三〇〇	歩兵第十六聯隊	上等兵	齋藤佐平太
〃	〃	〃	石見勇
〃	〃	一等兵	寺田渡
〃	〃	〃	佐藤賢三郎
六〇〇	歩兵第二十九聯隊	少佐	栗原信一郎
〃	〃	特務曹長	陣野原清正
四〇〇	〃	伍長	中田七造
〃	〃	通譯（判任）	寺前彌七
三〇〇	〃	上等兵	遠藤昇
〃	〃	〃	菅家庄作
〃	〃	〃	三保秀雄
〃	〃	〃	山崎正巳
〃	〃	〃	鵜沼錠次

21

0…0 21

三〇〇	歩兵第二十九聯隊	上等兵	下重譽一
〃	〃	〃	平亘
〃	〃	〃	根本榮
〃	〃	〃	佐藤寅夫
〃	〃	〃	渡邊惣吉
六〇〇	歩兵第三十聯隊	大尉	井上友治
〃	〃	〃	河野基英
〃	〃	一等主計	水口五作
〃	〃	〃	岡村繁勝
〃	〃	一等銃工長	須藤千代治
四〇〇	〃	曹長	小幡正雄
〃	〃	軍曹	丸山武司
〃	〃	伍長	堀廣榮

22

22

四〇〇	步兵第三十聯隊	伍長	南雲甚次郎
〃	〃	〃	丸山軍平
〃	〃	二等計手	羽下三治
〃	〃	三等計手	猪浦武一郎
三〇〇	〃	上等兵	片桐德三郎
〃	〃	〃	志田正三郎
〃	〃	〃	原田照一
〃	〃	〃	高橋勝衞
〃	〃	〃	星野富士作
〃	〃	〃	市橋英俊
〃	〃	〃	遠藤七治
〃	〃	〃	關又五郎
〃	〃	〃	藤塚權太郎

23

三〇〇	歩兵第三十聯隊	上等兵	内山豊平
〃	〃	〃	渡邊精太郎
〃	〃	〃	中山榮治郎
〃	〃	〃	仲林正信
〃	〃	〃	松本健太郎
〃	〃	〃	大淵茂吉
〃	〃	〃	藤巻二郎
〃	〃	〃	村山香松
〃	〃	〃	金子和作
〃	〃	〃	布施武
〃	〃	〃	伊藤甚藏
〃	〃	一等兵	飯田信治
〃	〃	〃	安達關政
六〇〇	騎兵第二聯隊	少尉	吉澤留吉

24

24

四〇〇	騎兵第二聯隊	曹長	菊田喜十
〃	〃	伍長	柴田資夫
〃	〃	〃	長井三郎
〃	〃	〃	小林福治
三〇〇	〃	上等兵	佐川泰男
〃	〃	〃	館野梅吉
〃	〃	〃	菅原勝美
〃	〃	〃	佐藤俊一
〃	〃	〃	三瓶一治
四〇〇	野砲兵第二聯隊	曹長	佐々木喜昌
〃	〃	伍長	西牧重政
〃	〃	〃	高松渉
〃	〃	〃	鈴木儀平治
三〇〇	〃	上等兵	伊藤長重郎

25

25

三〇〇	野砲兵第二聯隊	上等兵	畠山清太郎
〃	〃	〃	本田清平
〃	〃	〃	寺島晃
〃	〃	〃	須田義信
〃	工兵第二大隊	〃	平井孝平

26

26

第二十師團

弔慰金額	所屬部隊	階級	氏名
六〇〇	步兵第七十七聯隊	特務曹長	日高龍之助
四〇〇	〃	曹長	佐野利一
三〇〇	〃	上等兵	武友榮
〃	〃	〃	辻三喜雄
〃	〃	〃	內藤光治
〃	〃	〃	津秦一男
六〇〇	步兵第七十八聯隊	少佐	衣笠繁一
四〇〇	〃	軍曹	小松進
〃	〃	伍長	武末種夫
〃	〃	〃	今田誠
三〇〇	〃	上等兵	中原正義
〃	〃	〃	三浦龍馬

27

三〇〇	歩兵第七十八聯隊	上等兵	池見正和
〃	〃	〃	松尾一夫
〃	〃	〃	竹下一枝
〃	〃	〃	藤原利代吉
〃	〃	〃	小山寅右衛門
〃	〃	〃	浦田元夫
〃	〃	〃	辻太郎市
〃	〃	〃	川口義已
〃	〃	〃	森川庄五郎
〃	〃	〃	田中明雄
四〇〇	歩兵第七十九聯隊	伍長	牧野數美
〃	騎兵第二十八聯隊	曹長	山口啓一
〃	〃	伍長	杉井助一
三〇〇	〃	上等兵	大坪武夫
〃	〃	〃	道廣一文

28

四〇〇	野砲兵第二十六聯隊	伍長	岡本季男
三〇〇	〃	上等兵	井上德治
六〇〇	工兵第二十大隊	中尉	坂本健三
三〇〇	〃	上等兵	杉本宗一
〃	〃	〃	和氣惠三二
〃	〃	〃	久山薰

28

混成旅團

弔慰金額	所屬部隊	階級	氏名
三〇〇	歩兵第五聯隊	上等兵	太田作助
〃	〃	〃	川原仁太郎
四〇〇	歩兵第十七聯隊	伍長	佐々木竹藏
六〇〇	騎兵第十聯隊	少佐	不破直治
〃		大尉	廣瀬辰男
〃		上等看護長	尾上米次
四〇〇		伍長	西坂四郎
〃		〃	木下寛一
〃		〃	渡邊章彦
三〇〇		上等兵	能淵一男
〃		〃	平松清
〃		〃	松井卓郎

30

三〇〇		上等兵	守屋敏夫
〃		〃	岡田一太
〃		〃	岸野義男
〃		〃	岡崎松太郎
〃		〃	溝口次男
〃		〃	小野實一
四〇〇		通譯（判任）	重山藤一
〃	野砲兵第八聯隊	曹長	松澤多太重
三〇〇	〃	上等兵	兒玉五郎
四〇〇	野戰重砲兵第六聯隊	伍長	市田勇吉
三〇〇	〃	上等兵	早野隆
〃	〃	〃	宮城嗣榮
六〇〇	混成八旅團通信隊	大尉	波藤雅雄
〃	〃衛生班	三等軍醫正	栗本文享

31

件名紙

文書番號

件名
戰死軍人ニ弔慰金贈呈 其ノ二

七年三月
七年七月
日完結

枚

部門	類	目	種別
總体部 庶務部門	庶務	弔慰金並見舞金	甲種

索引番號
第一號

ロ-8415 A列4

南滿洲鐵道株式會社

滿洲事變戰死者弔慰金贈呈名簿（其ノ二）

昭和七年八月二十日現在

3

一覧表

所屬部隊	將校、准士官 人員	將校、准士官 弔慰金額	下士官 人員	下士官 弔慰金額	兵 人員	兵 弔慰金額	合計 人員	合計 弔慰金額
關東軍司令部								
司令部附	三	一、八〇〇	一三	五、二〇〇	一	三〇〇	一七	七、三〇〇
遼陽衛戍病院			一	四〇〇			一	四〇〇
鐵嶺衛戍病院					一	三〇〇	一	三〇〇
陸軍倉庫					一	三〇〇	一	三〇〇
關東軍憲兵隊	一	六〇〇	二	八〇〇			三	一、四〇〇
關東軍飛行隊	二	一、二〇〇	三	一、二〇〇	一	三〇〇	六	二、七〇〇
關東軍野戰自動車隊	七	四、二〇〇	四	一、六〇〇			一一	五、八〇〇
關東軍電信隊					二	六〇〇	二	六〇〇
第一輸送監視隊	一	六〇〇	八	三、二〇〇	一七	五、一〇〇	二六	八、九〇〇
關東軍鐵道中隊					二	六〇〇	二	六〇〇
計	一四	八、四〇〇	三一	三、四〇〇	二五	七、五〇〇	七〇	二八、三〇〇

4

0 3

獨立守備隊								
第一大隊	二	一、二〇〇圓	五	二、〇〇〇圓	三	九〇〇圓	一〇	四、一〇〇圓
第二大隊			二	八〇〇			二	八〇〇
第三大隊					五	一、五〇〇	五	一、五〇〇
第四大隊			一	四〇〇	三	九〇〇	四	一、三〇〇
第五大隊			三	一、二〇〇	六	一、八〇〇	九	三、〇〇〇
第六大隊	一	六〇〇	二二	八、八〇〇	九	二、七〇〇	三二	一二、一〇〇
計	三	一、八〇〇	三三	一三、二〇〇	二六	七、八〇〇	六二	二二、八〇〇

5

第二師團								
歩兵第四聯隊		圓	一	四〇〇圓	七	二、一〇〇圓	八	二、五〇〇圓
歩兵第二九聯隊			一二	四、八〇〇	一四	四、二〇〇	二六	九、〇〇〇
歩兵第一六聯隊	一	六〇〇			三	九〇〇	四	一、五〇〇
歩兵第三〇聯隊			七	二、八〇〇	六	一、八〇〇	一三	四、六〇〇
騎兵第二聯隊					二	六〇〇	二	六〇〇
野砲兵第二聯隊			二	八〇〇	三	九〇〇	五	一、七〇〇
計	一	六〇〇	二二	八、八〇〇	三五	一〇、五〇〇	五八	一九、九〇〇

C 5

第八師團								
步兵第五聯隊			二	八〇〇	一	三〇〇	三	一、一〇〇
步兵第三一聯隊					二	六〇〇	二	六〇〇
步兵第一七聯隊			一	四〇〇	三	九〇〇	四	一、三〇〇
步兵第三二聯隊			二	八〇〇	三	九〇〇	五	一、七〇〇
騎兵第八聯隊					一	三〇〇	一	三〇〇
混成第四旅團衞生班					一	三〇〇	一	三〇〇
計			五	二、〇〇〇	一一	三、三〇〇	一六	五、三〇〇

7

第十師團

歩兵第三九聯隊	二	一、二〇〇圓	三	一、二〇〇圓	一〇	三、〇〇〇圓	一五	五、四〇〇圓
歩兵第四〇聯隊			六	二、四〇〇	九	二、七〇〇	一五	五、一〇〇
歩兵第一〇聯隊			二	八〇〇	一三	三、九〇〇	一五	四、七〇〇
歩兵第六三聯隊	二	一、二〇〇	四	一、六〇〇	一二	三、六〇〇	一八	六、四〇〇
騎兵第一〇聯隊			一	四〇〇			一	四〇〇
野砲兵第一〇聯隊			一	四〇〇	一	三〇〇	二	七〇〇
工兵第一〇大隊			一	四〇〇	一	三〇〇	二	七〇〇
計	四	二、四〇〇	一八	七、二〇〇	四六	一三、八〇〇	六八	二三、四〇〇

第十四師團								
歩兵第二聯隊	一	六〇〇			七	二、一〇〇	八	二、七〇〇
歩兵第五九聯隊			二	八〇〇	六	一、八〇〇	八	二、六〇〇
歩兵第五〇聯隊	一	六〇〇	二	八〇〇	三	九〇〇	六	二、三〇〇
歩兵第一五聯隊			二	八〇〇	一	三〇〇	三	一、一〇〇
計	二	一、二〇〇	六	二、四〇〇	一七	五、一〇〇	二五	八、七〇〇
第二十師團								
歩兵第三九旅團司令部			三	一、二〇〇	二	六〇〇	五	一、八〇〇
歩兵第七七聯隊			八	三、二〇〇	三	九〇〇	一一	四、一〇〇
野砲兵第二六聯隊			一	四〇〇	一	三〇〇	二	七〇〇
計			一二	四、八〇〇	六	一、八〇〇	一八	六、六〇〇

0 8

混成第三十八旅團								
步兵第七三聯隊	二	一、二〇〇	四	一、六〇〇	一一	三、三〇〇	一七	六、一〇〇
步兵第七五聯隊			一	四〇〇			一	四〇〇
步兵第七六聯隊	三	一、八〇〇	六	二、四〇〇	三二	九、六〇〇	四一	一三、八〇〇
騎兵第二七聯隊	三	一、八〇〇	九	三、六〇〇	六	一、八〇〇	一八	七、二〇〇
野砲兵第二五聯隊			三	一、二〇〇	一	三〇〇	四	一、五〇〇
通信隊					一	三〇〇	一	三〇〇
計	八	四、八〇〇	二三	九、二〇〇	五一	一五、三〇〇	八二	二九、三〇〇
鐵道第一聯隊			二	八〇〇	二	六〇〇	四	一、四〇〇
海軍	一	六〇〇					一	六〇〇
合計	三三	一九、八〇〇	一五二	六〇、八〇〇	二一九	六五、七〇〇	四〇四	一四六、三〇〇

10

满铁关于九一八事变战死者吊慰金赠呈表（其三）（一九三二年八月至一九三三年三月）

件名紙

件名
戰死軍人ニ弔慰金贈呈 其ノ三

文書番號

七年八月
八年三月　日完結

枚

部門	類	目	種別
總体 部 庶務 門	庶務	弔慰金並見舞金	甲種

索引番號
第 一 號

2

日-8415　A列4　南滿洲鐵道株式會社

0 0 1 0

滿洲事變戰死者弔慰金贈呈名簿（其ノ三）

昭和八年三月十日現在

3

2

一覽表

所屬部隊	將校、准士官 人員	將校、准士官 弔慰金額	下士官 人員	下士官 弔慰金額	兵 人員	兵 弔慰金額	合	計
關東軍司令部								
司令部附	二	一、二〇〇	四	一、六〇〇	四	一、二〇〇	一〇	四、〇〇〇
陸軍倉庫	一	六〇〇					一	六〇〇
憲兵隊			三	一、二〇〇			三	一、二〇〇
飛行隊	七	四、二〇〇	二	八〇〇	一	三〇〇	一〇	五、三〇〇
鐵道中隊					三	九〇〇	三	九〇〇
野戰自動車隊			一	四〇〇			一	四〇〇
野戰兵器廠			二	八〇〇			二	八〇〇
計	一〇	六、〇〇〇	一二	四、八〇〇	八	二、四〇〇	三〇	一三、二〇〇

4

3

獨立守備隊								
第一大隊			三	一、二〇〇	四	一、二〇〇	七	二、四〇〇
第二大隊			二	八〇〇	六	一、八〇〇	八	二、六〇〇
第三大隊			三	一、二〇〇	六	一、八〇〇	九	三、〇〇〇
第四大隊					三	九〇〇	三	九〇〇
第五大隊			二	八〇〇	四	一、二〇〇	六	二、〇〇〇
第六大隊	一	六〇〇	一二	四、八〇〇	一九	五、七〇〇	三二	一一、一〇〇
計	一	六〇〇	二二	八、八〇〇	四二	一二、六〇〇	六五	二二、〇〇〇

3? 4

第二師團								
步兵第三旅團司令部					二	六〇〇	二	六〇〇
步兵第四聯隊	一	六〇〇	二	八〇〇	五	一、五〇〇	八	二、九〇〇
步兵第二九聯隊	二	一、二〇〇	三	一、二〇〇	六	一、八〇〇	一一	四、二〇〇
步兵第一六聯隊					四	一、二〇〇	四	一、二〇〇
步兵第三〇聯隊			五	二、〇〇〇	二五	七、五〇〇	三〇	九、五〇〇
騎兵第二聯隊			二	八〇〇			二	八〇〇
野砲兵第二聯隊					三	九〇〇	三	九〇〇
計	三	一、八〇〇	一二	四、八〇〇	四五	一三、五〇〇	六〇	二〇、一〇〇

6

5

第八師團								
步兵第五聯隊			一	四〇〇	八	二、四〇〇	九	二、八〇〇
步兵第三一聯隊	二	一、二〇〇	四	一、六〇〇	三	一、二〇〇	九	四、〇〇〇
步兵第一七聯隊			一	四〇〇	五	一、五〇〇	六	一、九〇〇
步兵第三二聯隊	一	六〇〇	二	八〇〇	六	一、八〇〇	九	三、二〇〇
騎兵第八聯隊					二	六〇〇	二	六〇〇
野砲兵第八聯隊					一	三〇〇	一	三〇〇
計	三	一、八〇〇	八	三、二〇〇	二五	七、五〇〇	三六	一二、五〇〇

6

第十師團								
步兵第三九聯隊	四	二,四〇〇	四	一,六〇〇	一一	三,三〇〇	一九	七,三〇〇
步兵第四〇聯隊			二	八〇〇			二	八〇〇
步兵第一〇聯隊			一	四〇〇	五	一,五〇〇	六	一,九〇〇
步兵第六三聯隊	一	六〇〇	九	三,六〇〇	一二	三,六〇〇	二二	七,八〇〇
騎兵第一〇聯隊					二	六〇〇	二	六〇〇
野砲兵第一〇聯隊					三	九〇〇	三	九〇〇
工兵第一〇大隊			一	四〇〇	二	六〇〇	三	一,〇〇〇
衛生班			一	四〇〇			一	四〇〇
計	五	三,〇〇〇	一八	七,二〇〇	三五	一〇,五〇〇	五八	二〇,七〇〇

8

第十四師團								
歩兵第二聯隊	二	一、二〇〇	四	一、六〇〇	二三	六、九〇〇	二九	九、七〇〇
歩兵第五九聯隊	四	二、四〇〇	一〇	四、〇〇〇	三一	九、三〇〇	四五	一五、七〇〇
歩兵第一五聯隊	二	一、二〇〇	九	三、六〇〇	二一	六、三〇〇	三二	一一、一〇〇
歩兵第五〇聯隊	一	六〇〇	三	一、二〇〇	二五	七、五〇〇	二九	九、三〇〇
騎兵第一八聯隊	四	二、四〇〇	九	三、六〇〇	三〇	九、〇〇〇	四三	一五、〇〇〇
野砲兵第二〇聯隊			一	四〇〇	一	三〇〇	二	七〇〇
工兵第一四大隊					一	三〇〇	一	三〇〇
輜重兵第一四大隊			一	四〇〇			一	四〇〇
衛生班					三	九〇〇	三	九〇〇
計	一三	七、八〇〇	三七	一四、八〇〇	一三五	四〇、五〇〇	一八五	六三、一〇〇

008

朝鮮軍司令部								
憲兵隊			二	八〇〇			二	八〇〇
間島臨時派遣隊					一	三〇〇	一	三〇〇
計			二	八〇〇	一	三〇〇	三	一、一〇〇
第十九師團								
歩兵第七三聯隊					二	六〇〇	二	六〇〇
歩兵第七四聯隊			三	一、二〇〇	一	三〇〇	四	一、五〇〇
歩兵第七五聯隊	一	六〇〇	一	四〇〇	一二	三、六〇〇	一四	四、六〇〇
歩兵第七六聯隊	一	六〇〇	一	四〇〇	四	一、二〇〇	六	二、二〇〇
騎兵第二七聯隊			一	四〇〇	一	三〇〇	二	七〇〇
野砲兵第二五聯隊			一	四〇〇	二	六〇〇	三	一、〇〇〇
工兵第一九大隊			一	四〇〇	一	三〇〇	二	七〇〇
計	二	一、二〇〇	八	三、二〇〇	二三	六、九〇〇	三三	一一、三〇〇

10

第二十師團								
歩兵第七七聯隊	四	二,四〇〇	四	一,六〇〇	一五	四,五〇〇	二三	八,五〇〇
歩兵第七八聯隊			四	一,六〇〇	一三	三,九〇〇	一七	五,五〇〇
野砲兵第二六聯隊					一	三〇〇	一	三〇〇
計	四	二,四〇〇	八	三,二〇〇	二九	八,七〇〇	四一	一四,三〇〇

混成第十四旅團								
歩兵第二五聯隊			一	四〇〇			一	四〇〇
歩兵第二六聯隊					一	三〇〇	一	三〇〇
歩兵第二七聯隊					一	三〇〇	一	三〇〇
騎兵第七聯隊			二	八〇〇	一	三〇〇	三	一,一〇〇
自動車班			一	四〇〇			一	四〇〇
計			四	一,六〇〇	三	九〇〇	七	二,五〇〇

11

10

騎兵第一旅團

騎兵第一三聯隊	二	一、二〇〇	三	一、二〇〇	七	二、一〇〇	一二	四、五〇〇
騎兵第一四聯隊	一	六〇〇	二	八〇〇	五	一、五〇〇	八	二、九〇〇
旅團司令部			一	四〇〇	一	三〇〇	二	七〇〇
計	三	一、八〇〇	六	二、四〇〇	一三	三、九〇〇	二二	八、一〇〇

騎兵第四旅團

騎兵第二五聯隊	一	六〇〇	一	四〇〇	一	三〇〇	三	一、三〇〇
騎兵第二六聯隊	一	六〇〇			五	一、五〇〇	六	二、一〇〇
計	二	一、二〇〇	一	四〇〇	六	一、八〇〇	九	三、四〇〇

12

11

鐵道第一聯隊			四	一、六〇〇	八	二、四〇〇	一三	四〇〇〇
臨時派遣第一戰車隊					一	三〇〇	一	三〇〇
合計	四六	三七、六〇〇	~~一四四~~ 一四二	~~五七、六〇〇~~ 五六、三〇〇	三七四	一一三、二〇〇	~~五六四~~ 五六二	~~一九七、四〇〇~~ 一九六、六〇〇

13

12

關東軍司令部

氏名	階級	所屬部隊	金額
大川高喜	大尉	司令部附	六〇〇
佐山敏生	高等官扱	〃	六〇〇
服部茂樹	判任官扱	〃	四〇〇
板倉功郎	〃	〃	四〇〇
岩村佐治	〃	〃	四〇〇
長尾信榮	上等兵	〃	三〇〇
草野敬治	軍屬	〃	三〇〇
阿部熊一	〃	〃	三〇〇
田邊龍太	〃	〃	四〇〇
豐田スエ子	雇員	〃	三〇〇
伊藤高仰	上等看護長	陸軍倉庫	六〇〇
北原都治	曹長	憲兵隊	四〇〇

14

四〇〇	憲兵隊	伍長	纐纈末松
四〇〇	〃	〃	齋藤外也
六〇〇	飛行隊	少佐	福島正夫
六〇〇	〃	大尉	伊藤脩治郎
六〇〇	〃	一等軍醫	内藤公平
六〇〇	〃	中尉	替地安
六〇〇	〃	〃	大塚善治
六〇〇	〃	〃	宇都宮主一郎
六〇〇	〃	特務曹長	大谷三代吉
四〇〇	〃	曹長	清水德一
四〇〇	〃	伍長	太田守喜知
三〇〇	〃	上等兵	吉井正義
三〇〇	鐵道中隊	〃	殿岡勘
三〇〇	〃	〃	佐々木武

14

三〇〇	鐵道中隊	上等兵	佃　義明
四〇〇	野戰自動車隊	伍長	小澤由藏
四〇〇	野戰兵器廠	曹長	宗宮平松
四〇〇	〃	軍屬	伊藤留吉

16

獨立守備隊

金額	所屬部隊	階級	氏名
四〇〇	獨立守備第一大隊	曹長	池田丹藏
四〇〇	〃	〃	芳賀吉次郎
四〇〇	〃	伍長	仲正路締雄
三〇〇	〃	上等兵	高橋定助
三〇〇	〃	〃	渡部幸衞
三〇〇	〃	〃	町屋武信
三〇〇	〃	〃	佐藤仁三郎
四〇〇	〃第二大隊	曹長	佐藤君男
四〇〇	〃	伍長	丸田清一
三〇〇	〃	上等兵	丸山久次
三〇〇	〃	〃	金子總
三〇〇	〃	〃	倉义仁作

17

16

三〇〇	獨立守備第二大隊	上等兵	沼 直三郎
三〇〇	〃	上等看護兵	高橋甚四郎
三〇〇	〃	二等兵	渡邊春治
四〇〇	〃 第三大隊	曹長	船戸安二
四〇〇	〃	軍曹	中山 壽
四〇〇	〃	伍長	堀内源市
三〇〇	〃	上等兵	渡邊春次
三〇〇	〃	〃	並木龜太郎
三〇〇	〃	〃	杉浦重男
三〇〇	〃	〃	金子猪之助
三〇〇	〃	〃	平野十郎
三〇〇	〃	〃	國久信二
三〇〇	〃 第四大隊	〃	土谷政雄
三〇〇	〃	〃	神山松雄

18

17

三〇〇	獨立守備第四大隊	上等兵	飯塚猪四郎
四〇〇	〃第五大隊	曹長	村山正義
四〇〇	〃	伍長	遠藤榮一郎
三〇〇	〃	上等兵	安田德
三〇〇	〃	〃	荒木德市
三〇〇	〃	〃	米谷政太郎
三〇〇	〃	〃	藤原宗四敬
六〇〇	〃第六大隊	少佐	長岡寛
四〇〇	〃	曹長	河村正治
四〇〇	〃	伍長	野田庄次郎
四〇〇	〃	〃	二宮勝吉
四〇〇	〃	〃	肥田一郎
四〇〇	〃	〃	高木安昌
四〇〇	〃	〃	加藤實

18

18

四〇〇	獨立守備第六大隊	伍長	荒川信一
四〇〇	〃	〃	鈴木伴三郎
四〇〇	〃	〃	杉浦崟
四〇〇	〃	〃	齋藤初平
四〇〇	〃	〃	臼井秀吉
四〇〇	〃	〃	中村兼七
三〇〇	〃	上等兵	松井玉次
三〇〇	〃	〃	曾根義一
三〇〇	〃	〃	高木兼次
三〇〇	〃	〃	大矢德次郎
三〇〇	〃	〃	一柳定男
三〇〇	〃	〃	加納義雄
三〇〇	〃	〃	伊藤春夫
三〇〇	〃	〃	伊藤義信

三〇〇	獨立守備第六大隊	上等兵	宇佐見　昇
三〇〇	〃	〃	村瀬　一松
三〇〇	〃	〃	增田　銑次
三〇〇	〃	〃	橋本　金作
三〇〇	〃	〃	棚橋　保正
三〇〇	〃	〃	鈴木　甚吉
三〇〇	〃	〃	水野　順次郎
三〇〇	〃	〃	小縣　松太郎
三〇〇	〃	〃	江口　勝吉
三〇〇	〃	〃	石川　四郎
三〇〇	〃	〃	渡邊　甲子郎

21

第二師團

金額	所屬部隊	階級	氏名
三〇〇	步兵第三旅團司令部	雇員	志垣次平
三〇〇	〃	〃	赤間政勝
六〇〇	步兵第四聯隊	中尉	武田振
四〇〇	〃	伍長	大和要人
四〇〇	〃	〃	大友福松
三〇〇	〃	上等兵	鈴木信一
三〇〇	〃	〃	角田政治
三〇〇	〃	〃	高橋仲治
三〇〇	〃	〃	中山忠夫
三〇〇	〃	〃	渡邊善信
六〇〇	步兵第二十九聯隊	少尉	小關清
六〇〇	〃	〃	齊藤菊江
四〇〇	〃	伍長	龜岡憲二郎

22

四〇〇	〃	〃	今江長之助
四〇〇	〃	〃	鈴木清
三〇〇	〃	上等兵	山中善彌
三〇〇	〃	〃	佐藤覺治
三〇〇	〃	〃	馬場一郎
三〇〇	〃	〃	佐藤長吉
三〇〇	〃	〃	小檜山實
三〇〇	〃	〃	菊池雄次郎
三〇〇	歩兵第十六聯隊	〃	遠藤武夫
三〇〇	〃	〃	木津光行
三〇〇	〃	〃	岡田萬作
三〇〇	〃	〃	長谷川源三郎
四〇〇	歩兵第三十聯隊	曹長	丸山新平
四〇〇	〃	軍曹	大橋菊次郎
四〇〇	〃	伍長	金子隆一

23

22

大島政治郎	〃	〃	四〇〇
保坂信一	〃	〃	四〇〇
酒井高一	上等兵	〃	三〇〇
石塚吉太郎	〃	〃	三〇〇
笹川善司	〃	〃	三〇〇
小田島昇	〃	〃	三〇〇
石澤金太郎	〃	〃	三〇〇
德永彌作	〃	〃	三〇〇
佐藤松西郎	〃	〃	三〇〇
庭野幸晴	〃	〃	三〇〇
吉田正憲	〃	〃	三〇〇
富永常治	〃	〃	三〇〇
佐々木建一	〃	〃	三〇〇
竹越眞一	〃	〃	三〇〇
大見仁助	〃	〃	三〇〇

24

三〇〇	〃	〃	村山吉治
三〇〇	〃	〃	今井儀三太
三〇〇	〃	〃	菊屋菊正
三〇〇	〃	〃	鈴木幸作
三〇〇	〃	〃	長井長松
三〇〇	〃	〃	淺野勇
三〇〇	〃	〃	關谷清七
三〇〇	〃	〃	武藤章
三〇〇	〃	〃	小島義治
三〇〇	〃	〃	渡部謙治
三〇〇	〃	〃	五十嵐安三
三〇〇	〃	〃	廣瀬茂男
四〇〇	騎兵第二聯隊	曹長	井出吉次
四〇〇	〃	〃	伊藤四郎次
三〇〇	野砲兵第二聯隊	上等兵	伊藤寅一

24

三〇〇	〃	〃	相原常太郎
三〇〇	〃	〃	近藤満

26

25

第八師團

金額	所屬部隊	階級	氏名
四〇〇	歩兵第五聯隊	曹長	新戸部敏夫
三〇〇	〃	上等兵	三上武松
三〇〇	〃	〃	百目木市五郎
三〇〇	〃	〃	春家幸次郎
三〇〇	〃	〃	上原子雄吉
三〇〇	〃	〃	目代正明
三〇〇	〃	〃	前田清治
三〇〇	〃	〃	長尾要作
三〇〇	〃	〃	平岡武司
六〇〇	歩兵第三一聯隊	少佐	羽生賛
六〇〇	〃	特務曹長	成田三郎
四〇〇	〃	曹長	太田榮治郎
四〇〇	〃	〃	川村三次郎

27

26

四〇〇	〃	伍長	坂下丑松
四〇〇	〃	〃	佐藤菊三
三〇〇	〃	上等兵	久慈商二
三〇〇	〃	〃	谷地熊藏
三〇〇	〃	上等看護兵	于田靜信
四〇〇	步兵第一七聯隊	曹長	菅原新平
三〇〇	〃	上等兵	加藤與一郎
三〇〇	〃	〃	五十嵐五郎
三〇〇	〃	〃	佐藤八百二
三〇〇	〃	〃	高杉榮吉
三〇〇	〃	〃	庄内利雄
六〇〇	步兵第三二聯隊	少尉	林善助
四〇〇	〃	伍長	小林彌之助
四〇〇	〃	〃	鈴木正
三〇〇	〃	上等兵	石山福治

28

三〇〇	〃	〃	奥山英
三〇〇	〃	〃	土田力藏
三〇〇	〃	〃	東海林德三
三〇〇	〃	〃	加藤敎全
三〇〇	〃	〃	齊藤豐作
三〇〇	騎兵第八聯隊	〃	上坂三太郎
三〇〇	〃	〃	新岡久彌
三〇〇	野砲兵第八聯隊	上等看護兵	渡部廣司

28

第十師團

金額	所屬部隊	階級	氏名
六〇〇	步兵第三九聯隊	少佐	宮崎俊雄
六〇〇	〃	〃	小島正路
六〇〇	〃	少尉	田中藤吉
六〇〇	〃	特務曹長	井元定次郎
四〇〇	〃	曹長	前田市助
四〇〇	〃	伍長	青木元衞
四〇〇	〃	〃	松野豐一
四〇〇	〃	〃	水野寅雄
四〇〇	〃	〃	橋本一二
四〇〇	〃	〃	池本實
三〇〇	〃	上等兵	柿本力松
三〇〇	〃	〃	大角久太郎

30

三〇〇	〃	〃	小西重雄
三〇〇	〃	〃	中村常夫
三〇〇	〃	〃	横山種治
三〇〇	〃	〃	横田善吉
三〇〇	〃	〃	深澤六郎
三〇〇	〃	〃	赤穗種助
三〇〇	〃	〃	谷口一雄
三〇〇	〃	〃	福本喜代治
三〇〇	〃	〃	高田膺之助
四〇〇	步兵第四〇聯隊	伍長	內藤膺一
四〇〇	〃	〃	福永守
四〇〇	步兵第一〇聯隊	〃	和田正二
三〇〇	〃	上等兵	高本昇
三〇〇	〃	〃	中村芳夫
三〇〇	〃	〃	山本堅

30

三〇〇	〃	〃	三宅清一
三〇〇	〃	〃	山本集市
六〇〇	歩兵第六三聯隊	特務曹長	中村圭次郎
四〇〇	〃	曹長	添田宗市
四〇〇	〃	〃	西村秀雄
四〇〇	〃	軍曹	武田愛三郎
四〇〇	〃	〃	藤野忠三
四〇〇	〃	伍長	畑久治
四〇〇	〃	〃	小仲悟
四〇〇	〃	〃	布村頼友
四〇〇	〃	〃	原田尊
四〇〇	〃	〃	大山昇
三〇〇	〃	上等兵	田淵信雄
三〇〇	〃	〃	山本信章
三〇〇	〃	〃	佐々木千二

32

三〇〇	〃	〃	横川鶴太郎
三〇〇	〃	〃	後藤眞一
三〇〇	〃	〃	長谷川清
三〇〇	〃	〃	岩田勇三
三〇〇	〃	〃	河野清
三〇〇	〃	〃	荒木政志
三〇〇	〃	〃	田中忠之助
三〇〇	〃	〃	吉儀滿
三〇〇	〃	〃	杉山安一
三〇〇	騎兵第一〇聯隊	〃	柏原幸一
三〇〇	〃	〃	九鬼武
三〇〇	野砲兵第一〇聯隊	〃	平中巖
三〇〇	〃	〃	片岡一男
三〇〇	〃	〃	信江喜三次
四〇〇	工兵第一〇大隊	伍長	佐藤正始

33

32

三〇〇	〃	上等兵	坂川一三夫
三〇〇	〃	〃	三宅克衛
四〇〇	衛生班	三等看護長	武田慶一

34

第十四師團

金額	所屬部隊	階級	氏名
六〇〇	步兵第二聯隊	少佐	齋藤誠
六〇〇	〃	少尉	中島花
四〇〇	〃	曹長	吉田耕作
四〇〇	〃	伍長	笠川義雄
四〇〇	〃	〃	薗部新吉
四〇〇	〃	〃	澤田源次郎
三〇〇	〃	上等兵	鈴木義雄
三〇〇	〃	〃	石津昌
三〇〇	〃	〃	青木清一郎
三〇〇	〃	〃	山中靜一
三〇〇	〃	〃	高崎四郎
三〇〇	〃	〃	大谷忠次

35

34

三〇〇	步兵第二聯隊	上等兵	逆井良
三〇〇	〃	〃	三村信明
三〇〇	〃	〃	雨具德治
三〇〇	〃	〃	宮部嘉七郎
三〇〇	〃	〃	大坂部三男
三〇〇	〃	〃	大內要
三〇〇	〃	〃	今瀨藤五郎
三〇〇	〃	〃	小谷野辰夫
三〇〇	〃	〃	酒井貞一
三〇〇	〃	〃	根本半七
三〇〇	〃	〃	井上和吉
三〇〇	〃	〃	岸田芳雄
三〇〇	〃	〃	富田寔一
三〇〇	〃	〃	木村藤作
三〇〇	〃	〃	海東哲夫

36

三〇〇	歩兵第二聯隊	上等兵	柏村正男
三〇〇	〃	〃	吉田清吉
六〇〇	歩兵第五十九聯隊	少佐	林輝人
六〇〇	〃	大尉	宇田川廣三郎
六〇〇	〃	少尉	平野直意
六〇〇	〃	〃	中島角一
四〇〇	〃	軍曹	金田平重
四〇〇	〃	伍長	金澤武男
四〇〇	〃	〃	宇賀神勇治
四〇〇	〃	〃	小牧三郎
四〇〇	〃	〃	村上芳松
四〇〇	〃	〃	遠藤貞司
四〇〇	〃	〃	磯島長吉
四〇〇	〃	〃	吉新健治

36

四〇〇	歩兵第五十九聯隊	伍長	高橋弘
四〇〇	〃	〃	本橋由平
三〇〇	〃	上等兵	萩原弘美
三〇〇	〃	〃	瀬畑忠治
三〇〇	〃	〃	中田富次郎
三〇〇	〃	〃	羽石文男
三〇〇	〃	〃	平石金太郎
三〇〇	〃	〃	早瀬伊三郎
三〇〇	〃	〃	茂呂田長重
三〇〇	〃	〃	百目鬼勝彌
三〇〇	〃	〃	鈴木久夫
三〇〇	〃	〃	白澤朔治
三〇〇	〃	〃	中島松次郎
三〇〇	〃	〃	田崎昌明
三〇〇	〃	〃	渡邊弘一

38

三〇〇	歩兵第五十九聯隊	上等兵	平田貞一
三〇〇	〃	〃	木村登目四郎
三〇〇	〃	〃	神山良男
三〇〇	〃	〃	戸叶昇三
三〇〇	〃	〃	川久保庄一郎
三〇〇	〃	〃	篠原宗三郎
三〇〇	〃	〃	永山甫
三〇〇	〃	〃	福地俊次
三〇〇	〃	〃	今泉伊平
三〇〇	〃	〃	岡本市太郎
三〇〇	〃	〃	青木三郎
三〇〇	〃	〃	田村爲三郎
三〇〇	〃	〃	星貞三
三〇〇	〃	〃	近藤實
三〇〇	〃	〃	龜田軍司

三〇〇	步兵第五十九聯隊	上等兵	高鹽福一郎
三〇〇	〃	〃	平出晉次
三〇〇	〃	通譯	金鐘一
六〇〇	步兵第十五聯隊	一等軍醫	金井政夫
六〇〇	〃	少尉	田村福二
四〇〇	〃	曹長	川原勝太郎
四〇〇	〃	軍曹	中島喜代三
四〇〇	〃	伍長	金田一男
四〇〇	〃	〃	中島榮
四〇〇	〃	〃	佐藤直衞
四〇〇	〃	〃	佐藤福松
四〇〇	〃	〃	內海經義
四〇〇	〃	〃	須藤嘉久壽
四〇〇	〃	〃	島田力藏

40

三〇〇	歩兵第十五聯隊	上等兵	須藤伊三郎
三〇〇	〃	〃	新井長二
三〇〇	〃	〃	須永金一
三〇〇	〃	〃	神保忠太郎
三〇〇	〃	〃	坂井佐太郎
三〇〇	〃	〃	富岡福次郎
三〇〇	〃	〃	笠原嘉市
三〇〇	〃	〃	船津愛次郎
三〇〇	〃	〃	田村唯一
三〇〇	〃	〃	小野又一
三〇〇	〃	〃	森戸茂
三〇〇	〃	〃	齋藤龜市
三〇〇	〃	〃	吉澤正一郎
三〇〇	〃	〃	成田錦之助
三〇〇	〃	〃	岩崎六郎

41

40

三〇〇	歩兵第十五聯隊	上等兵	狩野豊作
三〇〇	〃	〃	星野武雄
三〇〇	〃	〃	武井秋夫
三〇〇	〃	一等兵	富岡酋松
三〇〇	〃	〃	清水宗太郎
三〇〇	〃	〃	山本鍋四郎
六〇〇	歩兵第五〇聯隊	特務曹長	高田戒三
四〇〇	〃	曹長	東城壽治
四〇〇	〃	伍長	須江勝雄
四〇〇	〃	〃	宮島悦之助
三〇〇	〃	上等兵	白井好男
三〇〇	〃	〃	宮下博嘉
三〇〇	〃	〃	金井直登
三〇〇	〃	〃	松本薫衞
三〇〇	〃	〃	富岡進

42

三〇〇	歩兵第五〇聯隊	上等兵	熊谷勇作
三〇〇	〃	〃	佐藤裕一
三〇〇	〃	〃	倉田秀雄
三〇〇	〃	〃	岩波久男
三〇〇	〃	〃	篠原亥之助
三〇〇	〃	〃	赤羽和一
三〇〇	〃	〃	瀧澤直次
三〇〇	〃	〃	飯島留雄
三〇〇	〃	〃	田中啓次郎
三〇〇	〃	〃	吉澤守人
三〇〇	〃	〃	高井勇
三〇〇	〃	〃	降旗好郎
三〇〇	〃	〃	田幸英吉
三〇〇	〃	〃	守屋行雄

42

三〇〇	歩兵第五〇聯隊	上等兵	和田薫
三〇〇	〃	〃	伊藤平一
三〇〇	〃	〃	柳澤德重
三〇〇	〃	〃	伊藤忠臣
三〇〇	〃	〃	宮島安治
三〇〇	〃	通譯	姜行云
六〇〇	騎兵第十八聯隊	少佐	川崎長雄
六〇〇	〃	大尉	片岡三男
六〇〇	〃	少尉	黑澤貞藏
六〇〇	〃	特務曹長	白石時平
四〇〇	〃	曹長	平本清
四〇〇	〃	〃	鶴谷益男
四〇〇	〃	軍曹	小池覺衛
四〇〇	〃	〃	鈴木武
四〇〇	〃	伍長	秋本家康

44

43

四〇〇	騎兵第十八聯隊	伍長	角田悟
四〇〇	〃	〃	齋藤一郎
四〇〇	〃	〃	伊藤鎭
四〇〇	〃	〃	吉澤源一郎
三〇〇	〃	上等兵	佐藤博
三〇〇	〃	〃	市瀬錦一
三〇〇	〃	〃	保科政清
三〇〇	〃	〃	宮入秀夫
三〇〇	〃	〃	杏敏
三〇〇	〃	〃	小菅勝次郎
三〇〇	〃	〃	服部半一
三〇〇	〃	〃	藤田富夫
三〇〇	〃	〃	飯島勉
三〇〇	〃	〃	和田安
三〇〇	〃	〃	中村金市

48

44

三〇〇	騎兵第十八聯隊	上等兵	原田三郎
三〇〇	〃	〃	瀧田榮
三〇〇	〃	〃	金田好穂
三〇〇	〃	〃	柳田清造
三〇〇	〃	〃	須藤福
三〇〇	〃	〃	土子清四郎
三〇〇	〃	〃	青木一郎
三〇〇	〃	〃	白瀬繁利
三〇〇	〃	〃	吉井秀次郎
三〇〇	〃	〃	柴田喜三郎
三〇〇	〃	〃	長谷川粂三郎
三〇〇	〃	〃	齋藤一三三
三〇〇	〃	〃	堀内喜曾次
三〇〇	〃	〃	矢野金左右
三〇〇	〃	〃	深作松吉

46

三〇〇	騎兵第十八聯隊	上等兵	伊藤緝次
三〇〇	〃	〃	宮本重次郎
三〇〇	〃	〃	飯田健三
三〇〇	〃	上等看護兵	根岸忠次郎
四〇〇	野砲兵第二〇聯隊	伍長	橋本清之介
三〇〇	〃	上等兵	水野鎌二
三〇〇	工兵第一四大隊	〃	和田傳治
四〇〇	輜重兵第一四大隊	伍長	石井巖
三〇〇	衛生班	上等兵	市川四郎
三〇〇	〃	〃	菊地秀秋
三〇〇	〃	〃	佐藤時司

46

朝鮮軍司令部

四〇〇	憲兵隊（平壤）	伍長	相良龜喜
四〇〇	〃（間島派遣）	〃	小野善右衛門
三〇〇	間島臨時派遣隊	軍屬	安藤幸

48

第十九師團

金額	所屬部隊	階級	氏名
三〇〇	歩兵第七三聯隊	上等兵	神崎世茂
三〇〇	〃	〃	木村重藏
四〇〇	歩兵第七四聯隊	曹長	沼倉保治
四〇〇	〃	伍長	渡邊清喜
四〇〇	〃	〃	星野義吉
三〇〇	〃	上等兵	佐々木忠勝
六〇〇	歩兵第七五聯隊	中尉	山下字一
四〇〇	〃	伍長	秋野秀博
三〇〇	〃	上等兵	伊藤尙
三〇〇	〃	〃	飯野周一
三〇〇	〃	〃	宮内任
三〇〇	〃	〃	久保田廣實

48

48

三〇〇	步兵第七五聯隊	上等兵	小藥　博
三〇〇	〃	〃	矢内　勝
三〇〇	〃	〃	宮坂熊藏
三〇〇	〃	〃	古谷幸平
三〇〇	〃	〃	小山左右次
三〇〇	〃	〃	勝山久吉
三〇〇	〃	〃	沼尻史男
三〇〇	〃	〃	山本正太郎
六〇〇	步兵第七六聯隊	少佐	高橋正義
四〇〇	〃	曹長	深澤儀一
三〇〇	〃	上等兵	秋山龜造
三〇〇	〃	〃	山口政信
三〇〇	〃	〃	久保金五郎
三〇〇	〃	〃	廣井武司

50

四〇〇	騎兵第二七聯隊	曹長	高倉　清
三〇〇	〃	上等兵	相澤茂治
四〇〇	野砲兵第二五聯隊	伍長	吉岡龜治
三〇〇	〃	上等兵	近藤忠治
三〇〇	〃	〃	津田秀尾
四〇〇	工兵第一九大隊	伍長	小櫃萬藏
三〇〇	〃	上等兵	佐藤吉之助

51

第二十師團

金額	所屬部隊	階級	氏名
六〇〇	步兵第七七聯隊	中尉	澁谷信三
六〇〇	〃	小尉	白岩幸藏
六〇〇	〃	〃	佐藤登志丸
六〇〇	〃	〃	山崎要作
四〇〇	〃	曹長	茂利田茂藏
四〇〇	〃	軍曹	富山圓海
四〇〇	〃	〃	小畠万次
四〇〇	〃	伍長	五葉木登
三〇〇	〃	上等兵	藤田由夫
三〇〇	〃	〃	四至本直次郎
三〇〇	〃	〃	鍵義一
三〇〇	〃	〃	藤井留吉

52

三〇〇	歩兵第七七聯隊	上等兵	多田義雄
三〇〇	〃	〃	西村勘三
三〇〇	〃	〃	新谷定七
三〇〇	〃	〃	弓場秀一
三〇〇	〃	〃	川瀬敬
三〇〇	〃	〃	齋藤平吾
三〇〇	〃	〃	玉置實喜男
三〇〇	〃	〃	濱崎盛福
三〇〇	〃	〃	萩原幾仁
三〇〇	〃	〃	白井利一
三〇〇	〃	〃	足立健次郎
四〇〇	歩兵第七八聯隊	軍曹	菅原道德
四〇〇	〃	伍長	江口進
四〇〇	〃	〃	大塚亨

53

52

四〇〇	歩兵第七八聯隊	三等看護長	佐藤進
三〇〇	〃	上等兵	中田藤四郎
三〇〇	〃	〃	小野喜眞人
三〇〇	〃	〃	緒方義光
三〇〇	〃	〃	湯井政夫
三〇〇	〃	〃	濱田兼雄
三〇〇	〃	〃	古井田七太郎
三〇〇	〃	〃	藤井豐
三〇〇	〃	〃	大東福造
三〇〇	〃	〃	下町喜一郎
三〇〇	〃	〃	岸原幸男
三〇〇	〃	〃	松田猪太郎
三〇〇	〃	〃	安田重藏

54

53

三〇〇	歩兵第七八聯隊	上等兵	吉田　保
三〇〇	野砲兵第二六聯隊	〃	河村正之助

54

混成第一四旅團

金額	所屬部隊	階級	氏名
四〇〇	步兵第二五聯隊	伍長	高井進
三〇〇	步兵第二六聯隊	上等兵	于場清
三〇〇	步兵第二七聯隊	〃	新濱與三松
四〇〇	騎兵第七聯隊	曹長	大畠政勝
四〇〇	〃	伍長	高橋袈裟治
三〇〇	〃	上等兵	草薙菊櫻
四〇〇	自動車班	伍長	近藤叶

56

騎兵第一旅團

金額	所屬部隊	階級	氏名
六〇〇	騎兵第十三聯隊	少尉	高草木盛正
六〇〇	〃	特務曹長	江口軍治
四〇〇	〃	伍長	矢野榮
四〇〇	〃	〃	杉田匠
四〇〇	〃	〃	野川友治
三〇〇	〃	上等兵	島田善太郎
三〇〇	〃	〃	方波見源衞
三〇〇	〃	〃	五十嵐久米
三〇〇	〃	〃	坂原吉晴
三〇〇	〃	〃	下山田庄吉
三〇〇	〃	〃	杉本清吉
三〇〇	〃	〃	篠崎元二
六〇〇	騎兵第十四聯隊	大尉	柴時夫

56

四〇〇	騎兵第十四聯隊	曹長	鉢村文子
四〇〇	〃	軍曹	瀬尾一
三〇〇	〃	上等兵	伊藤祐司
三〇〇	〃	〃	松野金吾
三〇〇	〃	〃	野口壹太郎
三〇〇	〃	〃	風間康夫
三〇〇	〃	〃	島崎德太郎
四〇〇	旅團司令部	伍長	山岸隆治
三〇〇	〃	上等兵	中村俊雄

58

騎兵第四旅團

金額	所屬部隊	階級	氏名
六〇〇	騎兵第二十五聯隊	特務曹長	吉村敏一
四〇〇	〃	伍長	中川武雄
三〇〇	〃	上等兵	岩森新一
六〇〇	騎兵第二十六聯隊	少尉	大崎德三郎
三〇〇	〃	上等兵	大石啓三
三〇〇	〃	〃	稻葉義明
三〇〇	〃	〃	福島正一
三〇〇	〃	〃	大島彥雄
三〇〇	〃	通譯	五十川七造

58

58

鐵道第一聯隊

氏名	階級	所屬部隊	金額
三畠詮季	曹長	鐵道第一聯隊	四〇〇
小山正雄	伍長	〃	四〇〇
宮澤正行	〃	〃	四〇〇
小池英一	〃	〃	四〇〇
齋藤茂	上等兵	〃	三〇〇
古元角次	〃	〃	三〇〇
峯川信義	〃	〃	三〇〇
三上福藏	〃	〃	三〇〇
井戸川馨	〃	〃	三〇〇
黑澤昌夫	〃	〃	三〇〇
横山義雄	〃	〃	三〇〇
生沼健吉	〃	〃	三〇〇

60

59

臨時派遣第一戰車隊

金額	所屬部隊	階級	氏名
三〇〇	臨時派遣第一戰車隊	上等兵	柳澤壽惠次

61

满铁关于九一八事变战死者吊慰金赠呈表（其四）（一九三三年三月至十月）

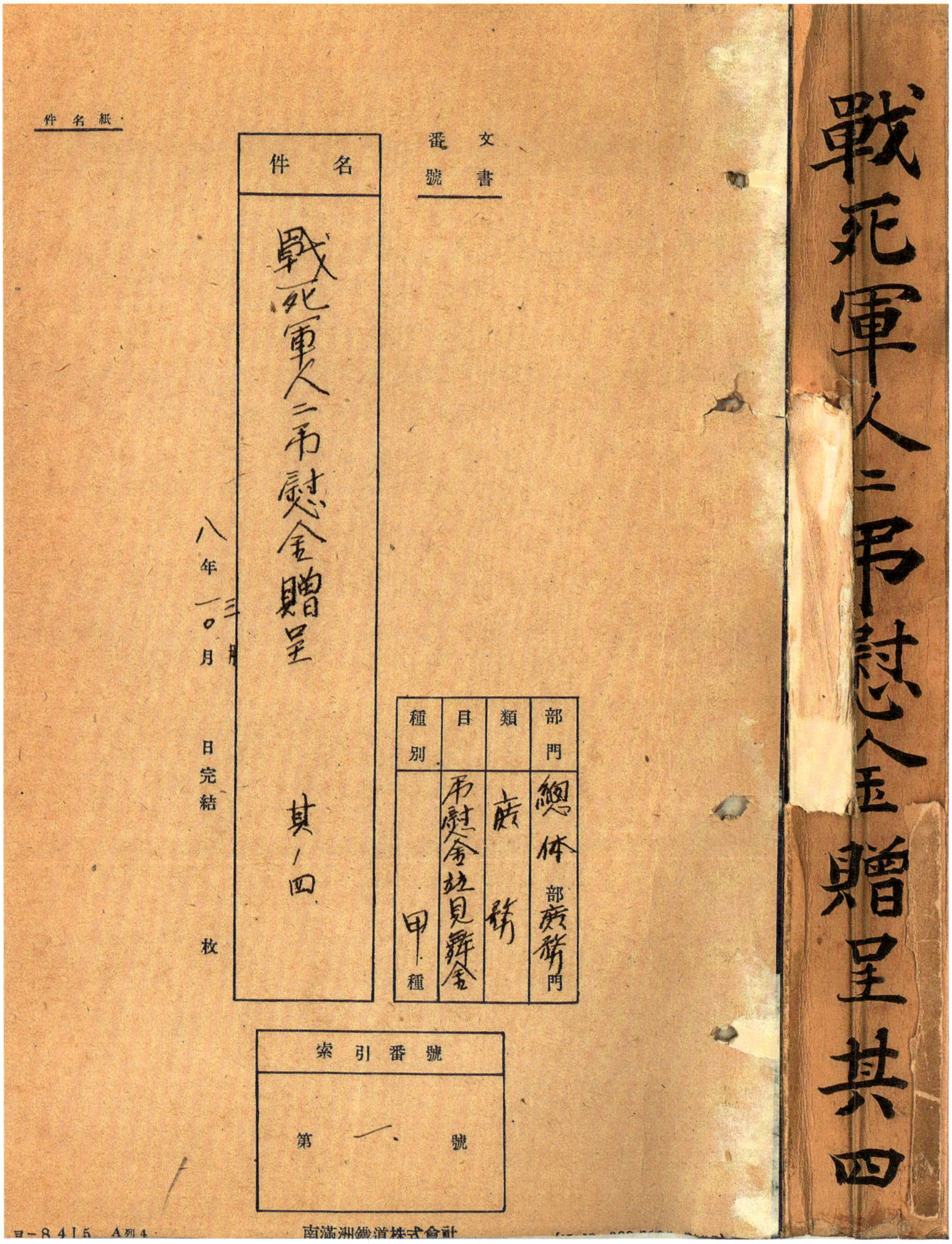
件名紙

件名
戰死軍人ニ弔慰金贈呈 其ノ四

文書番號

八年三月 一〇月 日完結 枚

部門	類	目	種別
總体部 庶務門	庶務	弔慰金並見舞金	甲種

索引番號
第 一 號

日-8415 A列4 南滿洲鐵道株式會社

戰死軍人ニ弔慰金贈呈 其四

0 1

满洲事變戰死者弔慰金贈呈表（其ノ四）

昭和八年十月十日現在

2

第 2

一覧表

所屬部隊	將校、准士官 人員	將校、准士官 弔慰金額	下士官 人員	下士官 弔慰金額	兵 人員	兵 弔慰金額	合計 人員	合計 弔慰金額
關東軍司令部 司令部附	三	一、八〇〇	七	二、八〇〇	一	三〇〇	一一	四、九〇〇
關東軍經理部			一	四〇〇			一	四〇〇
〃 法務部			一	四〇〇			一	四〇〇
〃 野戰兵器廠					一	三〇〇	一	三〇〇
〃 自動車隊					一	三〇〇	一	三〇〇
關東憲兵隊司令部			一	四〇〇	一	三〇〇	二	七〇〇
關東軍飛行第一〇大隊	二	一、二〇〇	一	四〇〇	一	三〇〇	四	一、九〇〇
〃 第一一大隊	二	一、二〇〇	二	八〇〇	二	六〇〇	六	二、六〇〇
新京警備隊					一	三〇〇	一	三〇〇
計	七	四、二〇〇	一三	五、二〇〇	八	二、四〇〇	二八	一一、八〇〇
獨立守備隊 第一大隊			二	八〇〇	一〇	三、〇〇〇	一二	三、八〇〇

3

3

第二大隊			一	四〇〇	四	一,二〇〇	五	一,六〇〇
第三大隊	一	六〇〇	一	四〇〇	二	六〇〇	四	一,六〇〇
第四大隊			三	一,二〇〇	八	二,四〇〇	一一	三,六〇〇
第五大隊			三	一,二〇〇	一	三〇〇	四	一,五〇〇
第六大隊			一〇	四,〇〇〇	三	九〇〇	一三	四,九〇〇
計	一	六〇〇	二〇	八,〇〇〇	二八	八,四〇〇	四九	一七,〇〇〇
第一四師團								
歩兵第五九聯隊					一	三〇〇	一	三〇〇
計					一	三〇〇	一	三〇〇
第二一師團								
歩兵第二九聯隊	一	六〇〇	一	四〇〇	三	九〇〇	五	一,九〇〇
歩兵第一六聯隊	一	六〇〇	一	四〇〇	二	六〇〇	四	一,六〇〇
歩兵第三〇聯隊			一	四〇〇	二	六〇〇	三	一,〇〇〇
計	二	一,二〇〇	三	一,二〇〇	七	二,一〇〇	一二	四,五〇〇

4

第三師團								
歩兵第一八聯隊			二	八〇〇	一八	五、四〇〇	二〇	六、二〇〇
騎兵第四旅團自動車班			一	四〇〇			一	四〇〇
騎兵第二五聯隊	三	一、八〇〇	二	八〇〇	二	六〇〇	七	三、二〇〇
騎兵第二六聯隊	二	一、二〇〇	三	一、二〇〇	五	一、五〇〇	一〇	三、九〇〇
計	五	三、〇〇〇	八	三、二〇〇	二五	七、五〇〇	三八	一三、七〇〇
第四師團								
歩兵第八聯隊			一	四〇〇	一	三〇〇	二	七〇〇
計			一	四〇〇	一	三〇〇	二	七〇〇
第六師團								
歩兵第一三聯隊	三	一、八〇〇	四	一、六〇〇	四	一、二〇〇	一一	四、六〇〇
歩兵第四七聯隊	一	六〇〇	一	四〇〇	一	三〇〇	三	一、三〇〇
歩兵第二三聯隊					二	六〇〇	二	六〇〇
歩兵第四五聯隊	二	一、二〇〇	一四	五、六〇〇	一二	三、六〇〇	二八	一〇、三五〇
騎兵第六聯隊			一	四〇〇			一	四〇〇

5

野砲兵第六聯隊					一	三〇〇	一	三〇〇
工兵中隊					一	三〇〇	一	三〇〇
計	六	三、六〇〇	二〇	八、〇〇〇	二一	六、三〇〇	四七	一七、八五〇
第七師團								
歩兵第二五聯隊	三	一、八〇〇	一二	四、八〇〇	二六	七、八〇〇	四一	一四、四〇〇
歩兵第二六聯隊			七	二、八〇〇	一〇	三、〇〇〇	一七	五、六五〇
歩兵第二七聯隊			一一	四、四〇〇	一五	四、五〇〇	二六	八、九〇〇
歩兵第二八聯隊			八	三、二〇〇	一五	四、五〇〇	二三	七、七〇〇
騎兵第七聯隊			一	四〇〇			一	四〇〇
混成第一四旅團野砲兵第二大隊			九	三、六〇〇	七	二、一〇〇	一六	五、七〇〇
〃 自動車班	一	六〇〇	一	四〇〇			二	一、〇〇〇
計	四	二、四〇〇	四九	一九、六〇〇	七三	二一、九〇〇	一二六	四三、七五〇
第八師團								
司令部	一	六〇〇					一	六〇〇

6

6

步兵第五聯隊	一	六〇〇	三	一、二〇〇	七	二、一〇〇	一一	三、九〇〇
步兵第三一聯隊			三	一、二〇〇	一一	三、三〇〇	一四	四、五〇〇
步兵第一七聯隊	二	一、二〇〇	四	一、六〇〇	一四	四、二〇〇	二〇	七、〇〇〇
步兵第三二聯隊	三	一、八〇〇	一一	四、四〇〇	一五	四、五〇〇	二九	一〇、七〇〇
野砲兵第八聯隊					一	三〇〇	一	三〇〇
工兵第八大隊			三	一、二〇〇	二	六〇〇	五	一、八〇〇
計	七	四、二〇〇	二四	九、六〇〇	五〇	一五、〇〇〇	八一	二八、八〇〇
第一〇師團								
步兵第三九聯隊	二	一、二〇〇	一三	五、二〇〇	五	一、五〇〇	二〇	七、九〇〇
步兵第四〇聯隊	四	二、四〇〇	二五	一〇、〇〇〇	三五	一〇、五〇〇	六四	二二、九〇〇
步兵第一〇聯隊	一	六〇〇	八	三、二〇〇	九	二、七〇〇	一八	六、五〇〇
步兵第六三聯隊	三	一、八〇〇	一三	五、二〇〇	一七	五、一〇〇	三三	一二、一〇〇
騎兵第一〇聯隊					四	一、二〇〇	四	一、二〇〇
野砲兵第一〇聯隊			四	一、六〇〇	五	一、五〇〇	九	三、一〇〇
計	一〇	六、〇〇〇	六三	二五、二〇〇	七五	二二、五〇〇	一四八	五三、七〇〇

7

第一四師團								
步兵第二聯隊			一	四〇〇	六	一、八〇〇	七	二、二〇〇
步兵第五九聯隊			一	四〇〇	一五	四、五〇〇	一六	四、九〇〇
步兵第一五聯隊	一	六〇〇	八	三、二〇〇	一二	三、六〇〇	二一	七、四〇〇
步兵第五〇聯隊	一	六〇〇	七	二、八〇〇	一二	三、六〇〇	二〇	六、八五〇
通信隊					一	三〇〇	一	三〇〇
野砲兵第二〇聯隊			三	一、二〇〇			三	一、二〇〇
工兵第一四大隊			四	一、六〇〇	二	六〇〇	六	二、二〇〇
計	二	一、二〇〇	二四	九、六〇〇	四八	一四、四〇〇	七四	二五、〇五〇
第一九師團								
步兵第七四聯隊	一	六〇〇	一	四〇〇	三	九〇〇	五	一、九〇〇
步兵第七五聯隊			一	四〇〇	三	九〇〇	四	一、三〇〇
計	一	六〇〇	二	八〇〇	六	一、八〇〇	九	三、二〇〇
第二〇師團								
步兵第七八聯隊					一	三〇〇	一	三〇〇

8

計					一	三〇〇	一	三〇〇
間島臨時派遣隊本部					二	六〇〇	二	六〇〇
計					二	六〇〇	二	六〇〇
混成第三八旅團								
步兵第七六聯隊			一	四〇〇	二	六〇〇	三	一、〇〇〇
工兵第一九大隊					二	六〇〇	二	六〇〇
計			一	四〇〇	四	一、二〇〇	五	一、六〇〇
騎兵第一旅團								
司令部			一	四〇〇	二	六〇〇	三	一、〇〇〇
騎兵第一三聯隊			一	四〇〇			一	四〇〇
計			二	八〇〇	二	六〇〇	四	一、四〇〇
鐵道第一聯隊	一	六〇〇	一	四〇〇			二	一、〇〇〇
計	一	六〇〇	一	四〇〇			二	一、〇〇〇
合計	四六	二七、六〇〇	二三一	九二、四〇〇	三五二	一〇五、六〇〇	六二九	二二五、六〇〇

9

關東軍司令部

金額	所屬部隊	階級	氏名
六〇〇	司令部附	大佐	坂田義朗
六〇〇	〃	囑託	森秀樹
六〇〇	〃	〃	石本權四郎
四〇〇	〃	〃	早坂春雄
四〇〇	〃	〃	杉岡信利
四〇〇	〃	〃	木下謙一郎
四〇〇	〃	〃	柴田力藏
四〇〇	〃	〃	瀧江常盤
四〇〇	〃	〃	竹内正喜
四〇〇	〃	技手	松本誠
三〇〇	〃	軍屬	阿部三次郎
四〇〇	經理部	技手	松村多三郎

10

10

四〇〇	法務部	録事	川西與三郎
三〇〇	關東軍野戰兵器廠	軍屬	奥瀨富藏
三〇〇	〃自動車隊	〃	杉原壽松
四〇〇	關東軍憲兵隊司令部	軍曹	佐藤辰吉
三〇〇	〃	軍屬	大月安男
六〇〇	飛行第一〇大隊	少佐	勝目直良
六〇〇	〃	中尉	伊藤豐
四〇〇	〃	曹長	犬飼音治
三〇〇	〃	軍屬	坂本銀藏
六〇〇	〃第一一大隊	中尉	沓掛節雄
六〇〇	〃	特務曹長	永利久記
四〇〇	〃	曹長	古寺巽
四〇〇	〃	〃	白川光雄
三〇〇	〃	上等兵	河野保一

11

11

三〇〇	飛行第一一大隊	上等兵	藤原岩松
三〇〇	新京警備隊	〃	長岡昇

12

12

獨立守備隊

金額	所屬部隊	階級	氏名
四〇〇	第一大隊	曹長	松本芳太郎
四〇〇	〃	伍長	杉村平治
三〇〇	〃	上等兵	小笠原悦男
三〇〇	〃	〃	尾野安雄
三〇〇	〃	〃	森常吉
三〇〇	〃	〃	千葉幸男
三〇〇	〃	〃	進藤秀次
三〇〇	〃	〃	八重樫九藏
三〇〇	〃	〃	兼成清正
三〇〇	〃	一等兵	山平清勇
三〇〇	〃	〃	高木德四郎
三〇〇	〃	〃	齊藤孝

四〇〇	第二大隊	伍長	池田七郎
三〇〇	〃	上等兵	南雲長作
三〇〇	〃	〃	前島龜吉
三〇〇	〃	〃	阿部祐司
三〇〇	〃	〃	小室桂治
六〇〇	第三大隊	少佐	荒木誠四郎
四〇〇	〃	伍長	伊藤治郎
三〇〇	〃	上等兵	川上武夫
三〇〇	〃	一等兵	内田友一
四〇〇	第四大隊	軍曹	牛丸勇
四〇〇	〃	伍長	松本清
四〇〇	〃	〃	金久保莊吉
三〇〇	〃	上等兵	曾根盆平
三〇〇	〃	〃	相田和男
三〇〇	〃	〃	平間武雄

14

14

三〇〇	第四大隊	上等兵	村越峰好
三〇〇	〃	〃	飯田幸作
三〇〇	〃	〃	羽島芳太郎
三〇〇	〃	〃	稲岡又七
三〇〇	〃	〃	大栗好永
四〇〇	第五大隊	曹長	大橋權三郎
四〇〇	〃	伍長	佐藤義男
四〇〇	〃	〃	加藤修三
四〇〇	〃	上等兵	中川吉藏
四〇〇	第六大隊	曹長	宮川勇助
四〇〇	〃	〃	此内良吉
四〇〇	〃	〃	勝又五市
四〇〇	〃	〃	木村喜悅
四〇〇	第六大隊	軍曹	高橋修

15

四〇〇	第六大隊	伍長	鈴木新一
四〇〇	〃	〃	岡田榮作
四〇〇	〃	〃	長谷川信義
四〇〇	〃	〃	竹尾十六七
四〇〇	〃	〃	森川龜之助
三〇〇	〃	上等兵	牧野義項
三〇〇	〃	〃	河合市松
三〇〇	〃	〃	太田四郎平

016

第十四師團

金額	所屬部隊	階級	氏名
三〇〇	歩兵第五九聯隊	上等兵	中山甚一郎

17

第二師團

金額	所屬部隊	階級	氏名
六〇〇	歩兵第二九聯隊	中佐	佐伯健雄
四〇〇	〃	曹長	宮本達郎
三〇〇	〃	上等兵	小林良猪
三〇〇	〃	〃	宮田昇
三〇〇	〃	〃	木下榮一
六〇〇	歩兵第一六聯隊	特務曹長	大川牛太郎
四〇〇	〃	伍長	小林富太郎
三〇〇	〃	上等兵	石山憲吾
三〇〇	〃	〃	豊島正雄
四〇〇	歩兵第三〇聯隊	伍長	渡邊眞治
三〇〇	〃	上等兵	栁留藏
三〇〇	〃	〃	佐藤與六

18

18

第三師團

金額	所屬部隊	階級	氏名
四〇〇	步兵第一八聯隊	曹長	倉田幸雄
四〇〇	〃	伍長	西尾石雄
三〇〇	〃	上等兵	小松喜一
三〇〇	〃	〃	小池英雄
三〇〇	〃	〃	佐藤喜一
三〇〇	〃	〃	須山末男
三〇〇	〃	〃	山崎儀一
三〇〇	〃	〃	山田政雄
三〇〇	〃	〃	山口還一
三〇〇	〃	〃	山崎文治郎
三〇〇	〃	〃	米山安司
三〇〇	〃	〃	篠崎惠雄

19

三〇〇	歩兵第一八聯隊	上等兵	横内厚
三〇〇	〃	〃	宇津木一二
三〇〇	〃	〃	清水武重
三〇〇	〃	〃	清水正二
三〇〇	〃	〃	宮下秀三
三〇〇	〃	〃	椎名文雄
三〇〇	〃	〃	針谷子之吉
三〇〇	〃	〃	小林鐵郎
四〇〇	騎兵第四旅團 自動車班	三等看護長	松永一男
六〇〇	〃 第二五聯隊	大尉	不破慶喜
六〇〇	〃	少尉	伊藤圓三
六〇〇	〃	上等蹄鐵工長	井上國雄
四〇〇	〃	伍長	高場作一
四〇〇	〃	〃	堤増吉

三〇〇	騎兵第二五聯隊	上等兵	古池　章
三〇〇	〃	〃	島倉貞義
六〇〇	〃第二六聯隊	中尉	古田吉之助
六〇〇	〃	特務曹長	永田俊藏
四〇〇	〃	伍長	伊藤隆次郎
四〇〇	〃	〃	磯部　稔
四〇〇	〃	〃	野原士郎
三〇〇	〃	上等兵	飯坂政保
三〇〇	〃	〃	安立銀一
三〇〇	〃	〃	藤本信市
三〇〇	〃	〃	加藤繁雄
三〇〇	〃	〃	富田正願

21

21

第四師團

氏名	階級	所屬部隊	金額
山口耕一	伍長	歩兵第八聯隊	四〇〇
田島金藏	上等兵	〃	三〇〇

22

第六師團

金額	所屬部隊	階級	氏名
六〇〇	步兵第十三聯隊	中佐	越替眞一
六〇〇	〃	少佐	上原泰龠
六〇〇	〃	少尉	山口繁
四〇〇	〃	伍長	市川泰夫
四〇〇	〃	〃	野添幸
四〇〇	〃	〃	吉本保
四〇〇	〃	〃	山内正
三〇〇	〃	上等兵	西森竹一
三〇〇	〃	〃	山口初雄
三〇〇	〃	〃	牛島德男
三〇〇	〃	〃	東南風原朗
六〇〇	步兵第四七聯隊	中尉	佐藤一二三

四〇〇	步兵第四七聯隊	伍長	佐瀬靜夫
三〇〇	〃	上等兵	田上勝彦
三〇〇	步兵第二三聯隊	〃	磯俣伊三郎
三〇〇	〃	〃	向原彦之助
六〇〇	步兵第四五聯隊	少尉	松山金藏
六〇〇	〃	特務曹長	大脇耕夫
四〇〇	〃	伍長	濱田良雄
四〇〇	〃	〃	黒木實
四〇〇	〃	〃	下渡藤儀
四〇〇	〃	〃	井上六雄
四〇〇	〃	〃	龜澤益雄
四〇〇	〃	〃	田地行國盛
四〇〇	〃	〃	久保山政尾
四〇〇	〃	〃	川野國雄

24

四〇〇	步兵第四五聯隊	伍長	田畑重雄
四〇〇	〃	〃	落合豐
四〇〇	〃	〃	大住秀雄
四〇〇	〃	〃	若松利太郎
四〇〇	〃	〃	橋口正
四〇〇	〃	〃	花木功
三〇〇	〃	上等兵	廣原靜
三〇〇	〃	〃	齋藤貞藤
三〇〇	〃	〃	大隣虎夫
三〇〇	〃	〃	假屋米太郎
三〇〇	〃	〃	西清
三〇〇	〃	〃	田中國義
三〇〇	〃	〃	牧之瀨正則
三〇〇	〃	〃	乙須國夫

25

25

三〇〇	歩兵第四五聯隊	上等兵	宮脇矢助
三〇〇	〃	〃	坂元忠義
三〇〇	〃	〃	木下正夫
三〇〇	〃	〃	福濔光志
四〇〇	騎兵第六聯隊	伍長	武内長次郎
三〇〇	野砲兵第六聯隊	上等兵	木村善六
三〇〇	工兵中隊	〃	足達衆一

26

第七師團

金額	所屬部隊	階級	氏名
六〇〇	步兵第二五聯隊	中尉	加藤善兵衛
六〇〇	〃	少尉	小林重盛
六〇〇	〃	特務曹長	山内三郎
四〇〇	〃	曹長	中島仁助
四〇〇	〃	〃	村上清春
四〇〇	〃	〃	杉浦幸一
四〇〇	〃	伍長	大西仁策
四〇〇	〃	〃	鬼木初太郎
四〇〇	〃	〃	川上富吉
四〇〇	〃	〃	南喜之助
四〇〇	〃	〃	高橋勝一
四〇〇	〃	〃	渡邊卅
四〇〇	〃	〃	中東宇一

27

四〇〇	歩兵第二五聯隊	伍長	村田孝英
四〇〇	〃	〃	松井菊次郎
三〇〇	〃	上等兵	青木大夫
三〇〇	〃	〃	渡邊富治
三〇〇	〃	〃	原田志州雄
三〇〇	〃	〃	酒井繁
三〇〇	〃	〃	島田定吉
三〇〇	〃	〃	藤澤武雄
三〇〇	〃	〃	和田政治
三〇〇	〃	〃	鈴木秀雄
三〇〇	〃	〃	藤本虎一
三〇〇	〃	〃	長内伊佐雄
三〇〇	〃	〃	中川三藏
三〇〇	〃	〃	小原喜太郎

28

三〇〇	歩兵第二五聯隊	上等兵	北野一譽
三〇〇	〃	〃	岩谷富雄
三〇〇	〃	〃	堀喜一郎
三〇〇	〃	〃	安立正一
三〇〇	〃	〃	麻柄幸三郎
三〇〇	〃	〃	荒井時雄
三〇〇	〃	〃	山本文藏
三〇〇	〃	〃	池上保
三〇〇	〃	〃	坂本久
三〇〇	〃	〃	芦原民夫
三〇〇	〃	〃	江間勇夫
三〇〇	〃	〃	池川正男
三〇〇	〃	〃	大河原健一
三〇〇	〃	〃	藤本定雄

2P

四〇〇	歩兵第二六聯隊	曹長	山内正平
四〇〇	〃	〃	大橋常廣
四〇〇	〃	〃	佐藤悦五郎
四〇〇	〃	伍長	高橋喜與一
四〇〇	〃	〃	渡邊清吾
四〇〇	〃	〃	佐々木義雄
四〇〇	〃	〃	杉村正
三〇〇	〃	上等兵	小山勇造
三〇〇	〃	〃	小田岩雄
三〇〇	〃	〃	大泉政一
三〇〇	〃	〃	清水幸三郎
三〇〇	〃	〃	小林恒雄
三〇〇	〃	〃	嵯峨敏雄
三〇〇	〃	〃	佐藤長

30

三〇〇	步兵第二六聯隊	上等兵	增山利雄
三〇〇	〃	〃	福田定明
三〇〇	〃	〃	木村石太郎
四〇〇	步兵第二七聯隊	曹長	森桃太郎
四〇〇	〃	〃	木戸文男
四〇〇	〃	〃	金野喜平治
四〇〇	〃	〃	伊藤龜治
四〇〇	〃	伍長	田村幸男
四〇〇	〃	〃	佐々木壽男
四〇〇	〃	〃	佐藤久榮
四〇〇	〃	〃	小川德三郎
四〇〇	〃	〃	渡邊憲太郎
四〇〇	〃	〃	野村宏
四〇〇	〃	〃	三谷秋信

31

31

三〇〇	歩兵第二七聯隊	上等兵	佐藤幹
三〇〇	〃	〃	福原金藏
三〇〇	〃	〃	貝沼芳吉
三〇〇	〃	〃	辻昇一
三〇〇	〃	〃	佐久間與志吉
三〇〇	〃	〃	田村留治
三〇〇	〃	〃	飛澤繁
三〇〇	〃	〃	渡邊勇
三〇〇	〃	〃	佐藤義男
三〇〇	〃	〃	山口久也
三〇〇	〃	〃	小山田義雄
三〇〇	〃	〃	河田巽
三〇〇	〃	〃	柳三郎
三〇〇	〃	〃	下谷忠作

32

三〇〇	步兵第二七聯隊	上等兵	野原竹二
四〇〇	步兵第二八聯隊	曹長	近田清
四〇〇	〃	〃	倉内啓作
四〇〇	〃	軍曹	谷口恒昌
四〇〇	〃	伍長	大村政司
四〇〇	〃	〃	山崎長太郎
四〇〇	〃	〃	近藤國定
四〇〇	〃	〃	馬淵正直
四〇〇	〃	〃	細川幸助
三〇〇	〃	上等兵	中島長藏
三〇〇	〃	〃	賓嶋武雄
三〇〇	〃	〃	川端武雄
三〇〇	〃	〃	古川勝
三〇〇	〃	〃	篠澤長次郎

33

三〇〇	歩兵第二八聯隊	上等兵	三野五郎
三〇〇	〃	〃	工藤忠嚮
三〇〇	〃	〃	小野田利昌
三〇〇	〃	〃	松田淺松
三〇	〃	〃	角子治郎
三〇〇	〃	〃	高橋治郎吉
三〇〇	〃	〃	斎藤繁太郎
三〇〇	〃	〃	佐藤金作
三〇〇	〃	〃	玉島弘
三〇〇	〃	一等兵	砂田伊作
四〇〇	騎兵第七聯隊	伍長	吉田武
四〇〇	混成第一四旅團野砲兵第二大隊	曹長	長谷義雄
四〇〇	〃	〃	高木金次郎
四〇〇	〃	伍長	岡本清一

34

34

四〇〇	混成第一四旅團野砲兵第二大隊	伍長	大久保捨次
四〇〇	〃	〃	峰吉新次郎
四〇〇	〃	〃	小松昌雄
四〇〇	〃	〃	高橋喜治郎
四〇〇	〃	〃	森谷茂
四〇〇	〃	〃	植木恰
三〇〇	〃	上等兵	田中武
三〇〇	〃	〃	水島義雄
三〇〇	〃	〃	土田源治
三〇〇	〃	〃	多賀外吉
三〇〇	〃	〃	阿部友次郎
三〇〇	〃	〃	木島五郎作
三〇〇	〃	〃	永田安次郎

35

35

一六〇〇	混成第一四旅團	特務曹長	窪田留三郎
四〇〇	〃 自動車班	伍長	古川武夫

36

第八師團

金額	所屬部隊	階級	氏名
六〇〇	司令部	少佐	野村浩
六〇〇	步兵第五聯隊	大尉	遠藤幸道
四〇〇	〃	伍長	花田義雄
四〇〇	〃	〃	武田兼作
四〇〇	〃	〃	三浦金次郎
三〇〇	〃	上等兵	種市仁太郎
三〇〇	〃	〃	米塚兵之丞
三〇〇	〃	〃	木村庄三郎
三〇〇	〃	〃	安藤市太郎
三〇〇	〃	〃	草前利吉
三〇〇	〃	〃	沼田兼作
三〇〇	〃	軍屬	戶塚富士太郎

37

四〇〇	歩兵第三一聯隊	曹長	櫻井與八
四〇〇	〃	〃	小野寺由助
四〇〇	〃	伍長	吉田二
三〇〇	〃	上等兵	立花三吉
三〇〇	〃	〃	北田金四郎
三〇〇	〃	〃	中平林平
三〇〇	〃	〃	阿部正男
三〇〇	〃	〃	下道專太郎
三〇〇	〃	〃	吉田清七
三〇〇	〃	〃	小向德藏
三〇〇	〃	〃	川村喜八
三〇〇	〃	〃	大沼達治
三〇〇	〃	〃	松本善夫
三〇〇	〃	一等兵	水上藤吉

38

六〇〇	歩兵第一七聯隊	大尉	稲田　勝
六〇〇	〃	中尉	藤林要次郎
四〇〇	〃	伍長	淺利兵一
四〇〇	〃	〃	月澤重太郎
四〇〇	〃	〃	長谷川金光
四〇〇	〃	〃	富永富太郎
三〇〇	〃	上等兵	松田三太郎
三〇〇	〃	〃	高橋健之助
三〇〇	〃	〃	富澤宇太郎
三〇〇	〃	〃	小笠原直吉
三〇〇	〃	〃	小林美吉
三〇〇	〃	〃	佐藤金之助
三〇〇	〃	〃	葛西謙三
三〇〇	〃	〃	成田酉藏
三〇〇	〃	〃	堀　兼吉

38

三〇〇	歩兵第一七聯隊	上等兵	進藤卯一
三〇〇	〃	〃	草彅正雄
三〇〇	〃	〃	松本末吉
三〇〇	〃	〃	細谷順一
三〇〇	〃	〃	兒玉竹松
六〇〇	歩兵第三二聯隊	大尉	横澤淺芳
六〇〇	〃	〃	鈴木光枝
六〇〇	〃	少尉	島貫長壽
四〇〇	〃	曹長	富士川富雄
四〇〇	〃	〃	深瀬義雄
四〇〇	〃	伍長	村上專太郎
四〇〇	〃	〃	佐藤光治
四〇〇	〃	〃	佐藤寛次
四〇〇	〃	〃	鈴木武雄
四〇〇	〃	〃	難波今朝吉

40

四〇〇	歩兵第三二聯隊	伍長	高橋芳松
四〇〇	〃	〃	高橋清
四〇〇	〃	〃	渡邊源治
四〇〇	〃	〃	小林幸雄
三〇〇	〃	上等兵	鈴木武子
三〇〇	〃	〃	星川左京
三〇〇	〃	〃	富山助治
三〇〇	〃	〃	廣谷源一郎
三〇〇	〃	〃	齋藤恒太郎
三〇〇	〃	〃	佐々木忠男
三〇〇	〃	〃	高木憲美
三〇〇	〃	〃	富塚喜一郎
三〇〇	〃	〃	近野道雄
三〇〇	〃	〃	板垣八郎
三〇〇	〃	〃	菅井寬次

41

41

三〇〇	歩兵第三二聯隊	上等兵	阿部豊俊
三〇〇	〃	〃	菊地安之助
三〇〇	〃	〃	松田榮久藏
三〇〇	〃	二等兵	後藤春作
三〇〇	野砲兵第八聯隊	通譯	菅龍彌
四〇〇	工兵第八大隊	曹長	遠藤義作
四〇〇	〃	伍長	藤原淸志
四〇〇	〃	〃	品川三之助
三〇〇	〃	上等兵	池田定雄
三〇〇	〃	一等兵	小倉源四郎

42

第十師團

氏名	階級	所屬部隊	金額
赤坂恒夫	中尉	步兵第三九聯隊	六〇〇
松木英雄	〃	〃	六〇〇
宗實順次	軍曹	〃	四〇〇
長尾一三	伍長	〃	四〇〇
建部繁一	〃	〃	四〇〇
末永忠雄	〃	〃	四〇〇
宇崎一太郎	〃	〃	四〇〇
邦近光男	〃	〃	四〇〇
藤井正二	〃	〃	四〇〇
馬場熊藏	〃	〃	四〇〇
和田實	〃	〃	四〇〇
太田伊八	〃	〃	四〇〇

四〇〇	歩兵第三九聯隊	伍長	碓井儀夫
四〇〇	〃	〃	小林學
四〇〇	〃	三等看護長	石田彦一
三〇〇	〃	上等兵	谷田寅一
三〇〇	〃	〃	吉川安藏
三〇〇	〃	〃	藤井勝一
三〇〇	〃	〃	福田廣治
三〇〇	〃	二等兵	増田宗治
六〇〇	歩兵第四〇聯隊	大尉	諏訪原盛衛
六〇〇	〃	少尉	前根平吉
六〇〇	〃	特務曹長	田中竹夫
六〇〇	〃	〃	横田正
四〇〇	〃	軍曹	森誉治
四〇〇	〃	伍長	綾木美貴雄
四〇〇	〃	〃	中塚新次

44

四〇〇	步兵第四〇聯隊	伍長	佐野茂
四〇〇	〃	〃	林良造
四〇〇	〃	〃	土野伊佐雄
四〇〇	〃	〃	平手辰男
四〇〇	〃	〃	中尾伊太郎
四〇〇	〃	〃	河鰯政一
四〇〇	〃	〃	田中好惠
四〇〇	〃	〃	竹中敏夫
四〇〇	〃	〃	大坪熊之助
四〇〇	〃	〃	志水操
四〇〇	〃	〃	松本繁一
四〇〇	〃	〃	岡本幸二
四〇〇	〃	〃	和田永次
四〇〇	〃	〃	中村賢治
四〇〇	〃	〃	田原正

45

四〇〇	歩兵第四〇聯隊	伍長	細谷喜芳
四〇〇	〃	〃	衣川信一
四〇〇	〃	〃	久村重春
四〇〇	〃	〃	中村董太郎
四〇〇	〃	〃	國岡正躬
四〇〇	〃	三等看護長	岩城秀雄
四〇〇	〃	〃	青木又吉
三〇〇	〃	上等兵	田中昇
三〇〇	〃	〃	板高利男
三〇〇	〃	〃	中塚邦造
三〇〇	〃	〃	四方路政市
三〇〇	〃	〃	河村粂藏
三〇〇	〃	〃	藤原肇
三〇〇	〃	〃	柳澤年壽
三〇〇	〃	〃	谷岡一郎

46

46

三〇〇	步兵第四〇聯隊	上等兵	太田亘龜治
三〇〇	〃	〃	北川槌太郎
三〇〇	〃	〃	河本壽雄
三〇〇	〃	〃	河野貞雄
三〇〇	〃	〃	大槻重一
三〇〇	〃	〃	佐々尾正二
三〇〇	〃	〃	紀靜馬
三〇〇	〃	〃	上田喜久造
三〇〇	〃	〃	橋本定治
三〇〇	〃	〃	本毎信次
三〇〇	〃	〃	成田盛逸
三〇〇	〃	〃	藪内九二夫
三〇〇	〃	〃	小野山仙藏
三〇〇	〃	〃	福田義昭
三〇〇	〃	〃	米澤武雄

(41)

三〇〇	歩兵第四〇聯隊	上等兵	吉田弘
三〇〇	〃	〃	田畑信一
三〇〇	〃	〃	道行富雄
三〇〇	〃	〃	西川八治郎
三〇〇	〃	〃	森本鐵之助
三〇〇	〃	〃	立石上司
三〇〇	〃	〃	向井美正
三〇〇	〃	〃	小川久吉
三〇〇	〃	〃	落岩小市
三〇〇	〃	〃	中島英夫
三〇〇	〃	〃	穂前敬三郎
三〇〇	〃	傭人	淺井二郎
六〇〇	歩兵第一〇聯隊	中尉	藤井邦太
四〇〇	〃	伍長	小寺要
四〇〇	〃	〃	加藤得之

48

四〇〇	歩兵第一〇聯隊	伍長	香川義章
四〇〇	〃	〃	森下重弘
四〇〇	〃	〃	山崎英太郎
四〇〇	〃	〃	上野博二
四〇〇	〃	〃	藤原一男
四〇〇	〃	〃	山口義夫
三〇〇	〃	上等兵	久保田貞男
三〇〇	〃	〃	森本治
三〇〇	〃	〃	神原松治
三〇〇	〃	〃	國末重夫
三〇〇	〃	〃	西村稔
三〇〇	〃	〃	三宅時夫
三〇〇	〃	〃	武田勳
三〇〇	〃	〃	本郷安一
三〇〇	〃	〃	倉地好男

48

六〇〇	歩兵第六三聯隊	大尉	加藤正信
六〇〇	〃	少尉	内藤忠男
六〇〇	〃	〃	上田隆次郎
四〇〇	〃	曹長	坪倉幸二
四〇〇	〃	伍長	田草由良
四〇〇	〃	〃	片山嚴
四〇〇	〃	〃	與倉重信
四〇〇	〃	〃	櫻木儀
四〇〇	〃	〃	大下幸夫
四〇〇	〃	〃	勝部義盛
四〇〇	〃	〃	小泉秋信
四〇〇	〃	〃	佐藤秀幸
四〇〇	〃	〃	土居泰明
四〇〇	〃	〃	海土金一
四〇〇	〃	〃	二岡勘三郎

50

四〇〇	歩兵第六三聯隊	伍長	加藤春男
三〇〇	〃	上等兵	桑本義見
三〇〇	〃	〃	田中多郎
三〇〇	〃	〃	吹野一男
三〇〇	〃	〃	井上惠二
三〇〇	〃	〃	庄見英雄
三〇〇	〃	〃	大森武夫
三〇〇	〃	〃	大谷唯美
三〇〇	〃	〃	島田正市郎
三〇〇	〃	〃	伊藤孝吉
三〇〇	〃	〃	山形明次
三〇〇	〃	〃	園野茂
三〇〇	〃	〃	細田幸一
三〇〇	〃	〃	岸本廣福
三〇〇	〃	〃	小山宗男

51

三〇〇	歩兵第六三聯隊	上等兵	山田春義
三〇〇	〃	〃	香田幸之
三〇〇	〃	〃	瀬尾健三
三〇〇	騎兵第一〇聯隊	〃	松永佐市
三〇〇	〃	一等兵	井上清二
三〇〇	〃	〃	古元肇
三〇〇	〃	軍属	小林平三
四〇〇	野砲兵第一〇聯隊	軍曹	植野強
四〇〇	〃	伍長	森下原枡敏
四〇〇	〃	〃	中西元一
四〇〇	〃	〃	原田勇
三〇〇	〃	上等兵	秋山求
三〇〇	〃	〃	白神竹雄
三〇〇	〃	〃	山本與一
三〇〇	〃	〃	谷口直三
三〇〇	〃	〃	武田富治

52

第一四師團

金額	新屬部隊	階級	氏名
四〇〇	歩兵第二聯隊	伍長	關谷好之介
三〇〇	〃	上等兵	廣瀬幸平
三〇〇	〃	〃	松崎軍一郎
三〇〇	〃	〃	知久政治
三〇〇	〃	〃	石川明
三〇〇	〃	〃	青木芳
三〇〇	〃	〃	萩谷義富
四〇〇	歩兵第五九聯隊	伍長	石塚照治
三〇〇	〃	上等兵	中田保
三〇〇	〃	〃	箕輪傳次郎
三〇〇	〃	〃	野尻武男
三〇〇	〃	〃	矢野金一郎
三〇〇	〃	〃	小太刀時亥

53

三〇〇	歩兵第五九聯隊	上等兵	小堀長一
三〇〇	〃	〃	龜田賢藏
三〇〇	〃	〃	星四郎
三〇〇	〃	〃	福原幹
三〇〇	〃	〃	酒井喜市
三〇〇	〃	〃	兵藤利雄
三〇〇	〃	〃	茂木延一郎
三〇〇	〃	〃	瀨川常吉
三〇〇	〃	〃	清水良太郎
三〇〇	〃	〃	永島長平
六〇〇	歩兵第一五聯隊	特務曹長	下境公平
四〇〇	〃	曹長	鹽田恒雄
四〇〇	〃	〃	小林兵市
四〇〇	〃	伍長	落合惠作
四〇〇	〃	〃	松島吉太郎

54

四〇〇	步兵第一五聯隊	伍長	富澤稔雄
四〇〇	〃	〃	清水次郎
四〇〇	〃	〃	加藤彌五郎
四〇〇	〃	〃	阿部文衞
三〇〇	〃	上等兵	小曾根藤七
三〇〇	〃	〃	田島米一郎
三〇〇	〃	〃	柳田宗三郎
三〇〇	〃	〃	高橋巖
三〇〇	〃	〃	鬼方馬雄
三〇〇	〃	〃	新井榮太郎
三〇〇	〃	〃	後藤千二
三〇〇	〃	〃	池森武雄
三〇〇	〃	〃	山口理一
三〇〇	〃	〃	木我福松
三〇〇	〃	〃	淺見清一

55

三〇〇	歩兵第一五聯隊	上等兵	善養寺明邑
六〇〇	歩兵第五〇聯隊	少尉	布施丑造
四〇〇	〃	曹長	倉島保喜
四〇〇	〃	伍長	久保田親家
四〇〇	〃	〃	田澤安藏
四〇〇	〃	〃	西山庚之進
四〇〇	〃	〃	小林萬藏
四〇〇	〃	〃	小口爲左男
四〇〇	〃	〃	清水四三郎
三〇〇	〃	上等兵	唐澤潤
三〇〇	〃	〃	高沼阿武
三〇〇	〃	〃	鹽入勇
三〇〇	〃	〃	松澤袈裟吉
三〇〇	〃	〃	箱山茂樹
三〇〇	〃	〃	持田健一郎

56

56

三〇〇	歩兵第五〇聯隊	上等兵	吉澤則男
三〇〇	〃	〃	篠田善登
三〇〇	〃	〃	上野速夫
三〇〇	〃	〃	松崎喜明
三〇〇	〃	〃	小林亥袈人
三〇〇	〃	一等兵	木下保
三〇〇	通信隊	上等兵	横尾政次
四〇〇	野砲兵第二〇聯隊	曹長	今井義弘
四〇〇	〃	伍長	石綿市太郎
四〇〇	〃	〃	國井寛
四〇〇	工兵第一四大隊	軍曹	根岸喜久治
四〇〇	〃	伍長	加藤富次
四〇〇	〃	〃	桃井藤太郎
四〇〇	〃	〃	丸山茂夫
三〇〇	〃	上等兵	淺野朝之助
三〇〇		一等兵	新井武男

57

第一九師團

金額	所屬部隊	階級	氏名
六〇〇	歩兵第七四聯隊	中尉	鶴岡次雄
四〇〇	〃	曹長	平松敬眞
三〇〇	〃	上等兵	小林義雄
三〇〇	〃	〃	細海時次郎
三〇〇	〃	〃	吉越治作
四〇〇	歩兵第七五聯隊	曹長	川井重夫
三〇〇	〃	上等兵	森田孫一
三〇〇	〃	〃	齋藤八十八
三〇〇	〃	〃	植田德次郎

第二〇師團

金額	所屬部隊	階級	氏名
三〇〇	歩兵第七八聯隊	上等兵	伊東吉郎

58

58

間島臨時派遣隊本部

金額	所屬部隊	階級	氏名
三〇〇	歩兵第七八聯隊	軍曹	阿比留久太郎
三〇〇	〃	〃	金鶴用

混成第三八旅團

四〇〇	歩兵第七六聯隊	曹長	清水口松二
三〇〇	〃	上等兵	鈴木玉五郎
三〇〇	〃	上等看護長	森田正治
三〇〇	工兵第一九大隊	上等兵	込江重昌
三〇〇	〃	〃	伊藤信二

58

騎兵第一旅團

金額	所屬部隊	階級	氏名
四〇〇	司令部	伍長	山口幸安
三〇〇	〃	上等兵	島津今朝男
三〇〇	〃	馬丁	關幸一
四〇〇	騎兵第一三聯隊	伍長	寺內福次郎

鐵道第一聯隊

金額	所屬部隊	階級	氏名
六〇〇	〃	大尉	荒木克業
四〇〇	〃	伍長	江村由雄

满铁关于九一八事变战死者吊慰金赠呈表（其五）（一九三三年十月至一九三四年三月）

件名紙

文書番號

件名
戰死軍人ニ弔慰金贈呈 其ノ五

八年一〇月
九年三月
日完結
枚

部門	類	目	種別
總体 庶務部門	庶務	弔慰金並見舞金	甲種

索引番號
第一號

ヨ-8415 A列4
南滿洲鐵道株式會社

滿洲事變戰死者弔慰金贈呈名簿（其ノ五）

昭和九年八月二十三日現在

2

一覽表

所屬部隊	將校、准士官 人員	將校、准士官 弔慰金額	下士官 人員	下士官 弔慰金額	兵 人員	兵 弔慰金額	合計 人員	合計 弔慰金額
關東軍司令部								
司令部附	三	一、八〇〇	九	三、六〇〇	一	三〇〇	一三	五、七〇〇
經理部			一	四〇〇	一	三〇〇	二	七〇〇
軍醫部					一	三〇〇	一	三〇〇
計	三	一、八〇〇	一〇	四、〇〇〇	三	九〇〇	一六	六、七〇〇
第六師團								
步兵第一三聯隊			六	二、四〇〇	四	一、二〇〇	一〇	三、六〇〇
〃第四七聯隊			二	八〇〇	四	一、二〇〇	六	二、〇〇〇
〃第二三聯隊	三	一、八〇〇	二七	一〇、八〇〇	二〇	六、〇〇〇	五〇	一八、六〇〇
〃第四五聯隊			一	四〇〇	六	一、八〇〇	七	二、二〇〇
野砲兵第六聯隊			六	二、四〇〇	二	六〇〇	八	三、〇〇〇

4

3

工兵中隊					二	六〇〇	二	六〇〇
計	三	一、八〇〇	四二	一六、八〇〇	三八	一一、四〇〇	八三	三〇、〇〇〇
第八師團								
步兵第五	三	一、八〇〇	七	二、八〇〇	一四	四、二〇〇	二四	八、八〇〇
〃第三一聯隊	三	一、八〇〇	二〇	八、〇〇〇	四三	一三、九〇〇	六六	二二、七〇〇
〃第一七聯隊	三	一、八〇〇	一四	五、六〇〇	四二	一二、六〇〇	五九	二〇、〇〇〇
〃第三二聯隊	八	四、八〇〇	一四	五、六〇〇	三八	一一、四〇〇	六〇	二一、八〇〇
騎兵第八聯隊	二	一、二〇〇	二	八〇〇	三	九〇〇	七	二、九〇〇
野砲兵第八聯隊			一	四〇〇	四	一、二〇〇	五	一、六〇〇
工兵第八大隊					五	一、五〇〇	五	一、五〇〇
輜重兵中隊					二	六〇〇	二	六〇〇
計	一九	一一、四〇〇	五八	二三、二〇〇	一五一	四五、三〇〇	二二八	七九、九〇〇
第十師團								
步兵第三九聯隊			五	二、〇〇〇	八	二、四〇〇	一三	四、四〇〇

歩兵第四〇聯隊	二	一、二〇〇	三	一、二〇〇	一〇	三、〇〇〇	一五	五、四〇〇
〃第一〇聯隊			七	二、八〇〇	六	一、八〇〇	一一	四、六〇〇
〃第六三聯隊	一	六〇〇	五	二、〇〇〇	一〇	三、〇〇〇	一六	五、六〇〇
騎兵第一〇聯隊			二	八〇〇	一	三〇〇	三	一、一〇〇
野砲兵第一〇聯隊					四	一、二〇〇	四	一、二〇〇
計	三	一、八〇〇	二二	八、八〇〇	三九	一一、七〇〇	六四	二三、三〇〇
第十四師團								
歩兵第二聯隊	一	六〇〇			九	二、七〇〇	一〇	三、三〇〇
〃第五九聯隊			三	一、二〇〇	八	二、四〇〇	一一	三、六〇〇
〃第一五聯隊			一	四〇〇	三	九〇〇	四	一、三〇〇
〃第五〇聯隊	四	二、四〇〇	一四	五、六〇〇	三五	一〇、五〇〇	五三	一八、五〇〇
野砲兵第二〇聯隊			一	四〇〇	一	三〇〇	二	七〇〇
工兵第一四大隊			二	八〇〇	一	三〇〇	三	一、一〇〇
輜重兵中隊					一	三〇〇	一	三〇〇
計	五	三、〇〇〇	二一	八、四〇〇	五八	一七、四〇〇	八四	二八、八〇〇

6

第十九師團								
步兵第七五聯隊					二	六〇〇	二	六〇〇
〃　第七六聯隊			一	四〇〇			一	四〇〇
計			一	四〇〇	二	六〇〇	三	一、〇〇〇
第二十師團								
步兵第七八聯隊					一	三〇〇	一	三〇〇
計					一	三〇〇	一	三〇〇
第一獨立守備隊								
獨立守備步兵第一大隊			一	四〇〇	一	三〇〇	二	七〇〇
〃　第三大隊	一	六〇〇	一	四〇〇	一	三〇〇	三	一、三〇〇
〃　第四大隊					二	六〇〇	二	六〇〇
〃　第五大隊			二	八〇〇			二	八〇〇
〃　第六大隊					二	六〇〇	二	六〇〇
計	一	六〇〇	四	一、六〇〇	六	一、八〇〇	一一	四、〇〇〇

6

第二獨立守備隊								
獨立守備步兵第一二大隊			二	八〇〇			二	八〇〇
計			二	八〇〇			二	八〇〇
第三獨立守備隊								
獨立守備步兵第一五大隊					一	三〇〇	一	三〇〇
計					一	三〇〇	一	三〇〇
混成第十四旅團								
步兵第二五聯隊			五	二、〇〇〇	七	二、一〇〇	一二	四、一〇〇
〃第二六聯隊					一	三〇〇	一	三〇〇
〃第二七聯隊			三	一、二〇〇	二	六〇〇	五	一、八〇〇
〃第二八聯隊	三	一、八〇〇	六	二、四〇〇	一九	五、七〇〇	二八	九、九〇〇
野砲兵第七聯隊	一	六〇〇			三	九〇〇	四	一、五〇〇
計	四	二、四〇〇	一四	五、六〇〇	三二	九、六〇〇	五〇	一七、六〇〇

7

騎兵集團								
騎兵第一旅團裝甲自動車體					一	三〇〇	一	三〇〇
〃第四旅團〃					二	六〇〇	二	六〇〇
騎兵第二六聯隊	一	六〇〇	二	八〇〇	二	六〇〇	五	二、〇〇〇
計	一	六〇〇	二	八〇〇	五	一、五〇〇	八	二、九〇〇
關東憲兵隊								
關東憲兵隊司令部			一	四〇〇	一	三〇〇	二	七〇〇
關東軍飛行隊								
飛行第一一大隊					一	三〇〇	一	三〇〇
計			一	四〇〇	二	六〇〇	三	一、〇〇〇
關東軍直轄部隊								
鐵道第一聯隊			一	四〇〇	二	六〇〇	三	一、〇〇〇
電信第三大隊			一	四〇〇	一	三〇〇	二	七〇〇

關東軍自動車隊			一	四〇〇	三	九〇〇	四	一、三〇〇
計			三	一、二〇〇	六	一、八〇〇	九	三、〇〇〇
關東軍直轄官衙部隊								
軍直轄官衙部隊					三	九〇〇	三	九〇〇
關東衞戍病院								
新京衞戍病院			二	八〇〇			二	八〇〇
關東軍所管外在滿官衙部隊			一	四〇〇	四	一、二〇〇	五	一、六〇〇
滿洲測量部			一	四〇〇			一	四〇〇
臨時派遣第一戰車隊								
計			四	一、六〇〇	七	二、一〇〇	一一	三、七〇〇
合計	三九	二三、四〇〇	一八四	七三、六〇〇	三五二	一〇五、三〇〇	五七四	二〇二、三〇〇

满铁关于九一八事变战死者吊慰金赠呈表（其六）（一九三四年四月至八月）

件名紙

文書番號

件名

戰死軍人ニ弔慰金贈呈

其六

九年 四 月 八 月 日完結 枚

部門	類	目	種別
總体部 庶務門	庶務	弔慰金並見舞金	甲種

索引番號

第 一 號

2

ヨ－8415 A列4 南滿洲鐵道株式會社

0 1

滿洲事變戰死者弔慰金贈呈名簿（其ノ六）

昭和十年八月二十五日現在

3

一覧表

所屬部隊	將校、准士官 人員	將校、准士官 弔慰金額	下士官 人員	下士官 弔慰金額	兵 人員	兵 弔慰金額	合計 人員	合計 弔慰金額
關東軍司令部								
司令部附	四	二、四〇〇	三	一、二〇〇	五	一、五〇〇	一二	五、一〇〇
經理部	一	六〇〇	四	一、六〇〇	二	六〇〇	七	二、九〇〇
計	五	三、〇〇〇	七	二、八〇〇	七	二、一〇〇	一九	七、九〇〇
第三師團								
步兵第六聯隊	一	六〇〇			一	三〇〇	二	九〇〇
〃第一八聯隊	二	一、二〇〇			二	六〇〇	四	一、八〇〇
〃第三四聯隊			二	八〇〇	六	一、八〇〇	八	二、六〇〇
〃第六八聯隊	一	六〇〇	六	二、四〇〇	二〇	六、〇〇〇	二七	九、〇〇〇
騎兵第三聯隊			一	四〇〇			一	四〇〇
計	四	二、四〇〇	九	三、六〇〇	二九	八、七〇〇	四二	一四、七〇〇

4

3

第六師團								
步兵第二三聯隊			二	八〇〇	二	六〇〇	四	一、四〇〇
〃第四五聯隊			二	八〇〇	四	一、二〇〇	六	二、〇〇〇
騎兵第六聯隊			一	四〇〇			一	四〇〇
通信隊					一	三〇〇	一	三〇〇
工兵第六大隊			一	四〇〇			一	四〇〇
計			六	二、四〇〇	七	二、一〇〇	一三	四、五〇〇
第七師團								
司令部	一	六〇〇					一	六〇〇
獸醫部					一	三〇〇	一	三〇〇
騎兵第七聯隊			一	四〇〇			一	四〇〇
工兵第七大隊					一	三〇〇	一	三〇〇
計	一	六〇〇	一	四〇〇	二	六〇〇	四	一、六〇〇
第八師團								
步兵第五聯隊			一	四〇〇	一	三〇〇	二	七〇〇

5

歩兵第三一聯隊					二	六〇〇	二	六〇〇
〃第三二聯隊					一	三〇〇	一	三〇〇
輜重兵中隊					一	三〇〇	一	三〇〇
工兵第八大隊			一	四〇〇			一	四〇〇
計			二	八〇〇	五	一、五〇〇	七	二、三〇〇
第一〇師團								
司令部					一	三〇〇	一	三〇〇
歩兵第一〇聯隊			五	二、〇〇〇	一〇	三、〇〇〇	一五	五、〇〇〇
〃第四〇聯隊			二	八〇〇	二	六〇〇	四	一、四〇〇
〃第六三聯隊	四	二、四〇〇	一三	五、二〇〇	四〇	一二、〇〇〇	五七	一九、六〇〇
野砲兵第一〇聯隊					一	三〇〇	一	三〇〇
輜重兵中隊			一	四〇〇	一	三〇〇	二	七〇〇
計	四	二、四〇〇	二一	八、四〇〇	五五	一六、五〇〇	七七	二七、三〇〇
第一四師團								
歩兵第二聯隊			一	四〇〇			一	四〇〇

5

步兵第五〇聯隊	二	一、二〇〇	六	二、四〇〇	一一	三、三〇〇	一九	六、九〇〇
〃第五九聯隊			一	四〇〇	六	一、八〇〇	七	二、二〇〇
野砲兵第二〇聯隊	二	一、二〇〇	二	八〇〇	三	九〇〇	七	二、九〇〇
計	四	二、四〇〇	一〇	四、〇〇〇	二〇	六、〇〇〇	三一	一二、四〇〇
第一六師團								
步兵第三〇旅團司令部					一	三〇〇	一	三〇〇
步兵第九聯隊			一	四〇〇	三	九〇〇	四	一、三〇〇
〃第二〇聯隊			四	一、六〇〇	四	一、二〇〇	八	二、八〇〇
〃第三三聯隊	一	六〇〇			二	六〇〇	三	一、二〇〇
〃第三八聯隊	一	六〇〇	一	四〇〇	三	九〇〇	五	一、九〇〇
騎兵第二〇聯隊					一	三〇〇	一	三〇〇
野砲兵第二二聯隊	一	六〇〇			三	九〇〇	四	一、五〇〇
工兵第一六大隊					一	三〇〇	一	三〇〇
計	三	一、八〇〇	六	二、四〇〇	一八	五、四〇〇	三七	九、六〇〇

7

第一九師團								
歩兵第七六聯隊			一	四〇〇	五	一、五〇〇	六	一、九〇〇
計			一	四〇〇	五	一、五〇〇	六	一、九〇〇
第二〇師團								
歩兵第七七聯隊	一	六〇〇	一	四〇〇			二	一、〇〇〇
〃第七八聯隊					一	三〇〇	一	三〇〇
計	一	六〇〇	一	四〇〇	一	三〇〇	三	一、三〇〇
混成第一四旅團								
歩兵第二五聯隊	一	六〇〇	二	八〇〇	二	六〇〇	五	二、〇〇〇
〃第二六聯隊	一	六〇〇			六	一、八〇〇	七	二、四〇〇
〃第二七聯隊	二	一、二〇〇	一	四〇〇	五	一、五〇〇	八	三、一〇〇
〃第二八聯隊					五	一、五〇〇	五	一、五〇〇
野砲兵第七聯隊	一	六〇〇	二	八〇〇	二	六〇〇	五	二、〇〇〇
自動車班			一	四〇〇			一	四〇〇
計	五	三、〇〇〇	六	二、四〇〇	二〇	六、〇〇〇	三一	一一、四〇〇

8

7

騎兵集團								
騎兵第一三聯隊					一	三〇〇	一	三〇〇
〃第二五聯隊			一	四〇〇			一	四〇〇
〃第二六聯隊					一	三〇〇	一	三〇〇
騎兵第四旅團機關銃隊			三	一、二〇〇	五	一、五〇〇	八	二、七〇〇
計			四	一、六〇〇	七	二、一〇〇	一一	三、七〇〇
藤田本部隊								
寺倉部隊			一	四〇〇	二	六〇〇	三	一、〇〇〇
計			一	四〇〇	二	六〇〇	三	一、〇〇〇
關東軍飛行隊								
飛行第一〇大隊	三	一、八〇〇	二	八〇〇			五	二、六〇〇
〃第一一大隊	二	一、二〇〇	二	八〇〇			四	二、〇〇〇
〃第一二大隊	五	三、〇〇〇	三	一、二〇〇			八	四、二〇〇
計	一〇	六、〇〇〇	七	二、八〇〇			一七	八、八〇〇

8

關東憲兵隊								
司令部			一	四〇〇	二	六〇〇	三	一、〇〇〇
齊齊哈爾憲兵隊			一	四〇〇			一	四〇〇
計			二	八〇〇	二	六〇〇	四	一、四〇〇
關東軍直轄部隊								
關東軍測量部隊					五	一、五〇〇	五	一、五〇〇
關東軍自動車隊			一	四〇〇	一	三〇〇	二	七〇〇
關東軍野戰航空廠					二	六〇〇	二	六〇〇
關東陸軍倉庫					一	三〇〇	一	三〇〇
鐵道第三大隊	二	一、二〇〇	一	四〇〇	四	一、二〇〇	七	二、八〇〇
電信第三大隊			一	四〇〇			一	四〇〇
戰車第三大隊			一	四〇〇	三	九〇〇	四	一、三〇〇
高射砲第三大隊					一	三〇〇	一	三〇〇
朝陽兵站監部出張所					一	三〇〇	一	三〇〇
計	二	一、二〇〇	四	一、六〇〇	一八	五、四〇〇	二四	八、二〇〇

9

第一獨立守備隊								
獨立守備歩兵第一大隊	三	一、八〇〇	二	八〇〇	七	二、一〇〇	一二	四、七〇〇
〃　第二大隊					二	六〇〇	二	六〇〇
〃　第三大隊			一	四〇〇	六	一、八〇〇	七	二、二〇〇
〃　第四大隊	一	六〇〇	三	一、二〇〇	六	一、八〇〇	一〇	三、六〇〇
〃　第五大隊			四	一、六〇〇	一一	三、三〇〇	一五	四、九〇〇
〃　第六大隊			三	一、二〇〇	二	六〇〇	五	一、八〇〇
計	四	二、四〇〇	一三	五、二〇〇	三四	一〇、二〇〇	五一	一七、八〇〇
第二獨立守備隊								
獨立守備歩兵第七大隊	二	一、二〇〇			七	二、一〇〇	九	三、三〇〇
〃　第八大隊					四	一、二〇〇	四	一、二〇〇
〃　第九大隊	一	六〇〇	三	一、二〇〇	五	一、五〇〇	九	三、三〇〇
〃　第一〇大隊	一	六〇〇			三	九〇〇	四	一、五〇〇
〃　第一一大隊	一	六〇〇	一	四〇〇	二	六〇〇	四	一、六〇〇
〃　第一二大隊			一	四〇〇	一	三〇〇	二	七〇〇
計	五	三、〇〇〇	五	二、〇〇〇	二二	六、六〇〇	三二	一一、六〇〇

11

第三獨立守備隊								
獨立守備歩兵第一三大隊			二	八〇〇			二	八〇〇
〃　第一四大隊			二	八〇〇	三	九〇〇	五	一、七〇〇
〃　第一五大隊			一	四〇〇			一	四〇〇
〃　第一六大隊	一	六〇〇			一	三〇〇	二	九〇〇
〃　第一七大隊	一	六〇〇	三	一、二〇〇	四	一、二〇〇	八	三、〇〇〇
〃　第一八大隊			一	四〇〇	二	六〇〇	三	一、〇〇〇
計	二	一、二〇〇	九	三、六〇〇	一〇	三、〇〇〇	二一	七、八〇〇
第四獨立守備隊								
獨立守備歩兵第二三大隊					一	三〇〇	一	三〇〇
〃　第二四大隊					二	六〇〇	二	六〇〇
計					三	九〇〇	三	九〇〇
合計	五〇	三〇、〇〇〇	二五	四六、〇〇〇	二六七	八〇、一〇〇	四三二	一五六、一〇〇

满铁关于九一八事变战死者吊慰金赠呈表（其七）（一九三五年四月至一九三六年三月）

件名紙

文書番號

件名

戰死軍人ニ弔慰金贈呈

其ノ七

一〇年四月

一一年三月　日完結

枚

部門	類	目	種別
部門		弔慰金並見舞金	甲種

索引番號

第一號

2

ヨ-8415 A列4　南滿洲鐵道株式會社

1
0

昭和十年度

滿洲事變戰死者弔慰金贈呈名簿（其ノ七）

2

一覽表

所屬部隊	將校、准士官 人員	將校、准士官 弔慰金額	下士官 人員	下士官 弔慰金額	兵 人員	兵 弔慰金額	合計 人員	合計 弔慰金額
關東軍司令部								
司令部附	九	五、四〇〇	一七	六、八〇〇	六	一、八〇〇	三二	一四、〇〇〇
參謀部	一	六〇〇	一	四〇〇			二	一、〇〇〇
經理部	一	六〇〇	七	二、八〇〇	八	二、四〇〇	一六	五、八〇〇
計	一一	六、六〇〇	二五	一〇、〇〇〇	一四	四、二〇〇	五〇	二〇、八〇〇
第三師團								
步兵第六聯隊			二	八〇〇	八	二、四〇〇	一〇	三、二〇〇
〃第一八聯隊	三	一、八〇〇	七	二、八〇〇	二九	八、七〇〇	三九	一三、三〇〇
〃第三四聯隊	六	三、六〇〇	九	三、六〇〇	二二	六、六〇〇	三七	一三、八〇〇
〃第六八聯隊	一	六〇〇	五	二、〇〇〇	九	二、七〇〇	一五	五、三〇〇
騎兵第三聯隊	一	六〇〇	一	四〇〇	四	一、二〇〇	六	二、二〇〇
野砲兵第三聯隊	一	六〇〇	一	四〇〇	七	二、一〇〇	九	三、一〇〇

4

3

工兵第三大隊	二	一、二〇〇			一	三〇〇	三	一、五〇〇
計	一四	八四〇〇	二五	一〇、〇〇〇	八〇	二四、〇〇〇	一一九	四二、四〇〇
第六師團								
騎兵第六聯隊	一	六〇〇					一	六〇〇
計	一	六〇〇					一	六〇〇
第八師團								
步兵第三一聯隊	一	六〇〇					一	六〇〇
騎兵第三旅團 第一二三聯隊	二	一、二〇〇	三	一、二〇〇	三	九〇〇	八	三、三〇〇
〃第二四聯隊					一	三〇〇	一	三〇〇
計	三	一、八〇〇	三	一、二〇〇	四	一、二〇〇	一〇	四、二〇〇
第九師團								
步兵第七聯隊					五	一、五〇〇	五	一、五〇〇
〃第一九聯隊	二	一、二〇〇	三	一、二〇〇	四	一、二〇〇	九	三、六〇〇
〃第三五聯隊	二	一、二〇〇	一	四〇〇	三	九〇〇	六	二、五〇〇

4

步兵第三六聯隊					一	三〇〇	一	三〇〇
工兵第九大隊			一	四〇〇			一	四〇〇
山砲第九聯隊					一	三〇〇	一	三〇〇
計	四	二、四〇〇	五	二、〇〇〇	一四	四、二〇〇	二三	八、六〇〇
第十六師團								
師團司令部	一	六〇〇			一	三〇〇	二	九〇〇
步兵第九聯隊	一	六〇〇	二	八〇〇	四	一、二〇〇	七	二、六〇〇
〃第二十聯隊	三	一、八〇〇	五	二、〇〇〇	九	二、七〇〇	一七	六、五〇〇
〃第三三聯隊	一	六〇〇	三	一、二〇〇	七	二、一〇〇	一一	三、九〇〇
〃第三八聯隊	四	二、四〇〇	一一	四、四〇〇	三四	一〇、二〇〇	四九	一七、〇〇〇
工兵第十六大隊	一	六〇〇			五	一、五〇〇	六	二、一〇〇
計	一一	六、六〇〇	二一	八、四〇〇	六〇	一八、〇〇〇	九二	三三、〇〇〇
第十九師團								
步兵第七三聯隊			一	四〇〇	二	六〇〇	三	一、〇〇〇

5

歩兵第七六聯隊					一	三〇〇	一	三〇〇
計			一	四〇〇	三	九〇〇	四	一、三〇〇
第二十師團								
歩兵第七八聯隊	一	六〇〇	一	四〇〇	三	九〇〇	五	一、九〇〇
計	一	六〇〇	一	四〇〇	三	九〇〇	五	一、九〇〇
獨立混成第一旅團(藤田)								
歩兵第一聯隊(寺倉)	一	六〇〇	二	八〇〇	六	一、八〇〇	九	三、二〇〇
戰車第三大隊(澁谷)					三	九〇〇	三	九〇〇
〃第四大隊(山崎)			一	四〇〇			一	四〇〇
計	一	六〇〇	三	一、二〇〇	九	二、七〇〇	一三	四、五〇〇

6

獨立混成第十一旅團（川岸）

旅團司令部	一	六〇〇					一	六〇〇
步兵第十一聯隊	二	一、二〇〇	七	二、八〇〇	一六	四、八〇〇	二五	八、八〇〇
〃第十二聯隊	一	六〇〇	三	一、二〇〇	一二	三、六〇〇	一六	五、四〇〇
野砲兵第十一大隊	一	六〇〇			二	六〇〇	三	一、二〇〇
山砲兵第十二大隊	一	六〇〇			三	九〇〇	四	一、五〇〇
工兵第十一中隊					一	三〇〇	一	三〇〇
輜重兵第十一中隊					一	三〇〇	一	三〇〇
騎兵第十一中隊			一	四〇〇	一	三〇〇	二	七〇〇
計	六	三、六〇〇	一一	四、四〇〇	三六	一〇、八〇〇	五三	一八、八〇〇

8

騎兵集團								
騎兵第四旅團第二六聯隊					一	三〇〇	一	三〇〇
〃騎砲兵中隊					一	三〇〇	一	三〇〇
計					二	六〇〇	二	六〇〇
飛行集團								
飛行第十聯隊	三	一、八〇〇	二	八〇〇			五	二、六〇〇
〃第十二聯隊					二	六〇〇	二	六〇〇
〃第十五聯隊	一	六〇〇					一	六〇〇
〃第十六聯隊			二	八〇〇	二	六〇〇	四	一、四〇〇
計	四	二、四〇〇	四	一、六〇〇	四	一、二〇〇	一二	五、二〇〇

8

關東軍憲兵隊								
司令部			一	四〇〇	一	三〇〇	二	七〇〇
新京憲兵隊			一	四〇〇	一	三〇〇	二	七〇〇
〃憲兵分隊					一	三〇〇	一	三〇〇
吉林憲兵隊			一	四〇〇			一	四〇〇
計			三	一、二〇〇	三	九〇〇	六	二、一〇〇
關東軍直轄部隊								
關東軍測量隊			二	八〇〇	一一	三、三〇〇	一三	四、一〇〇
〃自動車隊			二	八〇〇	八	二、四〇〇	一〇	三、二〇〇
電信第三大隊					一	三〇〇	一	三〇〇
鐵道第三聯隊	一	六〇〇			七	二、一〇〇	八	二、七〇〇
計	一	六〇〇	四	一、六〇〇	二七	八、一〇〇	三二	一〇、三〇〇

16

衞戍病院								
承徳衞戍病院			一	四〇〇			一	四〇〇
計			一	四〇〇			一	四〇〇
第一獨立守備隊								
獨立守備步兵第一大隊			二	八〇〇	一	三〇〇	三	一、一〇〇
〃 第二大隊			五	二、〇〇〇	四	一、二〇〇	九	三、二〇〇
〃 第三大隊	一	六〇〇	四	一、六〇〇	七	二、一〇〇	一二	四、三〇〇
〃 第四大隊	二	二、二〇〇	二	八〇〇	一一	三、三〇〇	一五	五、三〇〇
〃 第五大隊	一	六〇〇	四	一、六〇〇	一二	三、六〇〇	一七	五、八〇〇
〃 第六大隊			五	二、〇〇〇	四	一、二〇〇	九	三、二〇〇
計	四	三、四〇〇	二二	八、八〇〇	三九	一一、七〇〇	六五	二三、九〇〇
第二獨立守備隊								
獨立守備步兵第七大隊			四	一、六〇〇	一〇	三、〇〇〇	一四	四、六〇〇
〃 第八大隊	二	二、二〇〇	九	三、六〇〇	一七	五、一〇〇	二八	九、九〇〇

11

10

獨立守備歩兵第九大隊			三	一、二〇〇	六	一、八〇〇	九	三、〇〇〇
〃 第十大隊	一	六〇〇	三	一、二〇〇	一〇	三、〇〇〇	一四	四、八〇〇
第十一大隊			四	一、六〇〇	六	一、八〇〇	一〇	三、四〇〇
第十二大隊	三	一、八〇〇	五	二、〇〇〇	一八	五、四〇〇	二六	九、二〇〇
計	六	三、六〇〇	二八	一一、二〇〇	六七	二〇、一〇〇	一〇一	三四、九〇〇
第三獨立守備隊								
司令部			一	四〇〇	三	九〇〇	四	一、三〇〇
獨立守備歩兵第十三大隊			三	一、二〇〇	七	二、一〇〇	一〇	三、三〇〇
〃 第十四大隊					二	六〇〇	二	六〇〇
〃 第十七大隊	一	六〇〇	二	八〇〇	六	一、八〇〇	九	三、二〇〇
計	一	六〇〇	六	二、四〇〇	一八	五、四〇〇	二五	八、四〇〇
第四獨立守備隊								
司令部			一	四〇〇	八	二、四〇〇	九	二、八〇〇
獨立守備歩兵第十九大隊					三	九〇〇	三	九〇〇

12

獨立守備步兵第二十大隊			一	四〇〇	二	六〇〇	三	一、〇〇〇
〃 第二十一大隊	一	六〇〇					一	六〇〇
〃 第二十二大隊			一	四〇〇	四	一、二〇〇	五	一、六〇〇
〃 第二十三大隊					一	三〇〇	一	三〇〇
〃 第二十四大隊			一	四〇〇	九	二、七〇〇	一〇	三、一〇〇
計	一	六〇〇	四	一、六〇〇	二七	八、一〇〇	三二	一〇、三〇〇
其ノ他								
騎兵第二十聯隊			二	八〇〇	一	三〇〇	三	一、一〇〇
石原部隊					一	三〇〇	一	三〇〇
旅團裝甲自動車隊					一	三〇〇	一	三〇〇
計			二	八〇〇	三	九〇〇	五	一、七〇〇
合計	六九	四一、四〇〇	一六九	六七、六〇〇	四一三	一二三、九〇〇	六五一	二三二、九〇〇

13

满铁关于九一八事变战死者吊慰金赠呈表（其八）（一九三六年四月至九月）

件名紙

文書番號

件名

戰死軍人ニ弔慰金贈呈 其ノ八

一一年四月 日完結 枚
九月

部門	類	目	種別
總体部庶務門	庶務	弔慰金並見舞金	甲種

索引番號

第一號
2

日-8415 A列4 南滿洲鐵道株式會社

一覽表

所屬部隊	將校准士官 人員	將校准士官 弔慰金額	下士官 人員	下士官 弔慰金額	兵 人員	兵 弔慰金額	計 人員	計 弔慰金額
關東軍司令部								
司令部附	五	三、〇〇〇	七	二、八〇〇	一	三〇〇	一三	六、一〇〇
參謀部					一	三〇〇	一	三〇〇
經理部			二	八〇〇	一	三〇〇	三	一、一〇〇
測量隊					二	六〇〇	二	六〇〇
自動車隊					一	三〇〇	一	三〇〇
計	五	三、〇〇〇	九	三、六〇〇	六	一、八〇〇	二〇	八、四〇〇
獨立守備隊								
步兵第二大隊			三	一、二〇〇			三	一、二〇〇
四大隊	一	六〇〇	二	八〇〇	九	二、七〇〇	一二	四、一〇〇
六大隊			一	四〇〇			一	四〇〇
七大隊					二	六〇〇	二	六〇〇

歩兵第八大隊			一	四〇〇			一	四〇〇
十大隊					二	六〇〇	二	六〇〇
十一大隊					一	三〇〇	一	三〇〇
十二大隊			一	四〇〇			一	四〇〇
十七大隊			一	四〇〇			一	四〇〇
二二大隊					一	三〇〇	一	三〇〇
二三大隊			二	八〇〇	一	三〇〇	三	一、一〇〇
二四大隊			二	八〇〇	一五	四、五〇〇	一七	五、三〇〇
計	一	六〇〇	一三	五、二〇〇	三一	九、三〇〇	四五	一五、一〇〇
第一師團								
第一聯隊			二	八〇〇	三	九〇〇	五	一、七〇〇
計			二	八〇〇	三	九〇〇	五	一、七〇〇
第十六師團								
司令部附	一	六〇〇					一	六〇〇
計	一	六〇〇					一	六〇〇

4

3

歩兵								
第六聯隊	一	六〇〇					一	六〇〇
第七聯隊	一	六〇〇	一	四〇〇	三	九〇〇	五	一、九〇〇
第九聯隊			一	四〇〇			一	四〇〇
第十八聯隊			二	八〇〇	九	二、七〇〇	一一	三、五〇〇
第十九聯隊	一	六〇〇	一	四〇〇			二	一、〇〇〇
第二十聯隊	一	六〇〇					一	六〇〇
第三三聯隊			一	四〇〇	四	一、二〇〇	五	一、六〇〇
第三四聯隊			二	八〇〇	四	一、二〇〇	六	二、〇〇〇
第三五聯隊					四	一、二〇〇	四	一、二〇〇
第三六聯隊					三	九〇〇	三	九〇〇
第三八聯隊	一	六〇〇			一	三〇〇	二	九〇〇
第六八聯隊					七	二、一〇〇	七	二、一〇〇
計	五	三、〇〇〇	八	三、二〇〇	三五	一〇、五〇〇	四八	一六、七〇〇

5

0 4

獨立山砲								
第十二聯隊					一	三〇〇	一	三〇〇
計					一	三〇〇	一	三〇〇
騎兵第三旅團								
機關銃隊			一	四〇〇			一	四〇〇
計			一	四〇〇			一	四〇〇
騎兵第四旅團								
騎砲兵中隊	一	六〇〇			一	三〇〇	二	九〇〇
計	一	六〇〇			一	三〇〇	二	九〇〇
騎兵								
第九聯隊	一	六〇〇					一	六〇〇
第一四聯隊			二	八〇〇	一	三〇〇	三	一、一〇〇
第二四聯隊			一	四〇〇			一	四〇〇
計	一	六〇〇	三	一、二〇〇	一	三〇〇	五	二、一〇〇
鐵道								

6

5

第三聯隊					二	六〇〇	二	六〇〇
計					二	六〇〇	二	六〇〇
工兵								
第三大隊					一	三〇〇	一	三〇〇
計					一	三〇〇	一	三〇〇
航空兵								
飛行第十一聯隊			一	四〇〇			一	四〇〇
飛行第十二聯隊					一	三〇〇	一	三〇〇
飛行第十六聯隊	一	六〇〇					一	六〇〇
計	一	六〇〇	一	四〇〇	一	三〇〇	三	一、三〇〇
山砲兵								
第九聯隊			一	四〇〇	一	三〇〇	二	七〇〇
計			一	四〇〇	一	三〇〇	二	七〇〇
野砲兵								
第二二聯隊					二	六〇〇	二	六〇〇

7

6

計					二	六〇〇	二	六〇〇
大石橋								
片野部隊					五	一、五〇〇	五	一、五〇〇
計					五	一、五〇〇	五	一、五〇〇
奉天								
通化憲兵隊	一	六〇〇					一	六〇〇
池田部隊	一	六〇〇					一	六〇〇
長廣部隊	一	六〇〇					一	六〇〇
長尾部隊	一	六〇〇					一	六〇〇
小田部隊			一	四〇〇	二	六〇〇	三	一、〇〇〇
石田部隊	一	六〇〇					一	六〇〇
計	五	三、〇〇〇	一	四〇〇	二	六〇〇	八	四、〇〇〇
開原								
河井部隊			一	四〇〇	一	三〇〇	二	七〇〇
計			一	四〇〇	一	三〇〇	二	七〇〇

8

7

四平街								
布施部隊			一	四〇〇	一	三〇〇	二	七〇〇
岩本部隊			一	四〇〇			一	四〇〇
計			二	八〇〇	一	三〇〇	三	一、一〇〇
公主嶺								
坂口部隊					一	三〇〇	一	三〇〇
長谷川部隊			五	二、〇〇〇	一	三〇〇	六	二、三〇〇
中島部隊					一	三〇〇	一	三〇〇
山崎部隊			一	四〇〇			一	四〇〇
飛行聯隊			一	四〇〇	一	三〇〇	二	七〇〇
計			七	二、八〇〇	四	一、二〇〇	一一	四、〇〇〇
新京								
中村部隊			一	四〇〇			一	四〇〇
上條部隊	二	一、二〇〇	二	八〇〇	二	六〇〇	六	二、六〇〇
計	二	一、二〇〇	三	一、二〇〇	二	六〇〇	七	三、〇〇〇

9

8

本溪湖								
山口部隊	二	一、二〇〇	三	一、二〇〇	三	九〇〇	八	三、三〇〇
柳部隊					二	六〇〇	二	六〇〇
中代部隊			一	四〇〇	二	六〇〇	三	一、〇〇〇
計	二	一、二〇〇	四	一、六〇〇	七	二、一〇〇	一三	四、九〇〇
撫順								
小原部隊			一	四〇〇			一	四〇〇
岩永部隊			三	一、二〇〇	五	一、五〇〇	八	二、七〇〇
木越部隊					一	三〇〇	一	三〇〇
計			四	一、六〇〇	六	一、八〇〇	一〇	三、四〇〇
山城鎮								
鈴木部隊	一	六〇〇	一	四〇〇	一五	四、五〇〇	一七	五、五〇〇
計	一	六〇〇	一	四〇〇	一五	四、五〇〇	一七	五、五〇〇
寛甸								
牛島部隊					四	一、二〇〇	四	一、二〇〇

10

9

計					四	一、二〇〇	四	一、二〇〇
吉林								
坂口部隊					三	九〇〇	三	九〇〇
計					三	九〇〇	三	九〇〇
新站								
小野部隊					四	一、二〇〇	四	一、二〇〇
計					四	一、二〇〇	四	一、二〇〇
五常								
菱田部隊			三	一、二〇〇			三	一、二〇〇
梅村部隊	一	六〇〇	二	八〇〇	七	二、一〇〇	一〇	三、五〇〇
計	一	六〇〇	五	二、〇〇〇	七	二、一〇〇	一三	四、七〇〇
一面坡								
水野部隊	一	六〇〇	一	四〇〇	一一	三、三〇〇	一三	四、三〇〇
計	一	六〇〇	一	四〇〇	一一	三、三〇〇	一三	四、三〇〇
横道河子								

11

10

柏部隊	一	六〇〇	四	一、六〇〇	二	六〇〇	七	二、八〇〇
計	一	六〇〇	四	一、六〇〇	二	六〇〇	七	二、八〇〇
寧安								
行德部隊			二	八〇〇	一	三〇〇	三	一、一〇〇
飯塚部隊					一	三〇〇	一	三〇〇
計			二	八〇〇	二	六〇〇	四	一、四〇〇
牡丹江								
寺本部隊			二	八〇〇			二	八〇〇
服部部隊					一	三〇〇	一	三〇〇
計			二	八〇〇	一	三〇〇	三	一、一〇〇
下城子								
吉田部隊	一	六〇〇	三	一、二〇〇	七	二、一〇〇	一一	三、九〇〇
計	一	六〇〇	三	一、二〇〇	七	二、一〇〇	一一	三、九〇〇
綏芬河								
服部部隊	三	一、八〇〇	四	一、六〇〇	一九	五、七〇〇	二六	九、一〇〇

12

山口部隊			二	八〇〇			二	八〇〇
田中部隊	一	六〇〇			四	一、二〇〇	五	一、八〇〇
長廣部隊					二	六〇〇	二	六〇〇
計	四	二、四〇〇	六	二、四〇〇	二五	七、五〇〇	三五	一二、三〇〇
東寧								
鈴木部隊					一	三〇〇	一	三〇〇
計					一	三〇〇	一	三〇〇
梨樹鎮								
中村部隊	一	六〇〇	一	四〇〇	一	三〇〇	三	一、三〇〇
計	一	六〇〇	一	四〇〇	一	三〇〇	三	一、三〇〇
林口								
杏部隊			二	八〇〇	一四	四、二〇〇	一六	五、〇〇〇
計			二	八〇〇	一四	四、二〇〇	一六	五、〇〇〇
密山								
川崎部隊					四	一、二〇〇	四	一、二〇〇

13

12

勃利								
田尻部隊	一	六〇〇	二	八〇〇	五	一、五〇〇	八	二、九〇〇
計	一	六〇〇	二	八〇〇	五	一、五〇〇	八	二、九〇〇
佳木斯								
高橋部隊					三	九〇〇	三	九〇〇
岩松部隊	一	六〇〇	一	四〇〇			二	一、〇〇〇
計	一	六〇〇	一	四〇〇	三	九〇〇	五	一、九〇〇
富錦								
齋藤部隊			三	一、二〇〇	三	九〇〇	六	二、一〇〇
計			三	一、二〇〇	三	九〇〇	六	二、一〇〇
河沿								
長尾部隊					三	九〇〇	三	九〇〇
計					三	九〇〇	三	九〇〇
哈爾濱								
下枝部隊	三	一、八〇〇	七	二、八〇〇	二一	六、三〇〇	三一	一〇、九〇〇

14

芹川部隊					一	三〇〇	一	三〇〇
戸倉部隊					一	三〇〇	一	三〇〇
計	三	一、八〇〇	七	二、八〇〇	二三	六、九〇〇	三三	一一、五〇〇
北安鎮								
山口部隊			一	四〇〇	一	三〇〇	三	七〇〇
計			一	四〇〇	一	三〇〇	二	七〇〇
齊齊哈爾								
木谷部隊					一	三〇〇	一	三〇〇
泉部隊					一	三〇〇	一	三〇〇
計					二	六〇〇	二	六〇〇
海拉爾								
吉野部隊	一	六〇〇	二	八〇〇	二	六〇〇	五	二、〇〇〇
大井部隊					一	三〇〇	一	三〇〇
今村部隊					一	三〇〇	一	三〇〇
計	一	六〇〇	二	八〇〇	四	一、二〇〇	七	二、六〇〇

15

14

錦縣								
松井部隊	一	六〇〇	一	四〇〇	三	九〇〇	五	一、九〇〇
計	一	六〇〇	一	四〇〇	三	九〇〇	五	一、九〇〇
承德								
麥倉部隊					二	六〇〇	二	六〇〇
谷口部隊					一	三〇〇	一	三〇〇
計					三	九〇〇	三	九〇〇
赤峰								
森澤部隊					二	六〇〇	二	六〇〇
計					二	六〇〇	二	六〇〇
其ノ他								
澁谷支隊本部			二	八〇〇			二	八〇〇
澁谷支隊戰車中隊	一	六〇〇	一	四〇〇	六	一、八〇〇	八	二、八〇〇
計	一	六〇〇	三	一、二〇〇	六	一、八〇〇	一〇	三、六〇〇
旅順（特別級）								

16

重砲兵					一	三〇〇	一	三〇〇
計					一	三〇〇	一	三〇〇
駐満海軍部		（書類ニ別）						
臨時海軍防備隊	四	二、四〇〇	三	一、二〇〇			七	三、六〇〇
駐満海軍部嘱託			九	三、六〇〇			九	三、六〇〇
計	四	二、四〇〇	一二	四、八〇〇			一六	七、二〇〇
合計	四六	二七、六〇〇	一一九	四七、六〇〇	二七三	八一、九〇〇	四三八	一五七、一〇〇

17

满铁关于九一八事变战死者吊慰金赠呈表（其九）（一九三六年十月至一九三八年四月）

件名紙

文書番號

件名

戰死軍人ニ弔慰金贈呈

其ノ九

一一年一〇月

一三年四月

日完結

枚

部門	類	目	種別
總体部 庶務部門	庶務	弔慰金並見舞金	甲種

索引番號

第一號

2

ヨ-8415 A列4 南滿洲鐵道株式會社

1

所屬部隊	將校准士官 人員	將校准士官 弔慰金額	下士官 人員	下士官 弔慰金額	兵 人員	兵 弔慰金額	計 人員	計 弔慰金額
關東軍司令部	一六	九、六〇〇	一五	六、〇〇〇	二九	八、七〇〇	六〇	二四、三〇〇
計	一六	九、六〇〇	一五	六、〇〇〇	二九	八、七〇〇	六〇	二四、三〇〇
關東軍憲兵隊司令部			四	一、六〇〇			四	一、六〇〇
計			四	一、六〇〇			四	一、六〇〇
公主嶺								
澁谷部隊			二	八〇〇	四	一、二〇〇	六	二、〇〇〇
山崎部隊					一	三〇〇	一	三〇〇
酒井部隊	二	一、二〇〇					二	一、二〇〇
阪口部隊	一	六〇〇					一	六〇〇
計	三	一、八〇〇	二	八〇〇	五	一、五〇〇	一〇	四、一〇〇
齊齊哈爾								
山口部隊	一	六〇〇	四	一、六〇〇	一三	三、九〇〇	一八	六、一〇〇
湯淺部隊			一	四〇〇	一	三〇〇	二	七〇〇

3

寶藏寺部隊	二	一、二〇〇			一	三〇〇	三	一、五〇〇
計	三	一、八〇〇	五	二、〇〇〇	一五	四、五〇〇	二三	八、三〇〇
東寧								
鈴木部隊	二	一、二〇〇	三	一、二〇〇	一二	三、六〇〇	一七	六、〇〇〇
計	二	一、二〇〇	三	一、二〇〇	一二	三、六〇〇	一七	六、〇〇〇
勃利								
田尻部隊			一	四〇〇	三	九〇〇	四	一、三〇〇
計			一	四〇〇	三	九〇〇	四	一、三〇〇
新站								
小野部隊					一	三〇〇	一	三〇〇
計					一	三〇〇	一	三〇〇
寛城子								
山縣部隊			二	八〇〇	二	六〇〇	四	一、四〇〇
計			二	八〇〇	二	六〇〇	四	一、四〇〇

4

3

吉林	坂口部隊			五	二、〇〇〇	五	一、五〇〇	一〇	三、五〇〇
	計			五	二、〇〇〇	五	一、五〇〇	一〇	三、五〇〇
敦化	牛島部隊	一	六〇〇	九	三、六〇〇	一	三〇〇	一一	四、五〇〇
	計	一	六〇〇	九	三、六〇〇	一	三〇〇	一一	四、五〇〇
延吉	鷹森部隊					一	三〇〇	一	三〇〇
	計					一	三〇〇	一	三〇〇
綏化	關部隊			三	一、二〇〇	七	二、一〇〇	一〇	三、三〇〇
	計			三	一、二〇〇	七	二、一〇〇	一〇	三、三〇〇
林口	杏部隊	一	六〇〇			一	三〇〇	二	九〇〇
	計	一	六〇〇			一	三〇〇	二	九〇〇

5

4

下城子								
吉田部隊			一	四〇〇			一	四〇〇
松山部隊					四	一、二〇〇	四	一、二〇〇
計			一	四〇〇	四	一、二〇〇	五	一、六〇〇
北安鎮								
竹内部隊	五	三、〇〇〇	七	二、八〇〇	二三	六、九〇〇	三五	一二、七〇〇
計	五	三、〇〇〇	七	二、八〇〇	二三	六、九〇〇	三五	一二、七〇〇
寛甸								
牛島部隊			五	二、〇〇〇	二〇	六、〇〇〇	二五	八、〇〇〇
松本部隊	三	一、八〇〇	四	一、六〇〇	八	二、四〇〇	一五	五、八〇〇
計	三	一、八〇〇	九	三、六〇〇	二八	八、四〇〇	四〇	一三、八〇〇
寧安								
飯塚部隊					三	九〇〇	三	九〇〇
計					三	九〇〇	三	九〇〇

6

5

梨樹鎮								
中村部隊			二	八〇〇	四	一、二〇〇	六	二、〇〇〇
計			二	八〇〇	四	一、二〇〇	六	二、〇〇〇
佳木斯								
高橋部隊	三	一、八〇〇	五	一、八五〇	四	一、二〇〇	一二	四、八五〇
宮脇部隊					二	六〇〇	二	六〇〇
塙部隊					二	六〇〇	二	六〇〇
計	三	一、八〇〇	五	一、八五〇	八	三、四〇〇	一六	六、〇五〇
訥河								
井上部隊					二	六〇〇	二	六〇〇
計					二	六〇〇	二	六〇〇
富錦								
齋藤部隊	二	一、二〇〇	五	二、〇〇〇	五	一、五〇〇	一二	四、七〇〇
計	二	一、二〇〇	五	二、〇〇〇	五	一、五〇〇	一二	四、七〇〇

7

6

	一	二	三	四	五	六	七	八
五常								
梅村部隊			一	四〇〇			一	四〇〇
計			一	四〇〇			一	四〇〇
哈爾濱								
下枝部隊	一	六〇〇	五	二、〇〇〇	六	一、八〇〇	一三	四、四〇〇
森部隊					一	三〇〇	一	三〇〇
山口部隊					二	六〇〇	二	六〇〇
野中部隊	一	六〇〇	一	四〇〇			二	一、〇〇〇
計	二	一、二〇〇	六	二、四〇〇	九	二、七〇〇	一七	六、三〇〇
一面坡								
池田部隊					三	九〇〇	三	九〇〇
上野部隊	一	六〇〇	三	一、二〇〇	七	二、一〇〇	一一	三、九〇〇
計	一	六〇〇	三	一、二〇〇	一〇	三、〇〇〇	一四	四、八〇〇
通化								
青木部隊			二	八〇〇	五	一、五〇〇	七	二、三〇〇

8

計			二	八〇〇	五	一、五〇〇	七	二、三〇〇
鄭家屯								
宮澤部隊					一	三〇〇	一	三〇〇
計					一	三〇〇	一	三〇〇
牛截河								
飯島部隊			一	二五〇	四	一、二〇〇	五	一、四五〇
計			一	二五〇	四	一、二〇〇	五	一、四五〇
牡丹江								
松岡部隊	二	一、二〇〇	三	一、二〇〇	一	三〇〇	六	二、七〇〇
柏部隊			一	四〇〇	三	九〇〇	四	一、三〇〇
服部部隊					二	六〇〇	二	六〇〇
計	二	一、二〇〇	四	一、六〇〇	六	一、八〇〇	一二	四、六〇〇
海倫								
田島部隊			三	一、二〇〇	三	九〇〇	六	二、一〇〇
計			三	一、二〇〇	三	九〇〇	六	二、一〇〇

9

8

奉天								
小田部隊			一	四〇〇			一	四〇〇
池田部隊					二	六〇〇	二	六〇〇
憲兵隊			一	四〇〇			一	四〇〇
須永部隊			一	四〇〇			一	四〇〇
計			三	一、二〇〇	二	六〇〇	五	一、八〇〇
四平街								
布施部隊	三	一、八〇〇	一	四〇〇	三	九〇〇	七	三、一〇〇
大澤部隊	一	六〇〇	一	四〇〇	一	三〇〇	三	一、三〇〇
計	四	二、四〇〇	二	八〇〇	四	一、二〇〇	一〇	四、四〇〇
撫順								
木越部隊					一	三〇〇	一	三〇〇
計					一	三〇〇	一	三〇〇
新京								
安達部隊	三	一、八〇〇	三	一、二〇〇	四	一、二〇〇	一〇	四、二〇〇

10

計	三	一、八〇〇	三	一、二〇〇	四	一、二〇〇	一〇	四、二〇〇
大石橋								
片野部隊	一	六〇〇	五	二、〇〇〇	一〇	三、〇〇〇	一六	五、六〇〇
米岡部隊			一	四〇〇			一	四〇〇
計	一	六〇〇	六	二、四〇〇	一〇	三、〇〇〇	一七	六、〇〇〇
范家屯								
森園部隊	一	六〇〇					一	六〇〇
計	一	六〇〇					一	六〇〇
古北口								
後藤部隊					二	六〇〇	二	六〇〇
計					二	六〇〇	二	六〇〇
本溪湖								
柳部隊			一	四〇〇			一	四〇〇
計			一	四〇〇			一	四〇〇

11

安東							
友枝部隊					一	三〇〇	一	三〇〇
計					一	三〇〇	一	三〇〇
朝陽								
柴部隊					一	三〇〇	一	三〇〇
計					一	三〇〇	一	三〇〇
通化								
岩佐部隊			一	四〇〇			一	四〇〇
計			一	四〇〇			一	四〇〇
輯安								
行徳部隊					一	三〇〇	一	三〇〇
池田部隊			一	四〇〇	一	三〇〇	二	七〇〇
計			一	四〇〇	二	六〇〇	三	一、〇〇〇
依蘭								
藤堂部隊			二	八〇〇	一	三〇〇	三	一、一〇〇

12

越生部隊	一	六〇〇	一	四〇〇	七	二、一〇〇	九	三、一〇〇
計	一	六〇〇	三	一、二〇〇	八	二、四〇〇	一二	四、二〇〇
磐石								
鶴岡部隊			一	四〇〇	一	三〇〇	二	七〇〇
計			一	四〇〇	一	三〇〇	二	七〇〇
鶴立鎮								
倉石部隊					一	三〇〇	一	三〇〇
計					一	三〇〇	一	三〇〇
延吉								
近藤部隊					一	三〇〇	一	三〇〇
計					一	三〇〇	一	三〇〇
龍鎮								
栗原部隊			二	八〇〇	四	一、二〇〇	六	二、〇〇〇
計			二	八〇〇	四	一、二〇〇	六	二、〇〇〇

湯原								
森村部隊	一	六〇〇	二	八〇〇	一	三〇〇	四	一、七〇〇
計	一	六〇〇	二	八〇〇	一	三〇〇	四	一、七〇〇
歩兵								
第七聯隊			一	四〇〇	一	三〇〇	二	七〇〇
第九聯隊	一	六〇〇					一	六〇〇
第一九聯隊					一	三〇〇	一	三〇〇
第三五聯隊					二	六〇〇	二	六〇〇
第三七聯隊					一	三〇〇	一	三〇〇
計	一	六〇〇	一	四〇〇	五	一、五〇〇	七	二、五〇〇
戸澤部隊					一	三〇〇	一	三〇〇
計					一	三〇〇	一	三〇〇
合計	五六	三三、六〇〇	一二四	四九、三〇〇	二四六	七三、八〇〇	四二六	一五六、七〇〇

14

九一八事变期间战死者名簿（时间不详）

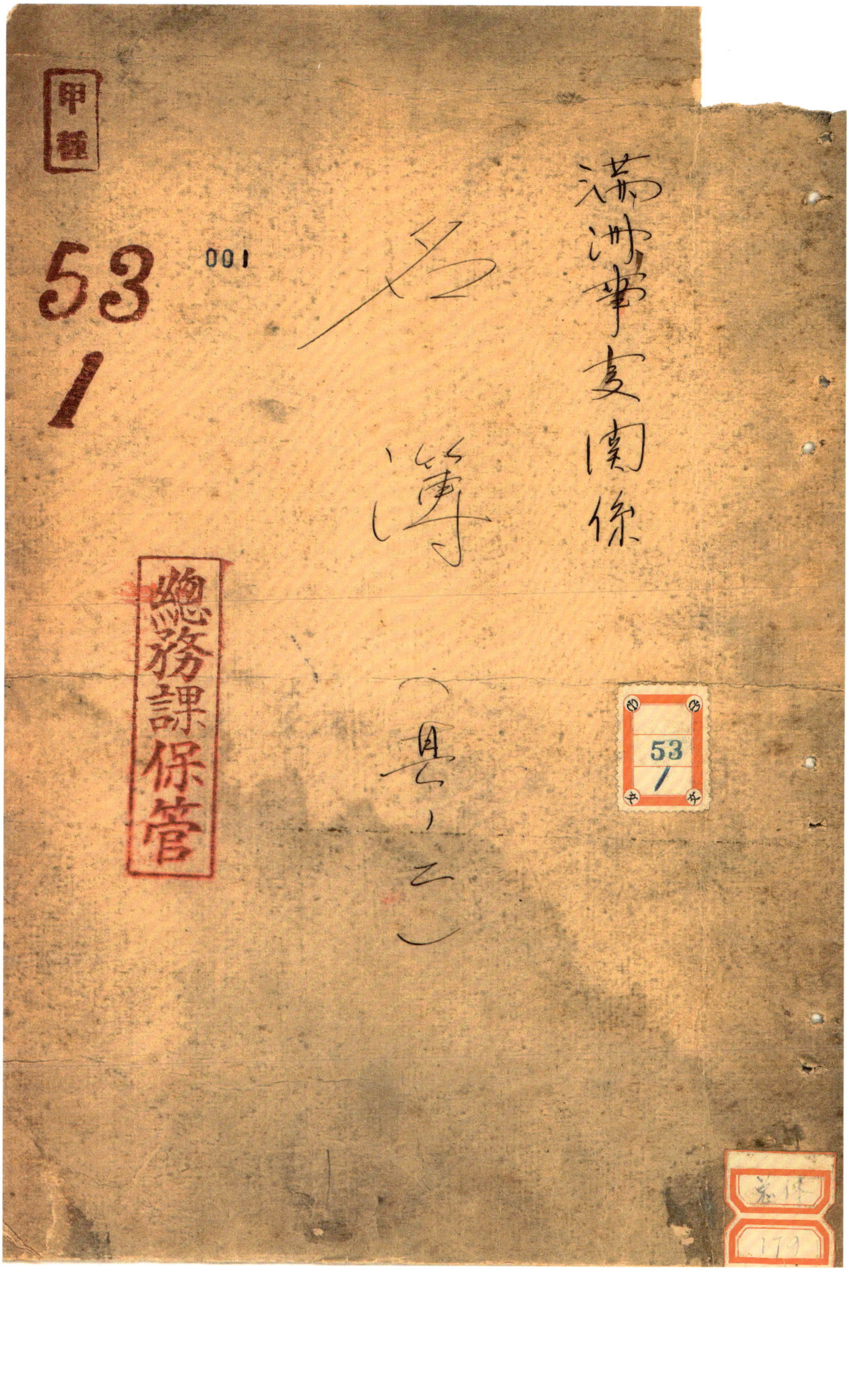
甲種

53
1

001

満洲事変関係
名簿
（其ノ二）

總務課保管

53
1

179

1.

11.9	大王屯附近	独立守備隊	三大	上等兵	栗山義《好》雄	300	瓦房店 26/11	礼	
11.14	金満子《驛》西方	〃	大五	伍長（軍曹）	作本繁美	400	開原 10/11		転了
11.5	古城子西方分遣所	〃	大2.	上等兵	池田馬作	300	撫順 8/11	礼	転了
11.6	接官堡附近	〃	3大.	〃	大塚健市	300	鞍山 8/11		転了
10.28	三江口附近	第2师團 歩兵第29聯隊		少佐	栗原信一郎	600	鄭家屯	礼 四平街ニ於テヌルホノ依 礼ニ依ツテ転ヌルホヨリ 呈ス	
〃	〃	〃		上等兵	遠藤　昇	300	〃		
〃	〃	〃		〃	管野《家》庄作	300	〃	礼	
11.6	嫩　江	〃		伍長	中田七郎《造》	400	遼陽	礼	転了
11.6	〃	〃		上等兵	三保秀男《雄》	300	〃	礼	転了
10.5		独立守備隊	五大	〃	佐藤富雄	300	四平街 7/10	礼	（転了
〃		独立守備隊	五大	〃	高橋菊治郎	300	〃 7/10	礼	〃）
11.9	古城子附近	〃	三大	伍長	今井静夫	400	大石橋 14/11		転了
〃	〃	〃	三大	〃	中村　勲	400	〃 14/11		転了
〃	〃	〃	三大	上等兵	井口　宏	300	〃 11/11		転了
11.4	大興附近	第2师團	第16聯隊	上等兵	齋藤佐平太	300	遼陽		転了
11.5	〃	〃		曹長	田辺武雄	400	〃		〃
〃	〃	〃		伍長	小田耐三	〃	〃		〃
〃	〃	〃		〃	吉田　正	〃	〃		〃
〃	〃	〃		〃	島津松造	〃	〃		〃
〃	〃	〃		〃	坪川義徳	〃	〃		〃
〃	〃	〃		上等兵	石田禪龍	300	〃		〃
〃	〃	〃		〃	小杉慶作	〃	〃		〃
〃	〃	〃		〃	渡辺平訢	〃	〃		〃
〃	〃	〃		〃	田中寅松	〃	〃		〃
〃	〃	〃		〃	佐野喜八	〃	〃		〃
〃	〃	〃		〃	渡辺　勝	〃	〃		〃
〃	〃	〃		〃	小林政一	〃	〃		〃
〃	〃	〃		〃	駒形音吉	〃	〃		〃
〃	〃	〃		〃	関根豊次郎	〃	〃		〃
〃	〃	〃		〃	齋藤　哲	〃	〃		〃
〃	〃	〃		〃	村山興四郎	〃	〃		〃
〃	〃	〃		〃	川瀬六平	〃	〃		〃
〃	〃	〃		〃	小林興三郎	〃	〃	礼	〃
〃	〃	〃		〃	金子福治	〃	〃		〃

2

2、

11.5	洮昂線附近	第2師団	第16聯隊	上等兵	佐久間要作	300	遼陽	礼	支給了
〃	〃		〃	〃	瀬倉三代吉	〃	〃	礼	〃
〃	〃		〃	〃	樋浦仁市	〃	〃		〃
〃	〃		〃	〃	笠原銀一	〃	〃	✓	〃
〃	〃		〃	〃	小林啓吉	〃	〃	✓	〃
〃	〃		〃	〃	湧井勇	〃	〃	✓	〃
〃	〃		〃	〃	片桐輝久	〃	〃	✓	〃
〃	〃		〃	〃	田中重二郎	〃	〃	✓	〃
〃	〃		〃	〃	西村末吉	〃	〃	礼	〃
〃	〃		〃	〃	小島憲二	〃	〃	✓	〃
〃	〃		〃	〃	大橋良平	〃	〃	✓	〃
〃	〃		〃	〃	広川広保	〃	〃	✓	〃
〃	〃		〃	〃	横山正旭	〃	〃	✓	〃
11.6	〃		〃	少尉	武者清治	600	〃	✓	〃
〃	〃		〃	特務曹長	野内広治	〃	〃		〃
〃	〃		〃	曹長	高地國一	400	〃	✓	〃
〃	〃		〃	伍長	豊島彊	〃	〃	✓	〃
〃	〃		〃	〃	小沢直次	〃	〃	礼	〃
〃	〃		〃	〃	大川原常一郎	〃	〃	✓	〃
〃	〃		〃	上等兵	熊倉長三郎	300	〃	✓	〃
〃	〃		〃	〃	山崎安二	〃	〃	✓	〃
〃	〃		〃	〃	石見勇	〃	〃	✓	〃
〃	〃		〃	二等兵	寺田渡	〃	〃	礼	支給了
〃	〃		〃	〃	佐参賢三郎	〃	〃	✓	〃
8.19	南岑ニ於テ	第2師団	第4聯隊	少尉	熊川威	600	長春		(南岑駐劄北方ト[illegible]支給了)
			〃	特務曹長	菅原民助	〃	〃	礼	
			〃	曹長	森栄一	400	〃		〃
			〃	伍長	菊地孝志	〃	〃		〃
			〃	〃	太田甫	〃	〃	礼	〃
			〃	〃	加参源助	〃	〃	礼	〃
			〃	〃	三浦賢喜	〃	〃	礼	〃
			〃	〃	金子治	〃	〃	礼	〃
			〃	〃	大和田利三郎	〃	〃	礼	〃
			〃	〃	大黒栄治	〃	〃		〃

3　34.　12600

3.

第2師団	第4聯隊	上等兵	泉田利夫	300	長春		〃
	〃	〃	山田貞助	〃	〃	礼	〃
	〃	〃	佐藤村男	〃	〃	礼	〃
	〃	〃	中沢八郎	〃	〃		〃
	〃	〃	高橋信之助	〃	〃	礼	〃
	〃	〃	阿部新太郎	〃	〃		〃
	〃	〃	山家伊勢松	〃	〃		〃
	〃	〃	佐々木繁賤	〃	〃		〃
	〃	〃	佐藤要	〃	〃		〃
	〃	〃	相沢栄三郎	〃	〃		〃
	〃	〃	鎌田健蔵	〃	〃	礼	〃
	〃	〃	遠藤基	〃	〃		〃
	〃	〃	及川卓	〃	〃		〃
	〃	〃	柴山京之助	〃	〃	礼	〃
	〃	〃	佐々木福治	〃	〃		〃
	〃	〃	佐藤隼太	〃	〃		〃
	〃	〃	三浦右近	〃	〃		〃
	〃	〃	阿部忠右エ門	〃	〃	礼	〃
	〃	〃	菊地正人	〃	〃	礼	〃
	〃	〃	小林健治	〃	〃		〃
独立守備隊	大1	少佐	倉本茂	600	〃 4/10		〃
〃	大1	大尉	前市岡孝治	〃	〃 〃		〃
〃	大1	少尉	芦田芳雄	〃	〃 〃		〃
〃	大1	曹長	加藤英助	400	〃		〃
〃	大1	軍〃	湊川鈴喜	〃	〃		〃
〃	大1	軍曹	川田清	〃	〃	礼	〃
〃	大1	伍長	鈴木秀三郎	〃	〃		〃
〃	大一	〃	高橋幸蔵	〃	〃		〃
〃	大一	〃	須藤森男	〃	〃		〃
〃	大一	〃	太田公道	〃	〃		〃
〃	大一	〃	稲垣栄太郎	〃	〃		〃
〃	大一	〃	小泉斌	〃	〃		〃
〃	大一	上等兵	大信田弥四郎	300	〃		〃
〃	大一	〃	渡辺慶治郎	〃	〃		〃

4

34. 12,000

4

		独立守備隊 一大	上等兵	佐々木徳治	300	長春	礼(ヒデリ)	〃
		〃 一大	〃	佐々木吉治	〃	〃		〃
		〃 一大	〃	石川仁作	〃	〃	礼	〃
		〃 一大	〃	嘉藤権三郎	〃	〃		〃
		〃 一大	〃	土田勉	〃	〃		〃
		〃 一大	〃	相田嘉一郎	〃	〃	礼	〃
		〃 一大	〃	小林一郎	〃	〃		〃
		〃 一大	〃	高橋末三	〃	〃		〃
		〃 一大	〃	菅原友治	〃	〃		〃
		〃 一大	〃	板垣貞三	〃	〃		〃
		〃 一大	〃	大場広吉	〃	〃	礼	〃
		〃 一大	〃	梅津吉右ェ門	〃	〃		〃
		〃 一大	〃	小野為吉	〃	〃		〃
		〃 一大	〃	榎本安治	〃	〃	礼	〃
		〃 一大	〃	増田宗吉	〃	〃		〃
		〃 一大	〃	小山内勇治	〃	〃		〃
		〃 一大	〃	佐藤勇三	〃	〃		〃
		〃 一大	〃	天野徳治郎	〃	〃		〃
		〃 一大	〃	浅尾博	〃	〃		〃
		〃 一大	〃	奥山善雄	〃	〃		〃
		〃 一大	〃	北沢武夫	〃	〃		〃
		〃 一大	〃	後藤三代吉	〃	〃		〃
		〃 一大	〃	有川彦四郎	〃	〃		〃
		〃 一大	〃	大沢武夫	〃	〃	7,200	〃
11.11	不明	公主嶺駐劄騎兵第2聯隊	少尉	吉沢留吉	600	公主嶺		[illegible]了
11.14	大興北方新立屯	〃	上等兵	佐川来男	300	〃		〃
11.11	不明	〃	伍長	柴田資夫	400	〃	礼	[illegible]了
〃	〃	〃	上等兵	館野梅吉	300	〃	礼	〃
〃	〃	〃	〃	菅野(原)勝美	〃	〃		〃
11.18	李郎屯附近	〃	〃	佐藤俊一	〃	〃		〃
	劉房子及大杜家店	独立守備隊 大二	伍長	川畑忠三郎	400	長春 3/12		[illegible]了
	〃	〃 大二	[illegible]	小路弟太郎	400	〃		〃
	〃	〃 大二	〃	原 専司	400	〃		〃
11.18	チチハル附近	第2師団工兵第2大隊	上等兵	平井孝平	300	鉄嶺		[illegible]了
			5	84	10,900			

5-

11. 8		第二师团 步兵第4联队	二等计手	佐藤幸一	400	辽阳	礼	转了
11. 18		同	特务曹长	川名一郎	600	〃	礼	〃
〃		同	步曹长	阿部武	400	〃	礼	〃
〃		同	〃上等兵	后藤友吉	300	〃		〃
〃		同	〃	渡边喜男	300	〃		〃
6.		野炮兵第2联队	伍长	西牧重政	400	〃	礼	转了
14.		同	〃	高松涉	400	〃	礼	〃
14		同	上等兵	伊藤长重郎	300	〃	礼	〃
18.		步兵第29联队	特务曹长	陈野原清正	600	〃	礼	〃
〃		同	上等兵	山崎正已	300	〃	礼	〃
〃		同	〃	鹈沼锭次	300	〃	礼	〃
〃		同	〃	下重誉一	300	〃	礼	〃
〃		同	〃	平亘	300	〃	礼。	〃
〃		同	〃	根本荣	300	〃	礼	〃
〃		同	〃	佐藤寅夫	300	〃	礼	〃
〃		同	通訳(判)	寺崎弥七	400	〃	礼	〃
〃		同	上等兵	渡边惣吉	300	〃	礼	〃
〃		野炮兵第2联队	曹长	佐々木喜昌	400	〃	礼	转了
〃		同	上等兵	畠山清太郎	300	〃		〃
〃		同	〃	本田清平	300	〃	礼	〃
10. 15		同	伍长	铃木仪平治	400	〃	礼	〃
11. 19		步兵第30联队	大尉	井上友治	600	旅顺		转了
18		〃	一等主计	永口五作	600	〃		〃
〃		〃	〃	田村繁胜	600	〃	礼	〃
〃		〃	二等计手	羽下三治	400	〃	礼	〃
〃		〃	军曹	丸山武司	400	〃		〃
〃		〃	三等计手	猪浦武一郎	400	〃		〃
〃		〃	伍长	堀广荣	400	〃	禮。	〃
17		〃	〃	市震丢次郎	400	〃	礼	〃
18		〃	〃	丸山箕平	400	〃	礼	〃
〃		〃	上等兵	片桐徐三郎	300	〃		〃
〃		〃	〃	志田正三郎	300	〃	礼	〃
17		〃	〃	京田照一	300	〃		〃
〃		〃	〃	高桥胜來	300	〃		〃

6 34 13000

11.17		歩兵第30旅隊	上等兵	星埜富士作	300	旅順		転了
18		〃	〃	市村英俊	300	〃		〃
〃		〃	〃	遠藤七治	300	〃	礼	〃
〃		〃	〃	関又五郎	300	〃	礼	〃
〃		〃	〃	藤塚権太郎	300	〃		〃
〃		〃	〃	内山豊平	300	〃	礼	〃
17		〃	〃	渡辺精太郎	300	〃		〃
18		〃	〃	中山栄治郎	300	〃		〃
〃		〃	〃	仲井正信	300	〃	林	〃
〃		〃	曹長	小幡正雄	400	〃		〃
17		〃	上等兵	松本健太郎	300	〃		〃
〃		〃	〃	大渕茂吉	300	〃		〃
18		〃	〃	荒巻二郎	300	〃	礼	〃
〃		〃	〃	杉山喜松	300	〃	礼	〃
〃		〃	〃	金子和作	300	〃	礼	〃
〃		〃	〃	布施武	300	〃		〃
〃		〃	一等鍛工長	須藤千代次	600	〃	礼	〃
		歩兵第77旅隊	上等兵	武友栄	300	奉天	礼 奉天病院 要備分記	
	新立屯ニ於テ	騎兵第28旅隊	〃	道広一文	300	奉天	礼	
11 19	斉々哈爾	関東軍司令部附	少佐	川野寛市	600	奉天 39/12	礼	
〃 〃	公務旅行	独立守備隊4大○	上等兵	吉沢栄三郎	300	〃 39/12	✓礼	
〃 28	同上	〃 4大○	〃	井川要吉	300	〃 39/12	✓礼	
〃 18	昂々渓	歩兵第78旅隊	軍曹	小松進	400	〃	礼	
〃 〃	〃	〃	伍長	武末鐘夫	400	〃	礼	
〃 〃	〃	歩兵第79旅隊	伍長	牧野数美	400	〃	礼	
〃 19	〃	歩兵第78旅隊	伍長	今田誠	400	〃	礼	
〃 18	〃	〃	上等兵	中原正義	300	〃	礼	
〃 〃	〃	〃	〃	三浦龍馬	300	〃		
〃 〃	〃	〃	〃	池尻正和	300	〃	礼	
〃 〃	〃	〃	〃	松尾一夫	300	〃	礼	
〃 〃	〃	〃	〃	竹下一枝	300	〃	礼 礼	
〃 19	〃	〃	少佐	衣笠繁一	600	〃	礼	
〃 〃	〃	〃	上等兵	森原利代吉	300	〃	礼	
〃 18	大戸屯	野砲兵第26旅隊	伍長	岡本幸男	400	〃	礼	

7　34　11,700

7.

11.26	傅家屯附近	歩兵第77聯隊	上等兵	辻三喜雄	300	奉天		
〃 〃	勝高台子	〃	曹長	佐埜利一	400	奉天	礼	
〃 〃	〃	〃	上等兵	内藤光治	300	〃	礼	
12.12	巨流河	〃 第6聯隊	〃	太田助作	300	〃	礼	
〃	〃	〃	〃	川崎仁太郎	300	〃	礼	
11.20	営口河北駅	歩兵第30聯隊	〃	伊藤[illegible]	300	〃	礼	
11.27	繞陽河駅	独立守備隊第二大隊	少佐	板倉至	600	〃 21/12	礼	
11.24	巨流河	工兵20大隊第1中隊	中尉	坂本健三	600	〃		
〃	〃	〃	上等兵	杉本宗一	300	〃	礼	
〃	〃	〃	〃	和気恵三二	300	〃		
12.2	奉天城内	関東憲兵隊	曹長	橋本泰代治	400	〃	礼	✓
10.24	〃	歩兵第77聯隊	特曹	日高龍之助	600	〃	礼	
12.15	馬家寨	鉄嶺守備隊第三中隊（五大）	少尉	皇甘仁次郎	600	鉄嶺 26/12		支了
〃	〃	〃 同	伍長	斎藤金吉	400	〃 26/12		〃
〃	〃	〃 同	〃	小林森蔵	400	〃 26/12	林	〃
〃	〃	〃 第一中隊（五大二）	上等兵	安藤広之助	300	四平 26/12	礼	〃
〃	〃	関東軍憲兵隊	曹長	嘉納彌	400	鉄嶺		〃
〃 21	廟子靖	鉄嶺守備隊第三中隊（五大）	上等兵	庄司準作	300	〃 26/12		〃
1.8	潘邦子	大石橋守備隊第二中隊（三大）	伍長	高取嘉（鷹）	400	大石橋 3/1		鉄道了
		海城野砲兵聯隊	上等兵	寺島朗（晃）	300	〃	礼	〃
		〃	〃	須田義信	300	〃		〃
1.6	張台子	瓦房店独立守備隊（三大）	〃	谷本幸造	300	瓦房店 19/1	礼	素了
12.20	田庄台	歩兵第30聯隊	一等兵	飯田信一（治）	300	営口	礼	
〃	〃	〃	〃	遠藤閑蔵	300	〃	礼	
1.7	陳相屯	独立守備隊第4大隊	特曹	島本忠治郎	600	本溪湖 11/1		
1.17	沙嶺	歩兵第30聯隊	大尉	河野甚英	600	撫順	礼（[illegible]）	支了
1.18	湯山城	守備隊第四大隊	曹長	杉山栄	400	安東 24/1	（路局ヨリ礼状）	
9.25	奉天兵工廠附近	歩兵第78聯隊	上等兵	小山喜右衛門	300	奉天	礼	
〃 28	奉天商埠地	〃	〃	浦田元夫	300	〃		
10.13	紅花崗子	騎兵28聯隊	曹長	山口啓一	400	〃	礼（山口未亡人ヨリ）	
〃	〃	〃	伍長	杉井助一	400	〃		
〃 14	修家鎮小学校附近	〃	上等兵	大塚武夫	300	〃		
〃 23	佐藤[illegible]中奉天二ケ堡[illegible]	独立飛行隊	航空兵少尉	中林茂春	600	奉天		
~~1.17~~	~~河北[illegible]沙嶺~~	~~歩兵第30聯隊~~	~~大尉~~	~~河野甚英~~	~~600~~	~~撫順~~		支了

8. 33. 12900

8.

12.23	凤凰城東北方大堡附近ニテ	独守第四大隊附	陸軍嘱人	杉本貞吉	300	安東 27/1	札	未了
1.29	十里河西方	第三大二中	伍長	尾池平八郎	400	大石橋		奉天了
〃	〃	〃	上等兵	森下徳吉	300	〃		〃
〃	〃	〃	〃	森下良雄	300	〃		〃
〃	〃	〃	〃	土居勘市	300	〃		〃
~~11.19~~	~~新記新孔极~~	~~守備隊第4大隊~~	~~上等兵~~	~~吉沢~~	~~300~~	~~本溪湖~~	2	
9.19	北大営ニテ	〃 第2大隊	伍長	野田玄三	400	奉天 5/10		←
〃	〃	〃 第2大隊	上等兵	堀子正男	300	奉天 5/10		
~~1.3~~	~~溝河ニテ石碑記~~	~~〃 第二大隊第一中~~	~~一等兵~~	~~浴田重一郎~~	~~300~~	~~奉天~~	?	
1.27	哈爾濱郊外	航空隊	少佐	清水偕聖	600	長春	札	未了
2.3	ハルビン附近	騎兵第2旅隊	曹長	前田赤十	400	公主嶺	未了 札	
〃	〃	〃	伍長	長《永》井三郎	400	〃	(札)	
2.5	〃	〃	上等兵	三能一治	300	〃	〃	
〃	〃	〃	伍長	小曲ね治《清》	~~300~~ 400	〃	〃	
〃	〃	独立守備隊第一大隊	〃	相景《沢》伊勢治	~~300~~ 400	〃	〃	
〃	〃	〃	上等兵	今井六十一	300	〃	〃 札	
1.31	双城堡附近	歩兵第四旅隊	軍曹	佐藤七郎	400	長春	〃	
〃	〃	〃	伍長	浴田芳治	400	〃	〃	
〃	〃	〃	〃	菅原次男	400	〃	〃	
〃	〃	〃	〃	佐藤勝雄	400	〃	〃 札	
〃	〃	〃	〃	佐藤文雄	400	〃	〃 札	
〃	〃	〃	〃	小野寺賢男	400	〃	〃	
〃	〃	〃	〃	西条直一	400	〃	〃 札	
〃	〃	〃	一等兵	高橋丈作	300	〃	〃	另寄去人名札
〃	〃	〃	〃	遠藤喜雄名	300	〃	〃 札	
〃	〃	〃	〃	佐藤 賢	300	〃	〃 札	
〃	〃	〃	〃	青柳重律	300	〃	〃 札	
〃	〃	〃	〃	長谷清一	300	〃		
〃	〃	〃	〃	山谷清一	300	〃	〃 札	
〃	〃	〃	〃	小松忠吉	300	〃	〃 札	
	ハルビン附近	野砲兵第8聯隊	曹長	松澤多太重	400	公主嶺	〃 (札)	
	〃	〃	上等兵	兒玉五郎	300	〃	〃 札	
2.20	敦化附近	步兵第4聯隊	曹長	熊谷民雄	400	長春	札	
〃	〃	〃	伍長	早坂新治郎	400	〃	札	

9　32.　11500

三一三

9

1.6	義州地方	步兵第77聯隊	上等兵	津秦一男	300	奉天	
4	新民	関東憲兵隊	伍長	須田玉男	400	〃	礼
6	〃	〃	軍属	濵地定成	300	〃	礼
12.22	法庫門後狐家子	独立守備隊第2大隊	曹長	小杉喜一	400	〃	礼
〃	〃	〃	上等兵	浦井茂二	300	〃	
〃	法庫門李貝堡	〃	〃	荒一城	300	〃	
1.2	渾河駅附近	〃	〃	渡辺重一郎	300	〃	
11	白家窩棚	〃	伍長	吉田三郎	400	〃	
〃	〃	〃	上等兵	鈴木養作	300	〃	礼
19	〃	〃	伍長	千葉八重治	400	〃	礼
5	錦州	野戰重砲兵第6聯隊	〃	市田勇支	400	〃	礼
5	〃	〃	上等兵	早野隆	300	〃	礼
27	溝帮子	〃	〃	宮城嗣京	300	〃	礼
31	大凌河口	野砲兵第26聯隊	〃	井上德治	300	〃	礼
12.31	白旗堡	步兵第78聯隊	〃	辻太郎市	300	〃	礼
〃	〃	〃	〃	川口義巳	300	〃	礼
23	溝帮子	〃	〃	森川庄五郎	300	〃	礼
〃	北鎮南門外	〃	〃	田中明雄	300	〃	
15	義州附近	工兵第20大隊	〃	久山薫	300	〃	礼 (礼)大隊長ヨリ
11	新立屯	混成8旅團騎兵第10聯隊	少佐	不破直治	600	〃	礼
〃	〃	〃	大尉	廣瀬辰男	600	〃	礼
〃	〃	〃	上等看護長	尾上米次	600	〃	礼
〃	〃	〃	伍長	西坂四郎	400	〃	礼
〃	〃	〃	〃	木下寛一	400	〃	礼
〃	〃	〃	〃	渡辺章彦	400	〃	礼
〃	〃	〃	上等兵	能渕一男 夫	300	〃	礼
〃	〃	〃	〃	平松清	300	〃	礼
〃	〃	〃	〃	松井卓郎	300	〃	
〃	〃	〃	〃	守屋敏夫	300	〃	礼
〃	〃	〃	〃	岡田一太	300	〃	礼
〃	〃	〃	〃	岸野義男	300	〃	礼
〃	〃	〃	〃	岡崎松太郎	300	〃	
〃	〃	〃	〃	濱口次男	300	〃	礼
〃	〃	〃	通訳(判任)	重山藤一	~~300~~ 400	〃	? 礼
27	大連	〃	上等兵	小野宝一	300	〃	(礼)
1.10	打虎山	混成8旅團通信隊	大尉	波若雅雄	600	〃	礼
〃	〃	〃 衛生班	三等軍医正	粟本文享	600	〃	
8		步兵第17聯隊	伍長	佐々木竹蔵	400	〃	附考 礼 前回重傷見舞金トシテ150円贈呈、今回250円ヲ追加 (礼)
	ハルビン附近	步兵第4聯隊	〃	小池夫三助	400	長春	
2.8.	〃	〃	〃	茶京亀一郎	400	〃	負傷死亡 (礼)
	〃	〃	上等兵	渋辺喜克	300	〃	(礼)
	〃	〃	〃	三浦留治	300	〃	(礼)

42　15300

10

10.

~~2.5~~	~~哈尔濱附近~~	~~独立守備隊第5大隊~~	~~上等兵~~	~~田中稔~~	~~300~~	~~鉄嶺~~	~~8/3~~		~~ホテ了~~
~~2.2~~	~~蔡家溝~~	~~〃 第1大隊~~		~~相沢伊勢治~~			311名 計 111,300—		
~~〃~~	~~〃~~	~~〃 〃~~		~~今井六十一~~	以下NO2ノ綴ニアリ				
2.5	ハルビン	独、守備隊第5大隊	上等兵	田中稔(寛?)	300	鉄嶺	8/3	礼	ホテ了
2.29	格頭附近	〃 第4大隊	〃	根本多平	300	本ケコ	1/3		〃
3.18	通遠堡	〃 〃	伍長	兼松林一	400	〃	7/3	礼	〃
〃	〃	〃 〃	上等兵	高瀬斉之助	300	〃	〃		〃
7	三江口	〃 第6大隊	伍長	河淵利藏	400	鄭家屯	11/3	礼	〃
22	陶家屯駅附近	〃 第1大隊	大尉	栗崎忠盛	600	公主嶺	29/3	礼	〃
〃	〃	〃 〃	軍曹	高橋忠太郎	400	〃	〃	礼	〃
〃	〃	〃 〃	伍長	阿部武亮	400	〃	〃	礼 礼	〃
〃	〃	〃 〃	上等兵	工藤喜藏	300	〃	〃	礼 礼	〃
〃	〃	〃 〃	〃	工藤直治	300	〃	〃	礼	〃
2.8	公務病死	〃 第3大隊	〃	岡部理一	300	奉天		礼	
〃 21	〃	〃 〃	〃	佐藤功徳	300	〃			
3.2	〃	関東憲兵隊	特務曹長	新見美清	600	〃		(隊長礼) (礼)	
2.7	〃	関東軍司令部	傭人	重盛武夫	300	〃		礼	
12.30	甜水井子	歩兵第16聯隊	軍属	佐々木泉三郎	300	〃			
1.24	打虎山附近	独立飛行第10中隊	大佐	花沢友男	600	〃			
〃	〃	〃	特務曹長	田中鉄太	600	〃			
2.26	錦州	野砲兵第25聯隊	伍長	高橋勝三郎	400	〃		礼	
29	塔子溝	騎兵第27聯隊	曹長	佐藤雄一郎	400	〃		村長ヨリ礼状	
21	打虎山	歩兵第77聯隊	〃	西岡三郎	400	〃		礼	
26	錦西	歩兵第76聯隊	伍長	寺田巽一	400	〃		礼	
〃	〃	〃	〃	北村泰治	400	〃		礼	
〃	〃	〃	上等兵	山田京次郎	300	〃		礼	
〃	〃	〃	〃	鬼頭由太郎	300	〃		礼	
〃	〃	〃	〃	山下勝太郎	300	〃		礼	
1.4	打虎山	歩兵第63聯隊 10	伍長	上川由比	400	〃		礼	
2.4	哈爾濱	歩兵第30聯隊	〃	山崎源一	400	〃			
〃	〃	〃	上等兵	霜島麟兒	300	〃			
2	大凌河口	野砲兵第26聯隊	〃	諸戸義雄	300	〃		礼	
3	廂黄旗五屯附近	歩兵第29聯隊	〃	白井里晃	300	〃			
〃	〃	〃	伍長	皆川甚一	400	〃		礼	
〃	〃	〃	〃	北條正光	400	〃		礼	
4	哈爾濱附近	〃	〃	野沖進	400	〃		礼	
〃	〃	〃	上等兵	大枝留七	300	〃		礼	
〃	〃	〃	〃	根本清四二	300	〃		礼	
〃	〃	〃	〃	伊藤正夫	300	〃		礼	
5	〃	〃	曹長	佐藤八郎	400	〃		礼	
8	〃	〃	伍長	山崎一好	400	〃		礼	
5	〃	〃	曹長	山本安七	400	〃		礼	

11

11

2. 5	哈尔濱附近	歩兵第29聯隊		一等計手	遠藤寅一	√ 400	奉天	礼	
13	〃	〃		上等兵	神之藤春吉	√ 300	〃	礼	
5	〃	〃		軍曹	安齋盛弥	√ 400	〃	礼 コンダ	
〃	〃	〃		曹長	社内　徳	√ 400	〃	礼	
〃	〃	〃		伍長	今野一太郎	√ 400	〃	礼	
〃	〃	〃		上等兵	安島喜一	√ 300	〃		
9	〃	〃		〃	山本豊四郎	√ 300	〃	礼	
5	〃	〃		曹長	小椋徳八	√ 400	〃	礼	
〃	〃	〃		上等兵	金田一(市)郎	√ 300	〃	礼	
〃	〃	〃		〃	萱野孫吉	√ 300	〃		
〃	〃	〃		〃	根本仁太郎	√ 300	〃		
6	〃	〃		〃	三坂一二	√ 300	〃	礼	
	東京城附近	独立守備隊	第5大隊	伍長	石川長之助	√ 400	四平街		奉天了
	敦化附近	〃	第3大隊	上等兵	吉田達三	√ 300	大石橋		〃
	〃	〃	〃	〃	飯島勝三	√ 300	〃	礼	〃
3. 21	〃	〃	第6大隊	伍長	辻　新一	√ 400	遼陽		奉天了
〃	〃	〃	〃	〃	(細)江　靖	√ 400	〃		〃
〃	〃	〃	〃	〃	中島兼吉	√ 400	〃	礼	〃
〃	〃	〃	〃	上等兵	片山作夫	√ 300	〃	礼	〃
24	東京城附近	〃	第1大隊	大尉	今林　晟	√ 600	公主嶺	礼	〃
〃	〃	〃	〃	軍曹	伊藤七郎	√ 400	〃	礼	〃
〃	〃	〃	〃	伍長	加藤政榮	√ 400	〃	礼	〃
〃	〃	〃	〃	上等兵	本木雄次郎	√ 300	〃		〃
〃	板子房附近	〃	第6大隊	伍長	村田武一	√ 400	遼陽	礼	〃
〃	〃	〃	〃	上等兵	山田喜重	√ 300	〃		〃
〃	〃	〃	〃	一等兵	西川武男	√ 300	〃		〃
21	南湖頭附近	〃	〃	曹長	奈良五八	√ 400	鞍山		〃
〃	〃	〃	〃	〃	酒向健三	√ 400	〃		〃
〃	〃	〃	〃	伍長	鈴木　元	√ 400	〃	鈴木カトリ礼	〃
〃	〃	〃	〃	〃	八木富二	√ 400	〃		〃
〃	〃	〃	〃	〃	村上總治	√ 400	〃		〃
〃	〃	〃	〃	〃	村松金之助	√ 400	〃		〃
〃	〃	〃	〃	〃	桜井広一	√ 400	〃		〃
〃	〃	〃	〃	上等兵	倉地順太郎	√ 300	〃		〃
〃	〃	〃	〃	〃	古本一郎	√ 300	〃		〃
〃	〃	〃	〃	〃	古牧勝雄	√ 300	〃		〃
30	四道溝附近	〃	〃	曹長	小田(桐)喜代吉	√ 400	〃	礼	〃
〃	〃	〃	〃	伍長	泉川才二郎	√ 400	〃		〃
〃	〃	〃	〃	上等兵	久保田常吉	√ 300	〃	礼	〃
2. 20	得勝台東南方	〃	第5大隊	軍属	五十嵐常(定)吉	√ 300	鐵嶺	礼	〃
4. 3	ハルビン附近バライザ	騎兵第2聯隊		上等兵	高橋寅五郎	√ 300	公主嶺		〃
〃	〃	〃		〃	長谷川八郎	√ 300	〃	礼(電)	〃
	農安	独立守備隊	第1大隊	伍長	佐藤久雄	√ 400	長春		〃

43.　15400

12

12

6.10.15	通遼	独立守備隊 第5大隊	軍曹	黒木静江	400	鐵嶺	礼 ホテ了
〃	〃	〃 〃	上等兵	兒玉良作	300	〃	礼 〃
〃	〃	〃 〃	〃	相崎光	300	〃	礼 〃
〃	〃	〃 〃	〃	吉田喜平	300	〃	〃
7.3.7	汐嶺附近	関東軍司令部附	嘱託	倉田磐太郎	600	奉天	礼
〃	〃	〃	〃	内川典作	400	〃	礼
〃	九台子附近	〃	〃	緒方武雄	400	〃	
〃	〃	〃	〃	藤原寅一	400	〃	礼
〃	〃	〃	〃	大村有三	400	〃	礼
〃	〃	〃	〃	奥村佳一	400	〃	市善佳一トシテ 礼状
〃	〃	〃	〃	緒方末太	400	〃	礼
〃	〃	〃	〃	内田音蔵	400	〃	礼
〃	〃	〃	〃	増田政二郎	400	〃	礼
〃	〃	〃	〃	松本徳松	400	〃	礼
〃	〃	〃	〃	宮崎菱助	400	〃	礼
〃	〃	〃	〃	実崎三次	400	〃	礼
〃	〃	〃	〃	亀田佐市	400	〃	礼
〃	〃	〃	〃	道源元助	400	〃	
〃	〃	〃	〃	吉井光三	400	〃	生存ニ付取消
〃	汐嶺附近	〃	〃	安達隆成	600	〃	礼
1.10	錦西	歩兵第73聯隊	大尉	石野中	600	〃	礼
25	大凌河	〃	少佐	中村四郎	600	〃	礼
29	公務病死	〃	上等兵	江間敬一	300	〃	礼
1.9	錦西	騎兵第27聯隊	大佐	古賀傳太郎	600	〃	礼
〃	〃	〃	少佐	米井三郎	600	〃	礼 近長ヨリ礼
〃	〃	〃	大尉	野口茂三	600	〃	
〃	〃	〃	曹長	武川美道	400	〃	礼
〃	〃	〃	軍曹	黒根純美	400	〃	
〃	〃	〃	伍長	上原英則	400	〃	村長ヨリ礼
〃	〃	〃	〃	渡辺益光	400	〃	町長ヨリ礼
〃	〃	〃	〃	澤畠登	400	〃	村長ヨリ礼 礼
〃	〃	〃	〃	荻原一蔵	400	〃	
〃	〃	〃	上等兵	田口敏夫	300	〃	礼
〃	〃	〃	〃	三澤広茂	300	〃	礼
〃	〃	〃	〃	飯塚福一	300	〃	
〃	〃	〃	〃	篠原廣喜	300	〃	
〃	〃	〃	〃	服田辰秋	300	〃	
〃	〃	〃	〃	黒沢要作	300	〃	
〃	〃	〃	通訳	伊佐治盛一	400	〃	礼 村長ヨリ礼
〃	錦西五台子附近	第一輸送監視隊	中尉	松尾秀治	600	〃	礼 礼
〃	〃	〃	曹長	天田喜六	400	〃	礼
〃	〃	〃	〃	大野政吉	400	〃	礼
〃	〃	〃	〃	磯田萬作	400	〃	礼
			13	42.	17400		

13

1.9	錦西五台子附近	第一輸送監視隊	伍長	増岡和吉	400	奉天	礼	
〃	〃	〃	〃	大嶋慎一	400	〃	礼	
〃	〃	〃	〃	荒井福太郎	400	〃	礼	
〃	〃	〃	〃	加藤清三	400	〃		
〃	〃	〃	上等兵	高橋高一	300	〃	礼	
〃	〃	〃	〃	根津清誉	300	〃	礼	
〃	〃	〃	〃	露木光雄	300	〃	礼	
〃	〃	〃	〃	野崎六右衛門	300	〃		
〃	〃	〃	〃	金子英雄	300	〃	礼	
〃	〃	〃	〃	内藤倉吉	300	〃	礼	
〃	〃	〃	〃	岡部豊蔵	300	〃	礼	
〃	〃	〃	〃	飯島八三郎	300	〃	礼	
〃	〃	〃	〃	森田祐一	300	〃	礼	
〃	〃	〃	〃	瀬戸実	300	〃		
〃	〃	〃	〃	大塚晴敏	300	〃	礼	
〃	〃	〃	〃	野辺敬太郎	300	〃		
〃	〃	〃	〃	池田鶴吉	300	〃		
〃	〃	〃	〃	中村喜一	300	〃	礼	
〃	〃	〃	〃	岡崎美好	300	〃	礼	
〃	〃	〃	〃	向山壽雄	300	〃	礼	
〃	〃	〃	上等看護兵	北林林之亟	300	〃		
〃	〃	〃	通訳	平野七雄	400	〃		
6.12.23	巨流河	歩兵第5聯隊	曹長	一戸清人	400	〃	礼	
1.26	白旗廠邊門附近	歩兵第63聯隊	上等兵	山本節三	300	〃	礼	
17	柳河附近	歩兵第40聯隊	〃	藤原友太郎	300	〃	[illegible] 礼	
2.6	嶺角塚附近	鐵道第一聯隊	曹長	加瀬竹次	400	〃	礼	
3.29	奉天兵工廠	歩兵第10聯隊	上等兵	西元剛	300	〃	礼	
.23	錦州	歩兵第76聯隊	〃	大木董	300	〃	礼	
26	〃	〃	〃	柳田藤吉	300	〃	礼	
25	〃	混成第38旅團通信隊	〃	小泉輝三	300	〃		
2.4	ハルビン附近	歩兵第30聯隊	伍長	小野塚武	400	〃	31. 10100	
4.24	湯山城	独立守備隊第4大隊	上等兵	坂田信夫	300	安東	礼	[illegible]
1.26	白旗廠邊門附近	歩兵第63聯隊	〃	北尾義時	300	奉天		
4.30	蔦家窩子	関東軍司令部附	嘱託	松井清助	600	〃	礼	
4.12	萬德鄉	関東軍野戦自動車隊	少佐	朝妻義之	600	〃		
〃	〃	〃	大尉	井上福市	600	〃		
〃	〃	〃	特務曹長	横山竹雄	600	〃		
〃	〃	〃	上等工長	土地久雄	600	〃		
〃	〃	〃	〃	中野知成	600	〃		
〃	〃	〃	上等計手	三木辰巳	600	〃		
〃	〃	〃	上等看護長	飯塚一馬	600	〃		
〃	〃	〃	伍長	鈴木象道	400	〃		
〃	〃	〃	〃	山本存運	400	〃	礼	

14　43　16,300

4.12	萬徳站	関東軍野戦自動車隊	伍長	秋葉孝司	400	奉天	
〃	〃	〃	〃	小川福壽	400	〃	
4.21	ハルビン附近	鉄道第一聯隊	上等兵	福島正光	300	〃	礼
4.27	広島東戊病院	歩兵第4聯隊	〃	須姿富雄	150	〃	重傷見舞150円贈呈スミ
2.18	病死(公務)	歩兵第16聯隊	〃	石山傳	300	〃	礼
4.2	寧安縣石河南方	歩兵第29聯隊	伍長	高田稔	400	〃	礼
〃	〃	〃	上等兵	鈴木力	300	〃	○
4.1	夾信子附近	歩兵第30聯隊	曹長	広野四郎	400	〃	礼
〃	〃	〃	伍長	小林泰一	400	〃	礼
6.〃	〃	〃	曹長	田村治二	400	〃	礼 田村忠吉氏ヨリ
11.18	烏諾頭站	〃	軍属	大西寛心	300	〃	礼
〃	〃	〃	〃	二宮源吾	300	〃	礼
3.31	高嶺帽附近	野砲兵第2聯隊	上等兵	酒井力松	300	〃	礼
4.12	大嗄哈	歩兵第39聯隊	伍長	大森義男	400	〃	礼
〃	〃	〃	上等兵	八幡七郎	300	〃	礼
〃	〃	〃	〃	姿賀長男	300	〃	
1.24	公務基因病死	〃	〃	福本亀雄	300	〃	礼
4.2	ダワイズア附近	騎兵第10聯隊	曹長	射場茂	400	〃	礼
5.1	烏吉密河	歩兵第76聯隊	大尉	西尾玉治	600	〃	礼
〃	〃	〃	曹長	佐姿定良	400	〃	礼
〃	〃	〃	軍曹	清水孝一	400	〃	礼
〃	〃	〃	上等兵 ~~伍長~~	菊間三郎	~~400~~ 300	〃	礼
〃	〃	〃	〃	吉野清	~~400~~ 300	〃	礼
〃	〃	〃	〃	本間勝吉	~~400~~ 300	〃	礼
〃	〃	〃	〃	村田茂	~~400~~ 300	〃	礼
〃	〃	〃	〃	倉橋四郎	~~400~~ 300	〃	
〃	〃	〃	〃	上生津貞良	~~400~~ 300	〃	礼
〃	〃	〃	〃	佐野嘉一	~~400~~ 300	〃	
〃	〃	〃	上等兵	山田精治	300	〃	
〃	〃	〃	〃	山田軍平	300	〃	礼
4.12	奉天東北無思台	〃	特務曹長	川上五助	~~400~~ 600	〃	
1.24	公務基因病死	〃	三等軍医正	八田和雄	600	〃	礼
2.12	〃	〃	上等兵	亀山利一	300	〃	
3.7	公主屯	歩兵第77聯隊	伍長	平野健一	400	〃	政市氏ヨリ 礼
3.16	[illegible]	〃	曹長	細屋隆昇	400	〃	礼
3.20	[illegible]家屯	〃	〃	防野喜一郎	400	〃	礼
5.1	劉家園子	〃	〃	青木宝義	400	〃	礼
	〃	〃	伍長	種村泉治郎	400	〃	礼
	〃	〃	〃	吉見辰治	400	〃	
	〃	〃	〃	奈良由二郎	400	〃	
	〃	〃	上等兵	杉若岩吉	300	〃	礼
	〃	〃	〃	清水定雄	300	〃	礼
	〃	〃	〃	勝田竹松	300	〃	礼

15　　43.　　15,350-

5.1	烏吉密河	野砲兵第25聯隊	上等兵	小網玉造	✓300	奉天	(礼)
1.9	小嶺子	歩兵第39旅團司令部	軍属	崔昌源	✓300	〃	朝鮮人
〃	〃	〃	〃	張飛大	✓300	〃	〃 礼
2.3	八家子	〃	〃	山口謦一	✓400	〃	礼
〃	〃	〃	〃	加茂義信	✓400	〃	礼
〃	〃	〃	〃	所金次郎	✓400	〃	礼
1.9	小嶺子	野砲兵第26聯隊	〃	本多信義	✓400	〃	
1.14	錦西	歩兵第75聯隊	伍長	小堀清隆	✓400	〃	
3.5	公務基因病死	歩兵第63聯隊	上等兵	森本壽榮信	✓300	〃	
4.13	奉天東北無電台	歩兵第10聯隊	曹長	山崎健太	✓400	〃	礼
2.6	公務基因病死	混成第4旅團衛生班	上等看護兵	坂本芳衛	✓300	〃	礼
1.10	〃	歩兵第31聯隊	上等兵	坂本三郎	✓300	〃	礼
3.17	チチハル城内	〃	〃	千葉喜一	✓300	〃	礼
2.20	敦化	歩兵第32聯隊	曹長	奥山勝次	✓400	〃	礼
〃	〃	〃	伍長	有賀久蔵	✓400	〃	礼
〃	〃	〃	上等兵	小園勝見	✓300	〃	礼
〃	〃	〃	〃	関東	✓300	〃	関作治氏ヨリ礼
3.19	公務基因病死	関東陸軍倉庫	雇手	田中之臣	✓300	〃	礼
6. 12.28	魏家街	歩兵第29聯隊	上等兵	大久保幸太郎	✓300	〃	礼
7. 2.12	ハルビン附近	〃	〃	渡辺勝義	✓300	〃	礼
3.21	南湖頭	関東軍通信隊	〃	菱原長太郎	✓300	〃	礼
〃	〃	〃	〃	向山朝一	✓300	〃	礼
6. 10.17	公務基因病死	錦州衛戍病院	一等看護兵	岩淵獻治	✓300	〃	礼
7. 2.20	敦化	関東憲兵隊	一等憲兵補	蔡進默	✓400	〃	判任取扱 朝鮮人礼
6. 12.30	打虎山	独立飛行第10中隊	曹長	小野田恭明	✓400	〃	
〃	〃	〃	軍曹	小川幸平	✓400	〃	
7. 3.21	南湖頭	独立守備隊第6大隊	伍長	西郷太郎	✓400	遼陽	ホテ、了
5.19	松花江	第16驅逐隊乗組	特務大尉	細川芳太郎	✓600	旅順	〃 礼(海軍)
6.2	蛤蜊河	独立守備隊第6大隊	伍長	小澤万次郎	✓400	鞍山	〃 礼
5.27	関東軍、鄭家屯	〃 第5大隊	軍属	村田岩作	✓400	鐵嶺	ホテ、了(伍長級)
5.2	烏吉密河	歩兵第39聯隊	伍長	李岡幸二	✓400	ハルビン	〃
4.28	〃	〃	上等兵	中城軍市	✓300	〃	〃
5.2	〃	〃	〃	永井武男	✓300	〃	〃
4.28	海林	〃	〃	小林國雄	✓300	〃	〃
4.23	ハルビン野戦病院	歩兵第40聯隊	軍曹	松本平次	✓400	〃	〃
4.22	方正県南天门	歩兵第10聯隊	上等兵	岩蔭進	✓300	〃	礼
5.26	吉林、通河	〃	〃	花房茂一郎	✓300	〃	〃
5.4	南天门	〃	〃	赤沢正一	✓300	〃	〃
5.12	德莫立	〃	〃	常常毅	✓300	〃	〃
5.14	〃	〃	〃	磯部勇六	✓300	〃	〃
5.20	三姓、三江縣	〃	〃	川上賢治	✓300	〃	川上龍平子ヨリ礼
5.3	德莫立	〃	〃	尾野留治	✓300	〃	〃
4.16	関東軍《ハルビン》野戦病院	歩兵第40聯隊	〃	谷川精一	✓300	〃	礼
			16	43	14,800		

5.16	三姓	歩兵第40聯隊	一等兵	釜本一	300	ハルビン	ホテ,3
5.12	德莫立	歩兵第10聯隊	伍長	岸本流夫	400	〃	〃
〃	〃	歩兵第63聯隊	少尉	守屋治二	600	〃	〃 受
〃	〃	〃	曹長	松井常太郎	400	〃	〃 礼 受
〃	〃	〃	伍長	門永章	400	〃	〃 礼 受
5.5	南天门	〃	上等兵	小林光徴	300	〃	〃 礼 受
〃	〃	〃	〃	井上都	300	〃	礼 礼 受
5.7	方正	〃	〃	福间栄	300	〃	〃 礼 受
〃	通河	〃	〃	西川玄一	300	〃	〃 礼 受
5.1	虎林.撫拉河	〃	〃	小早川良夫	300	〃	〃 礼 受
5.12	〃 德莫立	〃	〃	浦嶋〔浦手〕劣夫	300	〃	〃 礼 受
5.19	三姓	〃	〃	戸崎孝一	300	〃	〃 礼 受
〃	〃	〃	〃	神庭國吉	300	〃	〃 礼 受
5.1	烏去密河	〔野〕砲兵第10聯隊	曹長	渡辺牧太郎	400	〃	〃 少 受
		歩兵第40聯隊	〃	川村光治	400	〃	〃
		〃	上等兵	小川林蔵	300	〃	〃
		歩兵第10聯隊	〃	平松文夫	300	〃	〃 封筒礼状
5.14	旅順衛戍病院	歩兵第39聯隊	一等主計	渡辺貴知	600	〃	〃
6.12	ハルビン野戦病院	歩兵第63聯隊	上等兵	錦織龍〔辰〕太郎	300	〃	〃 礼 受
	敦化	歩兵第4聯隊	〃	尾口留蔵	300	長春	〃 礼
	〃	〃	〃	山形順蔵	300	〃	〃 礼
	〃	〃	〃	菊地稔	300	〃	〃 礼
	〃	〃	〃	吉田倉造	300	〃	〃 要確.出樋云ミトマツ
	〃	〃	〃	大条兵次郎	300	〃	〃
	〃	〃	〃	芋沢善〔義〕男	300	〃	〃 礼
6.20	湯崗子	遼陽衛戍病院	一等看護長	菊地次郎	400	遼陽	〃
〃	〃	独立守備隊第6大隊	伍長	渡辺嘉幸	400	本渓湖	〃
~~6.12~~	~~敦化~~	~~野砲兵第2聯隊~~	~~〃~~	~~小野寺護郎~~	~~400~~	~~吉林~~	〃
~~6.15~~	~~〃~~	~~〃~~	~~〃~~	~~岡田聚治~~	~~400~~	~~〃~~	〃 } 見合セ
~~〃~~	~~〃~~	~~〃~~	~~上等兵~~	~~堀籠隆寿~~	~~300~~	~~〃~~	〃
~~〃~~	~~〃~~	~~〃~~	~~〃~~	~~山田梅吉~~	~~300~~	~~〃~~	〃
6.21	千山西方筆架堡	獨立守備隊第6大隊	特務曹長	林忠次郎	600	鞍山	〃
〃	〃	〃	伍長	水野銀一	400	〃	〃 旧長ヨリ小隆
〃	〃	〃	〃	掛井定吉	400	〃	〃 礼 慈恵印刷[illegible]
6.25	嫩江鉄橋	〃 第3大隊	上等兵	倉形清蔵	300	月房店	〃
	拉哈	歩兵第16聯隊	少佐	遠矢忠	600	遼陽	〃
	〃	〃	上等兵	小林参雄	300	〃	〃
5.20	錦州	関東憲兵隊	軍曹	安参秀吉	400	奉天	
4.22	広島衛戍病院	独立守備隊第6大隊	上等兵	鈴木一太郎	300	〃	
5.8	滚峰	鐵道聯隊(第1)	曹長	新山文吉	400	〃	
5.16	広島衛戍病院	歩兵第4聯隊	〃	鈴木重五郎	400	〃	
5.5	満邦子	歩兵第17聯隊	〃	武藤恭次郎	400	〃	
〃	〃	〃	上等兵	荒川政治	300	〃	

17　39　10200

5.5	潢邦子	步兵第17聯隊	上等兵	佐参忠	300	奉天	
〃	〃	〃	〃	千田友治	300	〃	
4.28	吉林 額穆縣	步兵第73聯隊	曹長	渡辺鉄太郎	400	〃	
〃	〃	〃	伍長	香本浪二	400	〃	
〃	〃	〃	上等兵	石井熊次郎	300	〃	
〃	〃	〃	〃	榎本金太郎	300	〃	
5.7	海林、患者療養所	步兵第76聯隊	伍長	泰岡衛	400	〃	
5.3	牡丹江駅	〃	上等兵	泰田敏雄	300	〃	
〃	〃	〃	〃	井上秀雄	300	〃	
〃	〃	〃	〃	宮下浩寮	300	〃	
5.7	〃	〃	〃	榎本峯吉	300	〃	
〃	〃	〃	〃	今井田金逸	300	〃	
〃	〃	〃	〃	瀧沢利雄	300	〃	
〃	海林、患者療養所	〃	〃	山田定雄	300	〃	
5.11	放牛溝	〃	〃	川崎富三郎	300	〃	
〃	〃	〃	〃	土田虎雄	300	〃	
〃	摧河附近	〃	〃	小林私太郎	300	〃	
5.20	ハルピン野戦病院	〃	〃	瀬古静男	300	〃	
5.5	海林	騎兵第27聯隊	伍長	濵田安雄	400	〃	
4.3	一面坡	野砲兵第25聯隊	〃	白井庄太郎	400	〃	
5.24	呼蘭県朱家油房	步兵第15聯隊	〃	市川友治	400	〃	
〃	〃	〃	〃	石山直司	400	〃	
5.27	綏化縣、泥河橋	〃	上等兵	長沢治三郎	300	〃	
5.17	松浦	步兵第50聯隊	伍長	香川六太郎	400	〃	（礼）
5.15	〃	〃	上等兵	今井衛	300	〃	
5.13	吉林、东洋医院	步兵第30聯隊	一等兵	岸安太郎	300	〃	
5.20	錦西縣、連山	騎兵第8聯隊	上等兵	中村幸一	300	〃	（礼）
7.26	平頂堡附近	独立守備隊第5大隊	〃	黒澤興	300	鐵嶺	
7.12	楡樹附近	步兵第39聯隊	少尉	上山実三	600	ハルピン	
〃	〃	〃	伍長	村津哲男	400	〃	
〃	〃	〃	上等兵	西村勇	300	〃	
〃	〃	〃	〃	黒川千太郎	300	〃	
〃	〃	〃	〃	村前治雄	300	〃	
7.21	通河西南方	〃	〃	増田達夫	300	〃	
7.27	烏吉密河	步兵第40聯隊	曹長	福本佐一	400	〃	
7.23	石道河子	〃	〃	上田四郎	400	〃	
7.25	烏吉密河	〃	伍長	村井留治	400	〃	
7.23	石道河子	〃	〃	岡田為治	400	〃	
〃	〃	〃	上等兵	津崎利之助	300	〃	
〃	〃	〃	〃	竹中一雄	300	〃	
〃	〃	〃	〃	山内重一	300	〃	
〃	〃	〃	〃	松下鹿蔵	300	〃	
6.30	新立屯	〃	〃	市沢徳治郎	300	〃	

43. 14,500

18

7.27	哈市、戦傷死	歩兵第40聯隊	上等兵	長坂為夫	√300	ハルビン	
6.12	正黄旗五屯	歩兵第10聯隊	〃	武本亥三男	√300	〃	
7.12	楡樹	〃	〃	田中文男	√300	〃	
〃	〃	〃	〃	高見二男	√300	〃	
7.1	哈市ニテ病死	歩兵第63聯隊	中尉	野村良作	√600	〃	
7.12	〃	〃	伍長	島崎善太郎	√400	〃	
6.17	成高子	砲兵第10聯隊	上等兵	徳田米太郎	√300	〃	
7.26	哈市ニテ病死	工兵第10聯隊	軍曹	西脇三二	√400	〃	
7.25	烏吉密河	〃	上等兵	高月利夫	√300	〃	
7.12	寧安、病死	歩兵第76聯隊	軍曹	川上秀雄	√400	〃	
6.2	東京城	〃	上等兵	船山哲夫	√300	〃	
〃	〃	〃	〃	伊久美正一	√300	〃	
〃	〃	〃	〃	齊藤仁市	√300	〃	
6.8	哈市、野戦病院	〃	〃	林秀一	√300	〃	
6.22	寧安、病死	〃	〃	松本林治	√300	〃	
6.11	里貝嶺前	砲兵第25聯隊	伍長	本田健智	√400	〃	㊗
7.10	高嶺子	関東軍鐵道隊	上等兵	山口定次	√300	〃	
〃	〃	〃	〃	伊藤脩作	√300	〃	
6.20	湯崗子	独立守備隊第二大隊	伍長	瀧谷忠司	√400	奉天	
〃25	瀋海線南口駅	〃	〃	佐藤富次郎	√400	〃	
〃24	奉天飛行場西側	飛行隊司令部飛行11大隊	軍曹	野口文太郎	√400	〃	㊗
〃30	哈市多門街	〃 飛行12大隊	上等兵	大石喜郎	√300	〃	
〃25	呼海、張維屯駅	鐵道第1聯隊	〃	梶山忠治	√300	〃	
〃7	黄泥河橋梁	歩兵第30聯隊	伍長	井口禎二	√400	〃	
〃25	鉄嶺衛戍病院	〃	三等看護長	瀧野悟賢	√400	〃	
〃22	宝馬川附近	〃	上等兵	齊木久作	√300	〃	
〃	〃	〃	〃	高橋弥一郎	√300	〃	
〃13	敦化	野砲兵第2聯隊	伍長	小野寺貞郎	√400	〃	
〃15	〃	〃	〃	岡田駿治	√400	〃	
〃	〃	〃	上等兵	堀龍隆寿	√300	〃	
〃	〃	〃	〃	山田捨吉	√300	〃	
〃10	戦傷死（法庫門）	歩兵第5聯隊	伍長	貝森清三郎	√400	〃	
〃19	於前線附近	〃	上等兵	清水榮太郎	√300	〃	
〃9	白旗堡大東林子	歩兵第32聯隊	〃	池田安晃	√300	〃	㊗
〃15	克山	歩兵第2聯隊	〃	添田惣逸	√300	〃	
〃	〃	〃	〃	椎名豊松	√300	〃	
〃	〃	〃	〃	萩原小四郎	√300	〃	
〃5	肇東	歩兵第59聯隊	曹長	小林貞良	√400	〃	㊗
5.29	〃	〃	伍長	茂呂武夫	√400	〃	
6.29	〃	〃	上等兵	野沢辯	√300	〃	㊗
7.19	克山	〃	〃	青山勝三郎	√300	〃	㊗
〃5	安達	〃	〃	関根福次	√300	〃	
〃15	克山	〃	一等兵	佐藤善吉	√300	〃	佐藤代ヨリ㊗

19　43　14,600

6.15	克山	歩兵第59聯隊	一等兵	京谷千代吉	✓300	奉天	-
〃〃	〃	〃	〃	悔也春吉	✓300	〃	(礼)
〃10	海林外、海北鎮	歩兵第50聯隊	大佐	奈良本五次郎	✓600	〃	
〃〃	〃	〃	伍長	春日嘉計	✓400	〃	
〃〃	〃	〃	上等兵	阿部清一郎	✓300	〃	
〃15	海林、戦傷死	〃	〃	登内勇	✓300	〃	
〃8	欽穆外、大溝	歩兵第73聯隊	伍長	山本光太郎	✓400	〃	
〃16	〃	〃	〃	出野弘太郎	✓400	〃	
〃〃	〃	〃	上等兵	河西勇吉	✓300	〃	
〃〃	〃	〃	〃	岡本吾一郎	✓300	〃	
〃〃	〃	〃	〃	安参彦三	✓300	〃	(礼)
〃〃	〃	〃	〃	阿部千代松	✓300	〃	
〃〃	〃	〃	〃	須賀昌太郎	✓300	〃	(礼)
〃〃	〃	〃	〃	出羽武文	✓300	〃	(礼)
〃〃	〃	〃	〃	佐参良英	✓300	〃	
〃〃	〃	〃	〃	松井交三助	✓300	〃	(礼)
〃25	張維屯	歩兵第2聯隊	大尉	堀本峻	✓600	〃	
〃〃	〃	〃	上等兵	小吹三次郎	✓300	〃	
〃〃	〃	〃	〃	姫沼寿男	✓300	〃	
〃〃	〃	〃	〃	倉持靖之	✓300	〃	
〃24	セクザン屯	〃	〃	岩島泰助	✓300	〃	
5.1	哈市、野戦病院	歩兵第76聯隊	〃	金子吉一	✓150	〃	重傷見舞金150円ヲ控除シ
8.5	鞍山	独立守備隊第6大隊	曹長	木脇義藏	✓400	鞍山	ホテヨ
〃〃	〃	〃	伍長	泰川幸次	✓400	〃	〃
〃〃	〃	〃	〃	参ケ岩金次郎	✓400	〃	〃
〃〃	〃	〃	上等兵	春日井清	✓300	〃	〃
				26	8850		
		No.2.		404	146,300		150. 2名
		No.1.		311	111.300		150 1名
		計		715	257.600		150 3名

20

以下 NO. 3.

7.8.15	濤海孫玖河口	独立守備隊第5大隊	曹長	村山正戦	400	四平街	ホテ了	
8.19	通遼	〃 第1大隊	〃	池田丹蔵	400	公主嶺	〃	
〃 〃	〃	〃 〃	〃	芳賀吉次郎	400	〃	〃	
7.29	〃	〃 〃	伍長	仲石路締雄	400	〃	〃	㊗礼
7.31	〃	〃 〃	上等兵	高橋定助	300	〃	〃	
7.8	大荒台	歩兵第59聯隊	軍曹	金田平重	400	奉天	〃	
〃	〃	〃	伍長	金沢武男	400	〃	〃	
〃	〃	〃	〃	宇賀神勇治	400	〃	〃	
〃	〃	〃	〃	小牧三郎	400	〃	〃	
〃	〃	〃	〃	村上芳松	400	〃	〃	
〃	〃	〃	〃	遠藤貞司	400	〃	〃	
〃	〃	〃	〃	磯島長吉	400	〃	〃	
〃	〃	〃	〃	吉彭健治	400	〃	〃	
〃	〃	〃	上等兵	萩泉弘美	300	〃	〃	
〃	〃	〃	〃	瀬畑忠治	300	〃	〃	
〃	〃	〃	〃	中田富次郎	300	〃	〃	
〃	〃	〃	〃	羽石文男	300	〃	〃	
6.13	通肯河左岸	歩兵第15聯隊	軍曹	中島喜代三	400	〃	〃	
〃	〃	〃	伍長	金田一男	400	〃	〃	
〃	〃	〃	〃	中島栄	400	〃	〃	
〃	〃	〃	〃	佐藤直衛	400	〃	〃	
〃	〃	〃	〃	佐藤福松	400	〃	〃	
6.24	張大房子	〃	〃	内海種萩	400	〃	〃	
7.10	海倫第4野病院	〃	上等兵	須藤伊三郎	~~400~~ 300	〃	〃	
6.16	二克山南方	〃	上等兵	新井長二	300	〃	〃	
〃	〃	〃	〃	須永金一	300	〃	〃	
7.29		〃	〃	神保忠太郎	300	〃	〃	
〃		〃	一等兵	富岡酉松	300	〃	〃	
7.14	海倫第4野病	歩兵第50聯隊	上等兵	白井好男	300	〃	〃	
7.5	呼蘭東南	工兵第14大隊	〃	和田傳治	300	〃	〃	
7.4	四方台附近	輜重第14大隊第4中隊	伍長	石井巌	400	〃	〃	
7.13	姜家油房	衛生隊(第14師團)	上等兵	市川四郎	300	〃	〃	
〃	〃	〃	〃	菊地秀秋	300	〃	〃	
〃	〃	〃	〃	佐藤時司	300	〃	〃	㊗礼
2	鐵嶺衛戍病院	歩兵第4聯隊	中尉	武田振	600	奉天		
1	蛟河	歩兵第30聯隊	上等兵	酒井高一	300	〃		
7	大家子	〃	伍長	金子隆一	400	〃		
〃	〃	〃	〃	大島政治郎	400	〃		
〃	〃	〃	〃	保坂信一	400	〃		
〃	〃	〃	上等兵	石塚吉太郎	300	〃		
〃	〃	〃	〃	笹川善司	300	〃		
〃	〃	〃	〃	小田島昇	300	〃		㊗礼
〃	〃	〃	〃	石沢金太郎	300	〃		㊗礼
				43	15,400			

21

7.7.7	六家子	歩兵第30聯隊	上等兵	德永弥作	300	奉天	
〃	〃	〃	〃	佐藤松四郎	300	〃	
〃	〃	〃	〃	庭野幸晴	300	〃	礼
〃	〃	〃	〃	吉田正憲	300	〃	
〃	〃	〃	〃	富永常治	300	〃	
26	飲馬河	歩兵第5聯隊	曹長	新戸部敏夫	400	〃	
〃	〃	〃	上等兵	三上武松	300	〃	礼
〃	〃	〃	〃	百目木市五郎	300	〃	
〃	〃	〃	〃	在家幸次郎	300	〃	
〃	〃	〃	〃	上泉子雄吉	300	〃	礼
〃	〃	〃	〃	目代正明	300	〃	礼
5.7	牡丹江	関東鐵道隊	〃	殿岡勘	300	〃	
7.28	8師団衛生班	歩兵第5聯隊	〃	前田清治	300	〃	
15	錦州	歩兵第31聯隊	曹長	太田泉治郎	400	〃	
14	〃	〃	〃	川村三次郎	400	〃	
27	錦県石柱子	〃	上等兵	久慈甫二	300	〃	
6	北鎮南方何営子	歩兵第17聯隊	〃	加藤典一郎	300	〃	
〃	〃	〃	〃	五十嵐五郎	300	〃	
〃	〃	〃	〃	佐藤八百二	300	〃	礼
〃	〃	〃	〃	高杉榮吉	300	〃	
〃	錦州衛生班	〃	曹長	菅泉新平	400	〃	
10	黒山県八道壕	歩兵第32聯隊	伍長	鈴木正	400	〃	
〃	瀋海線南口前	独立守備隊第2大隊	上等看護兵	高橋甚四郎	300	〃	
26	大荒台	関東軍野戦自動車隊	伍長	小澤由蔵	400	〃	
1	泰安鎮	〃 野戦兵器廠	曹長	宗宮平松	400	〃	
[illegible]	奉天衛戍病院	〃 憲兵隊	伍長	齋藤外也	400	〃	礼
7	海倫正白旗五井	騎兵第13聯隊	上等兵	島田善太郎	300	〃	礼
〃	〃	〃	〃	方波見源衛	300	〃	礼
〃	〃	〃	〃	五十嵐久米	300	〃	礼
〃	〃	〃	伍長	矢野泉	400	〃	
9.8	撫順	独立守備隊第2大隊	〃	丸田清一	400	撫順	ホテ了
〃	孫家窩棚	〃 第3大隊	曹長	船戸安二	400	大石橋	〃
9	大石橋附近	〃 〃	伍長	堀内源市	400	〃	〃
13	南邊	〃 〃	上等兵	渡辺春次	~~400~~ 300	〃	〃
8	孫家窩棚	〃 〃	上等兵	並木亀太郎	300	〃	〃 礼
〃	〃	〃 〃	〃	杉浦重男	300	〃	〃
〃	〃	〃 〃	〃	金子猪之助	300	〃	〃
6	安達	歩兵第16聯隊	〃	遠藤武夫	300	遼陽	〃
〃	〃	〃	〃	木津行光	300	〃	〃
〃	〃	〃	〃	岡田萬作	300	〃	〃
〃	〃	〃	〃	長谷川源三郎	300	〃	〃
21	本渓湖	独立守備隊第4大隊	〃	土谷政雄	300	本渓湖	〃
8.3	大[illegible]橋	歩兵第4聯隊	伍長	大和要人	400	長春	〃

43. 14200

22

8.25	寛楊	歩兵第4聯隊	上等兵	鈴木信一	300	長春	ホラ了
〃	〃	〃	〃	角田政治	300	〃	〃
9.17	秋梨溝	〃	〃	高橋健治	300	〃	〃
12	盤石	野砲兵第2聯隊	〃	伊藤寅一	300	大石橋	〃
4.8	西子城子	歩兵第74聯隊	伍長	渡辺清喜	400	朝鮮軍	◎
〃	〃	〃	〃	星野義吉	400	〃	
18	〃	〃	上等兵	佐々木忠勝	300	〃	
6.8	牛串嶺	歩兵第75聯隊	〃	伊藤尚	300	〃	
4.18	八道溝	〃	〃	飯野周一	300	〃	
〃	〃	〃	〃	宮内任	300	〃	
〃	〃	〃	〃	久保田広実	300	〃	
24	横道子	〃	〃	小薬博	300	〃	
12	轉角楼	〃	〃	矢内勝	300	〃	
6.8	牛串嶺	野砲兵第25聯隊	伍長	吉岡亀治	400	〃	
〃	〃	〃	上等兵	近藤忠治	300	〃	
7.4	延吉縣錦田坑口	歩兵第75聯隊	〃	宮坂熊蔵	300	〃	
6.21	南三道溝	歩兵第76聯隊	〃	秋山亀造	300	〃	
6.22	〃	〃	〃	山口政信	300	〃	
6.19	帽児山附近	歩兵第77聯隊	中尉	滝谷信三	600	〃	
7	〃	〃	大尉	白岩幸蔵	600	〃	
19	〃	〃	〃	佐藤登志丸	600	〃	
22	土口子嶺附近	〃	〃	山崎要作	600	〃	
7.10	帽児山附近	〃	曹長	茂利田茂蔵	400	〃	
18	〃	〃	軍曹	富山圓海	400	〃	
10	〃	〃	〃	小島万次	400	〃	
6.7	〃	〃	上等兵	四至本直次郎	300	〃	
〃	〃	〃	〃	鍵義一	300	〃	
〃	〃	〃	〃	桜井留吉	300	〃	
19	〃	〃	〃	多田義雄	300	〃	
〃	〃	〃	〃	西村勘三	300	〃	
20	臨江縣三道陽岔	〃	〃	新谷庄七	300	〃	
22	通溝城内	〃	〃	弓場秀一	300	〃	
〃	土口子嶺附近	〃	〃	川瀬款	300	〃	
〃	〃	〃	〃	斉藤平吾	300	〃	
7.10	帽児山附近	〃	〃	玉置實喜男	300	〃	(印)
〃	〃	〃	〃	濱崎盛福	300	〃	
〃	〃	〃	〃	萩原義仁	300	〃	
〃	〃	〃	〃	白井利一	300	〃	
19	中江鎮	〃	〃	足立健次郎	300	〃	
6.24	埋太川附近	歩兵第78聯隊	三等看護長	佐藤進	400	〃	
9	永甸城附近	〃	上等兵	中田義四郎	300	〃	
22	通溝城内	野砲兵第26聯隊	〃	河村正之助	300	〃	
9.7	敦圖線七工区	歩兵第75聯隊	伍長	秋野秀博	400	[illegible]	

23　43　14,900

9.16	磐石	騎兵第2聯隊	曹長	井出吉次	400	公主嶺	村了
〃	〃	〃	〃	伊藤四郎次	400	〃	〃
9.2	敦化附近	歩兵第4聯隊	上等兵	中山忠夫	300	長春	〃
9.11	朝陽鎮	独立守備隊第5大隊	〃	荒木德市	300	鐵嶺	〃 (印)
6.24	蘼山屯	関東軍司令部	大尉	大川高喜	600	奉天	
〃	〃	〃	軍属	草野敬治	300	〃	訳係上等兵 (印)
〃	〃	〃	〃	阿部熊一	300	〃	〃
〃	〃	〃	〃	田辺龍太	400	〃	判任官
8.28	下彰党 瀋海線	獨立守備隊第2大隊	二等兵	渡辺春治	300	〃	
22	広島衛戍病院	〃 第3大隊	軍曹	中山壽	400	〃	
31	瀋海線海龍	〃 第5大隊	伍長	遠藤源一郎	400	〃	
〃	〃 病死	〃 〃	上等兵	安田德	300	〃	
24	旅順衛戍病院	歩兵第4聯隊	〃	渡辺善進	300	〃	
4	海城縣大窪屯	歩兵第29聯隊	〃	山中善弥	300	〃	
29	奉天東兵工廠	〃	大尉	小関清	600	〃	
10	敦化縣秋梨溝	歩兵第30聯隊	軍曹	大橋菊次郎	400	〃	
〃	〃	〃	上等兵	佐々木建一	300	〃	
〃	〃	〃	〃	竹越眞一	300	〃	
19	大通河	〃	〃	大見仁助	300	〃	
23	〃	〃	〃	村山吉治	300	〃	
〃	老爺嶺	〃	〃	今井儀三太	300	〃	
24	蛟河	〃	〃	菊地菊正	300	〃	
29	黄泥河	〃	〃	鈴木幸作	300	〃	
5	綏中	歩兵第5聯隊	〃	長尾安作	300	〃	
21	病死	歩兵第31聯隊	上等看護兵	于田静信	300	〃	
8	黒山縣厲家窩棚	歩兵第32聯隊	大尉	林善助	600	〃	
〃	〃	〃	伍長	小林弥三助	400	〃	
〃	〃	〃	上等兵	石山福治	300	〃	
〃	〃	〃	〃	奥山英	300	〃	
〃	〃	〃	〃	土田力蔵	300	〃	
〃	〃	〃	〃	東海林德三	300	〃	
〃	〃	〃	〃	加藤敖全	300	〃	
24	黒龍江省綏東	歩兵第63聯隊	曹長	添田源市	400	〃	
〃	〃	〃	上等兵	田渕信雄	300	〃	
31	富錦	〃	〃	山本信章	300	〃	
17	三合屯	歩兵第2聯隊	〃	木村藤作	300	〃	
11	堯山	歩兵第59聯隊	〃	平石金太郎	300	〃	
31	安達站	歩兵第50聯隊	〃	宮下博嘉	300	〃	
7.27	海混口子上流	歩兵第76聯隊	少佐	高橋正義	600	〃	(印)
8.28	于崗子	騎兵第14聯隊	上等兵	久保金五郎	300	〃	
11	慶城縣趙家	騎兵第14聯隊	曹長	鉢村文子	400	〃	
〃	〃	〃	軍曹	瀬尾一	400	〃	
〃	〃	〃	上等兵	伊藤祐司	300	〃	

24 43 15100

7.13	関東軍野戦病院	鉄道第1聯隊	上等兵	齊藤　茂	300	奉天	
8.5	吉敦線	〃	〃	古元角次	300	〃	
24	克山東方15粁	〃	伍長	小池英一	400	〃	
13	奉天附属地練兵場	関東陸軍倉庫	上等看護長	伊藤高仰	~~400~~ 600	〃	
5.14	長春衛戍病院	歩兵第73聯隊	上等兵	神崎世茂	150	〃	8/15 見舞金150円 [illegible]
9.16	通河太平山	歩兵第39聯隊	大佐	宮崎俊雄	600	〃	
〃	〃		特務曹長	井元定次郎	600	〃	
〃	〃		曹長	前田市助	400	〃	
〃	〃		伍長	青木元衛	400	〃	
〃	〃		上等兵	柿木力松	300	〃	
17	〃		〃	大角久太郎	300	〃	
	太安平	騎兵第26聯隊	通訳	五十川七造	300	遼陽	済了 ㊗
10.19	河家信子	独立守備隊第5大隊	上等兵	米谷政太郎	300	四平街	〃
〃	〃	関東軍憲兵隊	軍曹長	北原都治	400	〃	〃 ㊗
9.15	間島和竜稲馬鹿溝	歩兵第73聯隊	上等兵	木村重蔵	300	朝鮮軍	
9.7	延吉県壷両溝	歩兵第75聯隊	〃	古谷幸平	300	〃	
9.7	〃	〃	〃	小山左右次	300	〃	
8.8	二棚甸子附近	歩兵第78聯隊	伍長	江口　進	400	〃	
〃	〃	〃	上等兵	小野喜義人	300	〃	
〃	〃	〃	〃	緒方義光	300	〃	
〃	〃	〃	〃	湯井政夫	300	〃	
〃	〃	〃	〃	濱田兼雄	300	〃	
6.21	通溝城内	平壌憲兵隊	伍長	相良亀喜	400	〃	
10.16	老頭児溝	間島派遣憲兵隊	〃	小野善右衛門	400	龍井村	㊗
9.8	撫順大東洲	独立守備第2大隊	曹長	佐藤君男	400	撫順	済了
11.4	鄭家屯	〃　第1大隊	上等兵	渡部幸衛	300	公主嶺	〃
11.10	海林附近	歩兵第15聯隊	〃	坂井佐太郎	300	呼海	〃
	奉天	飛行第11大隊	中尉	督地焚宏	600	奉天	〃
11.2	古城子	独立守備隊第2大隊	上等兵	丸山焚次	300	撫順	〃
11.24	大林官街南方	〃　第3大隊	〃	平野十郎	300	大石橋	〃 ㊗
〃	〃	〃　第6大隊	〃	松井玉次	300	鞍山	〃
10.7	上慶里	歩兵第75聯隊	〃	勝山久吉	300	朝鮮軍	
10.2	百草溝	野砲兵第25聯隊	〃	津田秀尾	300	〃	
10.28	〃	間島臨時派遣隊	軍属	安藤　幸	300	〃	
10.23	〃	歩兵第77聯隊	伍長	五葉木　登	400	〃	
9.4	〃	〃	上等兵	藤田由夫	300	〃	
9.11	太平哨	歩兵第78聯隊	軍曹	菅原道徳	400	〃	
8	〃	〃	伍長	大塚　亨	400	〃	
〃	〃	〃	上等兵	古井田七太郎	300	〃	
11	〃	〃	〃	藤井　豊	300	〃	
〃	〃	〃	〃	大東福造	300	〃	
〃	〃	〃	〃	下町喜一郎	300	〃	
〃	〃	〃	〃	岸原幸男	300	〃	
			25	43	15,050		

9. 11	太平哨	步兵第78聯隊	上等兵	松田猪太郎	300	朝鮮軍	
〃	〃	〃	〃	安田重蔵	300	〃	
〃	〃	〃	〃	吉田保	300	〃	
7	大八ル业方太	関東憲兵隊司令部	伍長	纐纈末松	400	新京	
29	奉天衛戍病院	関東軍野戦兵器廠	軍属	伊藤留吉	400	〃	
8. 19	通遼縣大康棚	関東軍司令部附	上等兵	長尾信泉	300	〃	豫備役
9. 11	奉天赤十字病院	〃	雇員	豊田スエ子	300	〃	
14	克山	鉄道第一聯隊	上等兵	峯川信義	300	〃	(礼)
7. 29	病死	関東軍鉄道中隊	〃	佐々木武	300	〃	
〃	〃	〃	〃	佃義明	300	〃	
9. 11	〃	独立守備隊第3大隊	〃	國久信二	300	〃	
17	奉天衛戍病院	飛行第11大隊	中尉	大塚義治	600	〃	
25	遼陽〃	野砲兵第2聯隊	上等兵	近藤端	300	〃	
3	遼陽郊黄泥	歩兵第29聯隊	〃	佐藤覚治	300	〃	
〃	奉天分院戦傷死	〃	伍長	亀岡憲二郎	400	〃	
〃	吉長線土門嶺	〃	〃	今江長之助	400	〃	
〃	〃	〃	上等兵	馬場一郎	300	〃	
20	吉林、永吉縣小屯	〃	大尉	齊藤菊江	600	〃	
〃	吉林、衛生班	〃	上等兵	佐藤長吉	300	〃	
28	通遼	歩兵第32聯隊	〃	齊藤豊作	300	〃	
29	陳英溝附近	歩兵第5聯隊	〃	平岡武司	300	〃	
16	新民縣劉家屯	歩兵第17聯隊	〃	庄内利雄	300	〃	
10	大興咀子	歩兵第10聯隊	〃	山本集市	300	〃	
11	頭道溝子	野砲第10聯隊	〃	平中巌	300	〃	
〃	雙城堡	〃	〃	片岡一男	300	〃	
〃	〃	〃	〃	信江喜三次	300	〃	
20	南泉子	歩兵第40聯隊	伍長	内藤鷹一	400	〃	
12	哈市衛生班	歩兵第63聯隊	軍曹	武田実三郎	400	〃	病死
1	〃	〃	伍長	畑久治	400	〃	
5	〃	〃	上等兵	佐々木千二	300	〃	病死
17	〃	〃	〃	横川鶴太郎	300	〃	〃
11	双城堡	第10師團衛生班	三等看護長	武田慶一	400	〃	
24	昂々渓	歩兵第2聯隊	上等兵	海東哲夫	300	〃	
〃	〃	〃	〃	柏村正男	300	〃	
〃	〃	〃	〃	吉田清吉	300	〃	
8	海北鎮	歩兵第15聯隊	伍長	須藤嘉久壽	400	〃	
14	綏化衛生班	〃	一等軍医	金井政夫	600	〃	
28	大連沙河口海里	〃	一等兵	清水宗太郎	300	〃	
1	安達站	歩兵第50聯隊	伍長	須江勝雄	400	〃	
〃	安達站	〃	上等兵	金井直登	300	〃	
4	廟台子	〃	〃	松本薫衛	300	〃	
9	腰孫家店	〃	〃	富岡進	300	〃	
11	双城堡	〃	〃	熊谷勇作	300	〃	
				43.	14,800		

26

9.29	後津河	歩兵第50聯隊	上等兵	佐藤祐一	300	新京	
6	克山	歩兵第50聯隊	〃	早瀬伊三郎	300	〃	
18	大荒台	〃	〃	茂呂田長重	150	〃	重傷ノ為金150円ヲ控除
	江橋	独立守備第5大隊	〃	斎藤宗四郎	300	四平街	
12.23	新京飛行場	飛行第12大隊	大佐	福島正夫	600	新京	
〃	〃	〃	大尉	伊藤衛治郎	600	〃	
〃	〃	〃	一等軍医	内藤公平	600	〃	
〃	〃	〃	中尉	宇都宮主一郎	6.00	〃	
〃	〃	〃	曹長	清水徳一	400	〃	
〃	〃	〃	伍長	太田守喜知	400	〃	
11.2	新井患者療養所	歩兵第74聯隊	曹長	沼倉保治	400	朝鮮軍	
12.18	石人溝	工兵第19大隊	伍長	小櫃萬蔵	400	龍嶺数	
〃	蒼龍溝	独立守備隊第4大隊	上等兵	柚山松雄	300	安東	
25	草河口	〃 〃	〃	飯塚猪四郎	300	本渓湖	
17	鳳城縣黄花甸	〃 第6大隊	大佐	長岡寛	600	鞍山	
18	岫巖縣濇塔堡子	〃 〃	曹長	河村正治	400	〃	
17	鳳城縣黄花甸	〃 〃	伍長	野田庄次郎	400	〃	
18	岫巖縣濇塔堡子	〃 〃	〃	二宮勝吉	400	〃	
〃	〃	〃 〃	〃	肥田一郎	400	〃	
〃	〃	〃 〃	〃	高木安昌	400	〃	
19	鳳城縣黄花甸	〃 〃	〃	加藤実	400	〃	
18	岫巖縣濇塔堡子	〃 〃	〃	荒川信一	400	〃	
24	〃	〃 〃	〃	鈴木伴三郎	400	〃	
〃	〃	〃 〃	〃	杉浦蒼	400	〃	
18	岫巖縣濇塔堡子	〃 〃	上等兵	曽根義一	300	〃	
〃	〃	〃 〃	〃	高木兼次	300	〃	
〃	〃	〃 〃	〃	大矢徳次郎	300	〃	
〃	〃	〃 〃	〃	一柳定男	300	〃	
〃	〃	〃 〃	〃	加納義雄	300	〃	
〃	〃	〃 〃	〃	伊藤春夫	300	〃	
〃	〃	〃 〃	〃	伊藤義信	300	〃	
〃	〃	〃 〃	〃	宇佐美晃昇	300	〃	
〃	〃	〃 〃	〃	村瀬一松	300	〃	
〃	〃	〃 〃	〃	増田銑次	300	〃	
〃	〃	〃 〃	〃	橋本金作	300	〃	
〃	〃	〃 〃	〃	棚橋保正	300	〃	
〃	〃	〃 〃	〃	鈴木甚吉	300	〃	
〃	〃	〃 〃	〃	水野順次郎	300	〃	
22	鳳城縣陳家堡子	〃 〃	〃	小縣松太郎	300	〃	
8.1.12	遼陽衛戍病院	〃 〃	伍長	中村兼七	400	〃	
7.9.1		〃 第1大隊	上等兵	町屋武信	300	新京	
10.7	克山縣雅布丹屯	鉄道第1聯隊	〃	三上福蔵	300	〃	
〃.20	〃 泰来	〃	〃	井戸川馨	300	〃	
			27	43.	15650		

7.10.20	克山縣泰安鎮	鐵道第1聯隊	曹長	三富詮季	400	新京
〃	〃	〃	上等兵	黒沢昌夫	300	〃
21	克山駅	〃	伍長	小山正雄	400	〃
25	海克線趙家駅	〃	〃	宮沢正行	400	〃
〃	〃	〃	上等兵	横山義雄	300	〃
〃	〃	〃	〃	生沼健吉	300	〃
9.9		臨時派遣第1戦車隊	〃	柳沢壽恵次	300	〃
10.13		歩兵第10聯隊	伍長	和田正二	400	〃
27		〃	上等兵	高本昇	300	〃
〃		〃	〃	中村芳夫	300	〃
〃		〃	〃	山本堅	300	〃
〃		〃	〃	三宅清一	300	〃
11	山市站附近	歩兵第39聯隊	上等兵	小西重雄	300	〃
15	寧安	〃	少佐	小島正路	600	〃
〃	〃	〃	少尉	田中菱吉	600	〃
〃	〃	〃	伍長	松野豊一	400	〃
〃	〃	〃	上等兵	中村常夫	300	〃
〃	〃	〃	〃	横山種治	300	〃
〃	〃	〃	〃	横田善吉	300	〃
〃	〃	〃	〃	深沢六郎	300	〃
〃	〃	〃	〃	赤穂種助	300	〃
〃	〃	〃	〃	谷口一雄	300	〃
〃	〃	〃	〃	福本喜代治	300	〃
〃	〃	〃	〃	高田鷹之助	300	〃
28	〃	〃	伍長	水野寅夫	400	〃
〃	〃	〃	〃	橋本一二	400	〃
〃	〃	〃	〃	池本実	400	〃
18		歩兵第40聯隊	〃	福永守	400	〃
30	石頭河子	歩兵第63聯隊	上等兵	後藤眞一	300	〃
5	吉林省二道河子	〃	軍曹	藤野忠三	400	〃
〃	〃	〃	伍長	小仲悟	400	〃
〃	〃	〃	〃	布村頼友	400	〃
14	吉林省佳木斯	〃	特務曹長	中村圭次郎	600	〃
〃	〃	〃	上等兵	長谷川清	300	〃
〃	〃	〃	〃	岩田勇三	300	〃
〃	〃	〃	〃	河野靖	300	〃
〃	〃	〃	〃	荒木政志	300	〃
20	吉林省富錦	〃	〃	田中忠之助	300	〃
11	於山石東方	工兵第10大隊	伍長	佐藤正始	400	〃
〃	〃	〃	上等兵	坂川一三夫	300	〃
〃	〃	〃	〃	三宅克衛	300	〃
9.10	徳恵縣城子街	騎兵第10聯隊	上等兵	柏原幸一	300	〃
10.10	富拉爾基	〃	〃	九鬼武	300	〃

28 43 15,100

10.11	海龍県中陽堡	騎兵第8聯隊	上等兵	上坂三太郎	300	新京
12	〃	〃	〃	新岡久弥	300	〃
9.9	臥佛寺附近	歩兵第31聯隊	特務曹長	成田三郎	600	〃
16	〃〃病院	〃	少佐	羽生贇	600	〃
21	〃	〃	上等兵	谷地熊蔵	300	〃
〃	新荘子附近	〃	伍長	坂下丑松	400	〃
10.19	義州附近	〃	〃	佐藤菊三	400	〃
6.25	大甍溝	歩兵第3旅団司令部	雇傭	志垣次平	300	〃
9.1		〃	〃	赤間政勝	300	〃
10.10	海竜県轉道	騎兵第13聯隊	伍長	杉田匠	400	〃
14	吉林省竜崗山脈	〃	少尉	高草木盛正	600	〃
27	〃	〃	伍長	野川友治	400	〃
〃	〃	〃	上等兵	坂原吉晴	300	〃
30	泰安附近	歩兵第59聯隊	〃	百目鬼勝弥	300	〃
10	海倫城西北部	歩兵第15聯隊	少尉	田村福[illegible]	600	〃
〃	〃	〃	伍長	島田力蔵	400	〃
〃	〃	〃	上等兵	富岡福次郎	300	〃
〃	〃	〃	〃	笠原嘉市	300	〃
〃	〃	〃	〃	船津愛次郎	300	〃
12	長春〃院公病死	〃	〃	田村唯一	300	〃
30	通北県泰家店	〃	曹長	川原勝太郎	400	〃
〃	〃	〃	上等兵	小野又一	300	〃
〃	〃	〃	〃	泰戸茂	300	〃
〃	〃	〃	〃	齊藤亀市	300	〃
〃	〃	〃	〃	吉沢正一郎	300	〃
〃	〃	〃	〃	成田錦三助	300	〃
〃	〃	〃	〃	岩崎六郎	300	〃
〃	〃	〃	〃	狩野豊作	300	〃
24	腰新屯	騎兵第18聯隊	伍長	伊藤鎮	400	〃
〃	〃	〃	〃	吉沢源一郎	400	〃
〃	〃	〃	上等兵	佐藤博	300	〃
〃	〃	〃	〃	市瀬錦一	300	〃
〃	〃	〃	〃	保科政清	300	〃
15	盘路子附近	歩兵第25聯隊	伍長	高井進	400	〃
4	奉天	歩兵第26聯隊	上等兵	于場清	300	〃
11.1	柳河鎮	歩兵第27聯隊	〃	新瀬其三松	300	〃
10.11	上夾河	騎兵第7聯隊	〃	草薙菊櫻	300	〃
13	閔家堡子	〃	曹長	大畠政勝	400	〃
〃	〃	〃	伍長	高橋袈裟治	400	〃
10.17		混成第14旅団自動車班	〃	近藤叶	400	〃
10	遼陽県遊撃溝	騎兵第26聯隊	少尉	大崎徳三郎	600	〃
〃	〃	〃	上等兵	大石啓三	300	〃
〃	〃	〃	〃	稲葉義朗	300	〃

29　43　15600

10.10	遼陽縣遊擊隊	騎兵第26聯隊	✓	上等兵	福島正一	300	新京	
〃	〃	〃	✓	〃	大島彦雄	300	〃	
8 1.10	百草溝	歩兵第75聯隊	✓	中尉	山下宇一	600	龍吉敦	
1.2	広島衛戍病院	独立守備第6大隊	✓	伍長	齊藤初平	250	鞍山	負傷見舞金150円贈呈済
1.17	奉天衛戍病院	〃 〃	✓	〃	臼井秀義	400	〃	
7.12.18	二道河子	歩兵第76聯隊	✓	上等兵	広井武司	300	朝鮮羅津	
8.1.11	琿春地方	騎兵第27聯隊	✓	曹長	高倉清	400	吉長吉敦	
〃	〃	〃	✓	上等兵	相沢茂治	300	〃	
8	〃	工兵第19大隊	✓	〃	佐藤吉三助	300	〃	
21	〃	歩兵第75聯隊	✓	〃	沼尻忠男	300	〃	
7.12.29	公病死	独立守備第1大隊	✓	〃	佐藤仁三郎	300	公主嶺	
	三角地帶	〃 第6大隊	✓	〃	江口勝吉	300	鞍山	
	〃	〃 〃	✓	〃	石川四郎	300	〃	
8.1.26	通遼	飛行第12大隊	✓	〃	吉井正義	300	新京	
2.2	遼陽衛戍病院	独立守備第6大隊	✓	〃	渡辺甲子男	300	遼陽	
1.26	通遼	野砲第8聯隊	✓	上等看護兵	渡部広司	300	鄭家屯	
		飛行第12大隊	✓	特務曹長	大谷三代吉	600	新京	
2.7	間島地方	歩兵第75聯隊	✓	上等兵	山本正太郎	300	龍吉敦	
7.10.21	敦化	歩兵第4聯隊	✓	伍長	大友福松	400	新京	
14	吉林栢大氐茄	歩兵第27聯隊	✓	〃	鈴木清	400	〃	
〃	〃	〃	✓	上等兵	小檜山実	300	〃	
〃	〃	〃	✓	〃	菊池雄次郎	300	〃	
9	臨江縣三隊	歩兵第30聯隊	✓	〃	長井長松	300	〃	
〃	〃	〃	✓	〃	浅野男	300	〃	
〃	〃	〃	✓	〃	関谷清七	300	〃	
〃	〃	〃	✓	〃	武藤章	300	〃	
14	臨江縣五道嶺	〃	✓	曹長	丸山新平	400	〃	
〃		〃	✓	上等兵	小島義治	300	〃	
〃		〃	✓	〃	渡部謙治	300	〃	
〃		〃	✓	〃	五十嵐安三	300	〃	
〃		〃	✓	〃	広瀬茂男	300	〃	
3	チチハル陸軍病院	野砲兵第2聯隊	✓	〃	相原常太郎	300	〃	
11.17	乾元嶺	騎兵第13聯隊	✓	〃	下山田庄吉	300	〃	
18	李文選	〃	✓	特務曹長	江口軍治	600	〃	
〃	〃	〃	✓	上等兵	杉本清吉	300	〃	
〃	〃	〃	✓	〃	篠崎元二	300	〃	
6	訥河	騎兵第14聯隊	✓	〃	松野金吾	300	〃	
7	〃	〃	✓	〃	野口壱太郎	300	〃	
17	乾元鎮	〃	✓	大尉	柴時夫	600	〃	
20	拝泉	〃	✓	上等兵	風向康夫	300	〃	
〃	〃	〃	✓	〃	島崎徳太郎	300	〃	
17	乾元鎮	騎兵第1旅團	✓	伍長	山岸隆治	400	〃	
19	乾元鎮	〃	✓	上等兵	中村俊雄	300	〃	

30　　43.　14650

7.10.1	昂々溪	歩兵第2聯隊	伍長	星川義雄	400	新京
〃	〃	〃	〃	薗部新吉	400	〃
〃	〃	〃	上等兵	鈴木義雄	300	〃
〃	〃	〃	〃	石津昌	300	〃
2	〃	〃	〃	青木清一郎	300	〃
8	樺家油房子	〃	曹長	吉田耕作	400	〃
〃	〃	〃	上等兵	山中静一	300	〃
〃	〃	〃	〃	高崎四郎	300	〃
〃	〃	〃	〃	大谷忠治次	300	〃
〃	〃	〃	〃	逆井良	300	〃
〃	〃	〃	〃	三村信明	300	〃
〃	〃	〃	〃	雨具德治	300	〃
〃	〃	〃	〃	宮部嘉七郎	300	〃
10	海倫	〃	〃	大坂部三男	300	〃
〃	〃	〃	〃	大内要	300	〃
22	富拉爾基	〃	少佐	齊藤誠	600	〃
〃	〃	〃	少尉	中島花	600	〃
〃	〃	〃	上等兵	今瀬藤五郎	300	〃
23	〃	〃	〃	小谷野辰夫	300	〃
24	拉哈	〃	伍長	沢田源次郎	400	〃
〃	〃	〃	上等兵	酒井貞一	300	〃
〃	〃	〃	〃	根本金七	300	〃
〃	〃	〃	〃	井上和吉	300	〃
30	〃	〃	〃	岸田芳雄	300	〃
〃	〃	〃	〃	富田錠一	300	〃
31	泰安	歩兵第15聯隊	〃	星野武雄	300	〃
〃	〃	〃	〃	武井秋夫	300	〃
10	海倫	歩兵第50聯隊	〃	倉田秀雄	300	〃
12	〃	〃	〃	岩波久男	300	〃
27	五家子駅	〃	〃	篠原亥之助	300	〃
〃	〃	〃	〃	赤羽和一	300	〃
〃	〃	〃	〃	瀧沢直次	300	〃
〃	〃	〃	〃	飯島留雄	300	〃
〃	〃	〃	特務曹長	高田成三	600	〃
30	〃	〃	上等兵	田中啓次郎	300	〃
17	拉哈站	〃	〃	吉沢守人	300	〃
21	〃	〃	〃	高井勇	300	〃
〃	〃	〃	〃	降旗好郎	300	〃
〃	〃	〃	〃	田幸英吉	300	〃
22	〃	〃	〃	守屋行雄	300	〃
〃	〃	〃	伍長	宮島悦之助	400	〃
〃	〃	〃	上等兵	和田薫	300	〃
23	〃	〃	曹長	東城壽治	400	〃
			31	43	14,400	

7、10.24	拉哈站	歩兵第50聯隊	上等兵	伊藤平一	300	新京
28	〃	〃	〃	柳沢徳重	300	〃
30	〃	〃	〃	伊藤忠臣	300	〃
31	〃	〃	〃	宮島安治	300	〃
29	〃	〃	通訳	姜行云	300	〃
10、9	〃	野砲兵第20聯隊	上等兵	水野鎌二	300	〃
〃	樺家地房子	〃	伍長	橋本清之介	400	〃
17	北安鎮	歩兵第59聯隊	少尉	平野直亮	600	〃
〃	克山	〃	上等兵	鈴木久夫	300	〃
18	〃	〃	〃	白沢朝治	300	〃
19	寧年	〃	〃	中島松次郎	300	〃
〃	〃	〃	〃	田嶋昌明	300	〃
20	克山	〃	〃	渡辺弘一	300	〃
〃	泰安	〃	少佐	林輝人	600	〃
〃	〃	〃	少尉	中嶋角一	600	〃
〃	〃	〃	伍長	高栖弘	400	〃
〃	〃	〃	上等兵	平田貞一	300	〃
〃	〃	〃	〃	木村登四郎	300	〃
〃	〃	〃	〃	神山良男	300	〃
〃	〃	〃	〃	戸叶昇三	300	〃
〃	〃	〃	〃	川久保庄一郎	300	〃
〃	〃	〃	〃	條原京三郎	300	〃
〃	〃	〃	〃	永山甫	300	〃
〃	〃	〃	〃	福地俊次	300	〃
21	〃	〃	伍長	本橋由平	400	〃
〃	〃	〃	上等兵	今泉伊平	300	〃
25	〃	〃	〃	岡本市太郎	300	〃
〃	〃	〃	〃	青木三郎	300	〃
26	托里屯	〃	〃	田村為三郎	300	〃
30	泰東	〃	大尉	宇田川広三郎	600	〃
30	〃	〃	上等兵	星貞三	300	〃
〃	泰安	〃	〃	近藤実	300	〃
〃	〃	〃	〃	島田軍司	300	〃
〃	〃	〃	〃	高塩福一郎	300	〃
〃	〃	〃	〃	平出音次	300	〃
21	〃	〃	通訳	金鐘一	300	〃
29	東新屯	騎兵第18聯隊	大尉	片岡三男	600	〃
〃	〃	〃	特務曹長	白石時平	600	〃
〃	四馬架	〃	曹長	平本清	400	〃
〃	〃	〃	軍曹	小池覚郷	400	〃
〃	〃	〃	〃	鈴木武	400	〃
〃	〃	〃	伍長	秋本宗康	400	〃
〃	〃	〃	〃	角田悟	400	〃
				43.	15300	

32

7.10.29	東新屯	騎兵第18聯隊	上等兵	宮入秀夫	300	新京
〃	〃	〃	〃	杏　敏	300	〃
〃	〃	〃	〃	小菅勝次郎	300	〃
〃	四馬架	〃	〃	服部半一	300	〃
〃	〃	〃	〃	藤田富夫	300	〃
〃	〃	〃	〃	飯島　勉	300	〃
〃	〃	〃	〃	和田　安	300	〃
〃	〃	〃	〃	中村金市	300	〃
〃	〃	〃	〃	保田三郎	300	〃
〃	〃	〃	〃	澁田　宗	300	〃
〃	〃	〃	〃	金田好穂	300	〃
〃	〃	〃	〃	柳田清造	300	〃
〃	〃	〃	〃	須藤　福	300	〃
〃	〃	〃	〃	土子清四郎	300	〃
〃	〃	〃	〃	青木一郎	300	〃
〃	〃	〃	〃	白瀬紧利	300	〃
〃	〃	〃	〃	吉井秀次郎	300	〃
〃	〃	〃	上等看護兵	根岸忠次郎	300	〃
〃	東新屯	〃	大佐	川崎長雄	600	〃
〃	〃	〃	少尉	黒沢貞蔵	600	〃
〃	〃	〃	曹長	鶴谷益男	400	〃
〃	〃	〃	伍長	斉藤一郎	400	〃
〃	〃	〃	上等兵	柴田喜三郎	300	〃
〃	〃	〃	〃	長谷川条三郎	300	〃
〃	〃	〃	〃	斉藤一三三	300	〃
〃	〃	〃	〃	堀内喜曽次	300	〃
〃	〃	〃	〃	矢野金右右	300	〃
〃	〃	〃	〃	深作松吉	300	〃
〃	〃	〃	〃	伊藤緯次	300	〃
〃	〃	〃	〃	宮本重次郎	300	〃
11.18	姜白川	騎兵第25聯隊	特務曹長	吉村敏一	600	〃
〃	〃	〃	伍長	中川武雄	400	〃
〃	〃	〃	上等兵	岩家新一	300	〃
14	吉林、富錦縣蓋州季	歩兵第63聯隊	〃	吉儀　満	300	〃
17	樺川縣 陸家崗	〃	伍長	保田　尊	400	〃
〃	〃	〃	〃	大山　昇	400	〃
〃	〃	〃	上等兵	杉山安一	300	〃
30	宝清縣 七星河鎮	〃	曹長	西村秀雄	400	〃
9.27	五德遠子	関東軍司令部附	高等官扱	佐山敏生	600	〃
〃	〃	〃	判任官扱	服部茂樹	400	〃
〃	〃	〃	〃	板倉功郎	400	〃
〃	〃	〃	〃	岩村佐治	400	〃
10.29	四馬架	騎兵第18聯隊	上等兵	飯田健三	300	〃

33　43　15,000

8.1.26	土门子	歩兵第76联隊	曹長	深沢儀一	400	朝鮮軍
2.27	巨流河駅	独立守備第2大隊	上等兵	金子稔	300	撫順
〃	〃	〃	〃	倉又仁作	300	〃
〃	〃	〃	〃	沼直三郎	300	〃
3.4	遼陽衛戍病院	歩兵第15联隊	一等兵	山本錦四郎	300	遼陽

No. 1	111,300円	311名	(150×1=150)
No. 2	146,300円	404名	(150×2=300)
No. 3	197,400円	564名	(150×3=450)
計	455,000円	1,279名	900

564　196,950

5　1600

34

316

自昭和六年九月十八日
至昭和七年九月三十日

東亞土木企業株式會社功績概要

東亞土木企業株式會社

東亞土木企業株式會社

319

東亜土木企業株式會社功績概要

滿洲事變以來新規鐵道ノ布設計畫アリ一方既成鐵道ハ兵匪ノ爲メニ破壞サレ或ハ燒却サレ爲メニ兵匪ノ討伐、軍事輸送ニ多大ノ支障ヲ來シ吾社ハ軍部及滿鐵ヨリ之ガ新設工事及復舊作業ヲ命セラレ全力ヲ傾注シ此重大任務ノ達成ニ奮闘セリ而シテ之ガ概要ハ左ノ如シ

一、洮昂線橋梁修理工事

馬占山軍反逆ノ際嫩江第一、第二橋梁燒却又ハ破壞サレ吾社ハ滿鐵ヨリ直チニ修理ニ着手スル樣命令ヲ受ケタレハ昭和六年十月四日萬端ノ準備ヲ整ヘ大連ヲ出發シタルモ現場附近ハ尚危險ニ付着手見合セ全員四平街ニ待機シ十一月一日

漸ク四平街出發愈々三日ヨリ工事ニ着手ス適々三日晩ヨリ他聲殷々トテ響キ渡リ戰鬪開始サレシ處皇軍ハ苦戰ニ陷リ後方部隊トノ連絡斷ヘ死傷者續出武器、彈藥、糧食缺乏シタリ而シテ之ガ運搬ニハ僑梁破損ノタメ如何トモ致シ難カリキ際吾社ノ發案ニテ舊線路築堤ノ殘存セル個所ヲ修理シ中央小流個所ニ枕木ヲ列ヘ急造小橋ヲ造リ輸送ノ假道路ニ當テントノ計畫ヲ軍部ニ上申セシニ僥幸ニ直チニ採用セラレ一時的道路ヲ速成シ工兵第二大隊、步兵第十六、廿九聯隊ノ進軍ニ伴ヒ他煙彈雨ノ中ヲ往來シ武器、彈藥、糧食、戰死傷者ノ輸送等不眠不休加フルニ糧食缺乏シ非常ナル危險ニ直面シタルモ全員決死ノ覺悟ヲ以テ奮鬪シ引續キ大興方

319

面ノ戰鬪ニ參與シ皇軍ノ進撃ヲ大イニ有利ナラシメタリ

本年四月ニ入リ嫩江第一橋梁補強工事ニ着手ス當時皇軍北滿進出ノ爲メ軍事輸送頻繁ニシテ一日モ早ク完成スル樣トノ命ヲ受ケタレハ匪賊ノ襲撃ヲ物トモセス六月漸ク竣成シ軍事輸送ヲシテ遺憾ナカラシメタリ

本年七月北滿地方ハ數十年來稀ナル大洪水ニ遭ヒ嫩江橋梁流失シ南滿トノ連絡絶ヘ從テ齊克線新設鐵道用材料軍需品及軍隊輸送ハ杜絶シタレハ吾社ハ晝夜兼行之カ復舊ニ努メタル結果漸ク十月十日完了シ之等輸送ヲ圓滑ナラシメタリ

三、齊克線三三杆橋梁修繕工事

本橋梁ハ北滿地方兵匪掃蕩ノ爲メ軍事輸送急ナル由速成ヲ

東亞土木企業株式會社

322

命セラル昨年十二月三日着手セルモ現地附近ハ兵匪ノ來襲尚熾マス現地滯在困難ノ為メ全従事員ハチチハルニ宿泊シ裝甲列車ニテ早朝出發夕刻歸還ニ就クコト、シ皇軍援護ノ下ニ月餘ニ亘リ作業ニ從事シタルモ餘リノ危險ニ一時中止ノ止ムナキニ至リシガ本年二月末再着手多大ノ危險ト極寒トヲ冒シテ漸ク三月完成シ皇軍ノ進展ヲ可能ナラシメタリ

三、敎化寧古塔間軍用道路構築工事

本道路二二〇粁ハ吉敦線北方ノ兵匪ヲ討伐スルニ速成ヲ要スル軍用路ニシテ短期間ニ完成方關東軍ヨリ命令アリ工兵第十九大隊援護ノ下ニ守備兵ト寢食ヲ共ニシ兵匪ト戰ヒ危險ヲ冒シ五月起工ス爾來事故續出剩ヘ糧食缺乏シ幾多ノ危

險困苦ヲ排シテ七月五日遂ニ軍ノ命令通リニ完了セシメ兵匪怖湯ニ遺憾ナカラシメタリ

四、吉敦線橋梁修繕工事

七月十七日ヨリ步兵第三十聯隊守備兵援護ノ下ニ吉敦線大川河橋梁及卡幅屯橋梁工事ニ從事シタリシガ當時各所ノ橋梁破壞セラレ列車運行杜絕シ孤立無援ノ危地ニ置カレ甚シキ危險ヲ感シタルモ皇軍活動ニ支障ヲ來スヲ恐レ匪賊ノ來襲ニ憶マズ守備兵ト共ニ應戰之ヲ擊退シ傍ラ工事ノ完成ニ努メ皇軍ノ活動ヲ敏速ナラシメタリ

五、呼海線橋梁、線路修繕工事

逆賊馬軍ノ使嗾セルモノト噂サレタル北滿ノ兵匪ハ遂ニ呼

海鐵道ヲ襲ヒ呼蘭河橋梁ヲ焔メ各橋梁ヲ燒却又ハ破壞シ皇軍ノ進出ニ支障ヲ來シタレバ吾社ハ之ガ復舊工事施工ヲ命セラレ晝夜兼行之カ完成ニ努メ實働三十五日間ヲ以テ七月八日呼蘭河橋梁四二〇米ヲ完成セリ加フルニ數十年來ノ大洪水起リ線路ハ流失シ橋梁ハ破壞サレ引續キ之カ施工ニ當リ此間頻々タル匪賊ノ來襲ニ遭ヒ多大ノ危險ヲ犯シテ漸ク完成シ皇軍ノ進展ニ貢獻シタリ

六、齊克線及海克線及拉訥鐵道新設工事

本鐵道ハ軍用上極メテ重要ナルモノノ如ク吾社ハ全力ヲ傾注シテ皇軍援護ノ下ニ從事シタリシガ所謂北滿ノ兵匪ハ各所ニ跳梁シ線路、橋梁ハ次カラ次ヘト破壞サレ亦工事現場ハ晝夜ノ別ナク襲撃ニ遭ヒ數名ノ殉職從事員ヲ出ス等危險

323

此上ナク拉納線ノ如キハ中止トナリタル有様ナリ加フルニ
數十年來ノ大洪水ニ遭ヒ糧食缺之スル等多大ノ困苦ヲ忍ビ
工事ノ進捗ニ奮闘シツヽアリ

ノ 東亞土木企業株式會社

326

四、宣传美化侵略

满铁哈尔滨事务所关于请支付满洲情况宣传及演讲所需费用事致满铁总务部的电报（一九三一年十一月七日）

149

電報譯文

文書番號		發電年月日	昭和 6 年 11 月 7 日 前後 11 時 40 分
電報番號	社112	局着年月日	昭和 年 月 日 前後 13 時 8 分
		受付年月日	昭和 年 月 日 前後 時 分
件名			
備考			

譯者印

共覽：總務部長　石川次長　庶務課長

關係者印　受付

發信者	哈爾濱事務所長	受信者	總務部長

小職過般出社ノ際滿洲事變ニ在滿ノ眞相並重要性ヲ母國人ニ正確且徹底的ニ認識セシムル爲宣傳講演ノ旅行ヲ企テ是ガ費用トシテ當方ヘ1,000円ノ支出方御了解ヲ得置キタルガ此際至急御詮議ノ上交付方取計ヒ乞フ右申請ス.

ヨ-8017 B列5　(6. 6. 150 東亞納)

145

满铁总务部庶务课关于同意支付满洲情况宣传及演讲所需费用事致满铁哈尔滨事务所的电报
（一九三一年十一月九日）

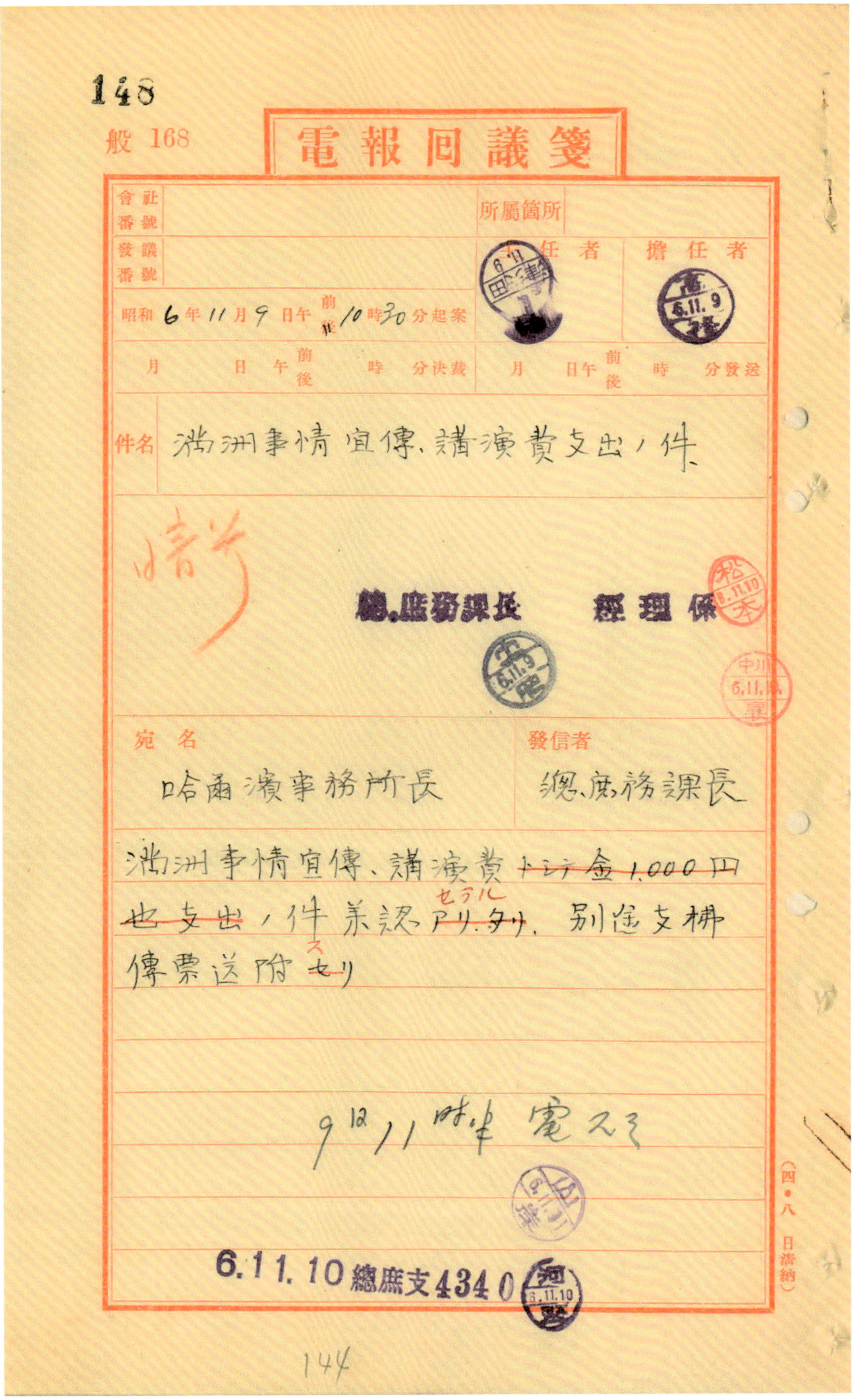
148

般 168

電報回議箋

會社番號		所屬箇所	
發議番號		主任者	擔任者
昭和6年11月9日午前10時30分起案			
月 日午前後 時 分決裁		月 日午前後 時 分發送	

件名 滿洲事情宣傳、講演費支出ノ件

請

總.庶務課長　經理係

宛名	發信者
哈爾濱事務所長	總.庶務課長

滿洲事情宣傳、講演費~~トシテ金1,000円也支出~~ノ件承認~~アリタリ~~セラル、別途支拂傳票送附~~セリ~~ス

9 12 11時半 電ス

6.11.10 總庶支4340

（四・八 日清納）

144

满铁总务部关于寄送九一八事变影集样本事致关东军司令官的函（一九三一年十一月九日）

172

（回議4號）

回議箋

番號	總庶庶3/第5號 11/12	所屬箇所	
昭和6年11月9日起案		主任者	擔任者
月 日決裁 11月9日發送			
件名	満州事変写真帖ニ関スル件		

總庶務課長

案

総務部長

関東軍司令官宛

受付箇所印

（6.3.堀内納）

169

173
(罫紙2號)　南滿洲鐵道株式會社

本縣陸軍教育ヨリ出征
軍人ニ一同ヘ慰問贈呈ノ
為ニ満貴之足ル満州
事変写真帖別冊之本
一部茲許貴覧ニ供シ
尚其他ハ数日中ニ入手
ノ豫定ニ有之ハ到着ノ上ハ
取急キ御送附可申上ハ
右御了承被成下度以取急
要之ハ如此

(5. 5. 共和號納)

170

满铁总务部庶务课关于捐赠九一八事变影集事致满铁奉天事务所庶务课的函（一九三一年十一月十一日）

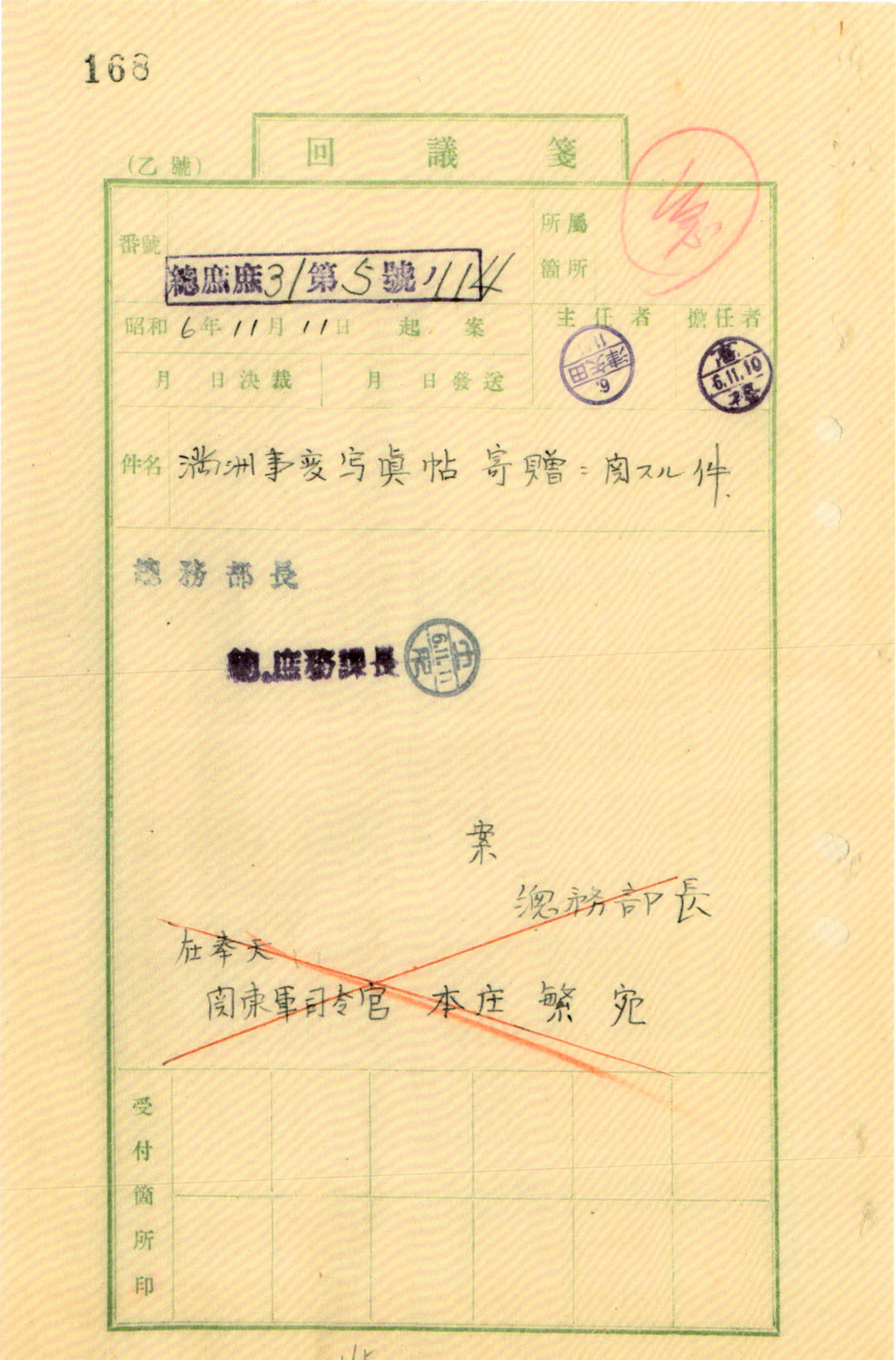

168

（乙號）回議箋

番號 總庶庶31第5號1114

所屬箇所

昭和6年11月11日起案

月　日決裁　月　日發送

主任者　擔任者

件名 満洲事変写真帖寄贈ニ関スル件

總務部長

總庶務課長

案

總務部長

在奉天

関東軍司令官 本庄繁宛

受付箇所印

165

169

（罫紙2號）　南滿洲鐵道株式會社

拝啓 陳而得貴意置候 満洲事変写真帖 14950部（木箱30箇ニ荷造）本日（45列車ニテ）御送附申上候間御査收被成下度此段御通知申上候也

案ノ2

總、庶務課長

奉天事務所庶務課長宛

件名

首題 写真帖14950部（木箱30箇ニ分割）本日45列車ニテ関東軍司令部宛送附セシ件ニ関シ別紙写ノ通通知アリタル処現品当地発送ニ当リ右ハ大部数ナルト且取急キタルトニ依リ一々内容ヲ検メス内地印刷所ヨリ発送荷造ノ儘送附セルカ但タ当念内ノ箇ヲ取調ヘタルニ意外ニモ満洲写真通信社ノ発賣用「ニュース写真」4部混入シ居タルヲ発見、或ハ他ニモ同様混入シ居ルヤモ知レス或ハ又總部数ニ不足アルヤモ圖ラレサルニ付軍当局ト打合セ右調査ノ上右ニ関ハ不足部数アラハ即時補充致スヘキニ付

（6.5.光明納）

166

（野紙2號）　南滿洲鐵道株式會社

所要部数至急ニ一報相煩度ク依
頼ス

註1. 混入「ニュース写真」ハ取纏返送願度

2. 木箱1箇ニツキ500部在中 但シ内1箇丈
(No. 33) ハ450部

（6.5.光明納）

满铁长春地方事务所关于申请支付制作九一八事变电影补助金事致满铁总务部的函（一九三一年十一月十二日）

208

（タイプ紙1號）南滿洲鐵道株式會社

長地第一二九七號

昭和六年十一月十二日

長春地方事務所長

総務部長殿

滿洲事變映画作成ニ関シ補助金下附方申請ノ件

副申

當地北滿日報社ニ於テ滿洲事変ヲ撮影シ教育資料トシテ内地各都市巡映ノ件ニ関シテハ十月三十日附長地第一〇一號ノ一ニテ実写フヰルム貸与依頼ノ節申述ヘタル次第ナルカ今回社長箱田琢磨氏來所ノ上別紙願書通ノ内容ヲ具陳シ援助方懇願アリ右事実ニ相違ナキヲ以テ特別ノ御詮議ニ預リ度此段副申ス

（6, 6. 共和號納）

210

附：长春北满日报社社长箱田琢磨关于为将九一八事变拍成电影作为教育资料申请补助事致满铁总裁内田康哉的函（一九三一年十一月九日）

209

満洲事変ヲ教育資料トシテ
映画作成ニ付御補助願

昭和六年九月十八日奉天ニ於テ突発セル満洲事変ハ日支間積年ノ懸案ヲ解決シ我邦ノ既得権益ヲ確保スル絶好ノ機会ト存ゼラレ候就テハ今回ノ事変ニ際シ尤モ激戦地トシテ皇軍ニ多大ノ犠牲者ヲ出シタル当長春ニ於ケル各方面ノ戦闘ノ状況其他ヲ映画ニ作成シ該作品ヲ教育資料トシテ満洲及朝鮮ハ勿論内地各府県下ニ渉リテ各大中小学校其他各公共団体等ニ提供實費ヲ以テ今回事変ノ真相ト経過トヲ観覧諒

212

到着ノ状況等ニシテ尚目下撮影隊ハ鄭家屯洮南方面ニ出張中ニ有之候如斯事情ニテ勢ヒ前述ノ如キ長尺物ト相成始メノ計畫豫算ヲ超過シ本映画ノ完成ニ一頓挫ヲ来スベク甚苦慮焦心仕居候固ヨリ本計畫ハ今回ノ事変ノミナラズ満蒙事情ノ喧傳ニモ頗ル効果アルモノト確信致候間弊社ノ微衷ト其苦境トヲ御洞察被下右映画完成ニ要スル不足費用金壹千四百円也ヲ特別ノ御詮議ヲ以テ御補助被成下度此段及懇願候也

追伸　右不足費用ヲ捻出スル為メ本映画ヲ他ノ資本家又ハ映画會社等ニ提供致候ハバ喜ンデ

既ニ撮影致シタル物ノミニテモ一、南嶺ニ於ケル第四聯隊奮戦ノ状況二、南嶺ニ於ケル守備隊苦戦ノ状況三、寛城子ニ於ケル第四聯隊激戦ノ状況四、支那紅卍字会員ノ支那兵戦死者遺骸収容ノ状況五、野砲兵聯隊ノ出動行進及ビ列車搭載ノ状況六、飛行隊ノ離陸着陸及飛行ノ状況六ノ長春警察署員ノ非常召集及武装出動各警備配置ノ状況七、第二師団司令部多門師団長以下幕僚ノ出動状況八、白川陸軍大将ノ南嶺戦蹟弔問ノ状況九、一般市民ノ戦死者墓標ニ参拝香華捧奠ノ状況十、満洲駐屯軍御慰問使川岸少将ノ長春駅到着ノ状況等ニシテ尚目下撮影隊ハ鄭家屯洮南方面ニ出張中ニ有之候如斯事情ニテ勢ヒ前述ノ如キ長尺物ト相成始メノ計畫豫算ヲ超過シ本映画ノ完成ニ一頓挫ヲ來スベク甚苦慮焦心仕居候固ヨリ本計畫ハ今回ノ事變ノミナラズ満蒙事情ノ喧傳ニモ頗ル効果アルモノト確信致候間弊社ノ微衷ト其苦境トヲ御洞察被下右映画完成ニ要スル不足費用金壹千円也ヲ特別ノ御詮議ヲ以テ御補助被成下度此段及懇願候也

追伸 右不足費用ヲ捻出スル爲メ本映画ヲ他ノ資本家又ハ映画會社等ニ提供致候ハバ喜ンデ

應諾致ス事トハ存シ候得共斯クテハ純然タル
營利事業ト相成弊社當初ノ趣旨ニ相反シ
軍部ノ御好意ニ對シテモ相背キ弊社ノ面
目全然相立不申候ニ付キ貴社ニ嘆願致候次
第事情篤ト御洞察願上候以上

昭和六年十一月九日

長春北滿日報社々長

絧田琢磨

南滿洲鐵道株式會社

總裁伯爵内田康哉殿

满铁总务部关于回复制作九一八事变电影之补助金事致满铁长春地方事务所的函（一九三一年十一月十七日）

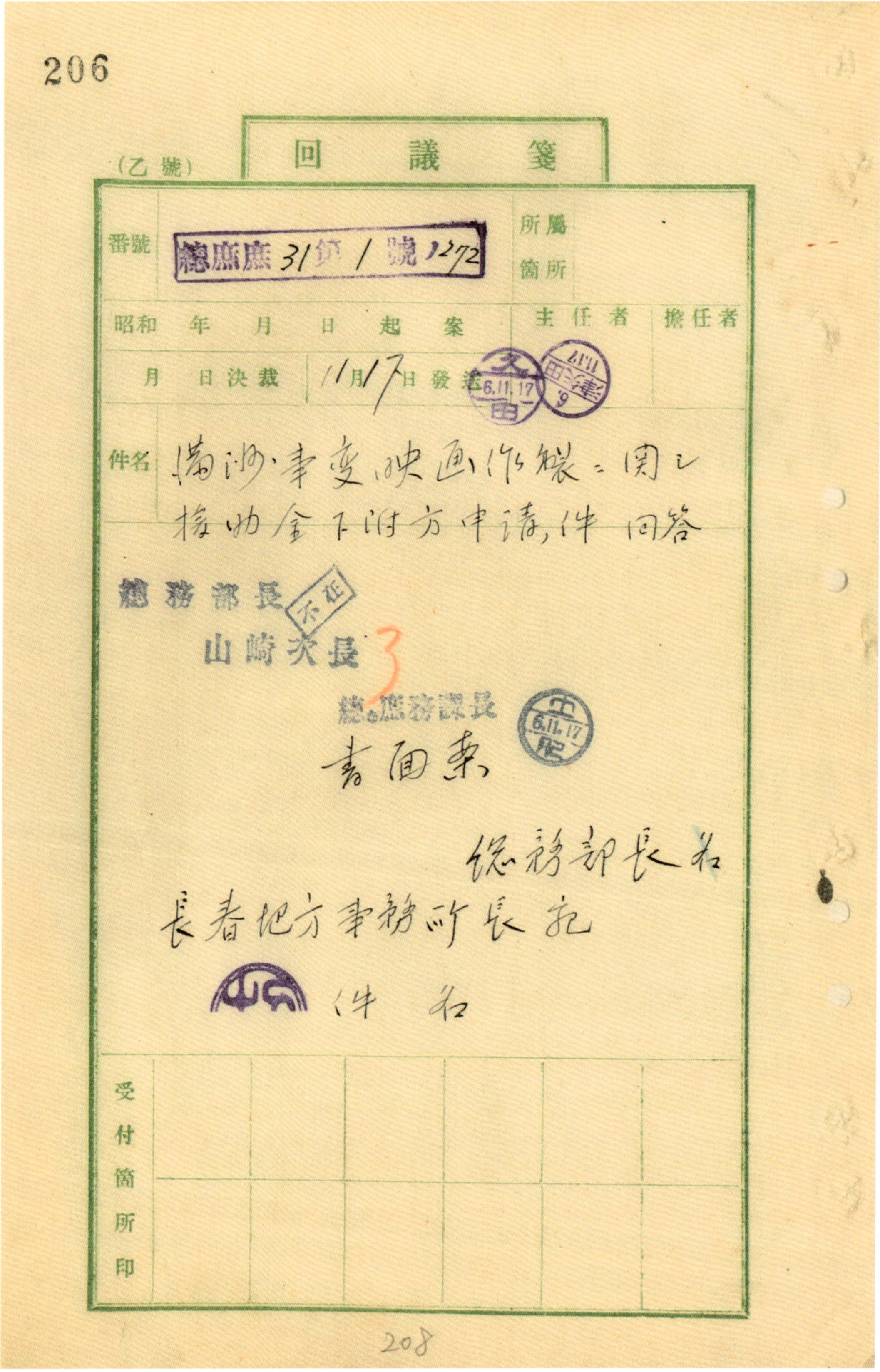
206

（乙號） 回議箋

番號	總庶庶31第1號1272	所屬箇所	
昭和　年　月　日起案		主任者	擔任者
月　日決裁	11月17日發送		

6.11.17

件名 満洲事変映画作製ニ関スル援助金下附方申請ノ件回答

總務部長 不在

山崎次長

3

總務庶務課長

6.11.17

青面来

總務部長名

長春地方事務所長宛

件名

受付箇所印

208

長地次1297号首款貴翰
閲了、対商柄氏程申出願ノト
シテ到来在場ニ遅埜キ有様ナルカ
此等ノ要求ニ悉ク応諾スルコトハ会
社ノ財政上ヨリモ到底許サレサル次第ニ
付　特ニ~~軍~~関東軍司令部ヨリ依頼
アリタルモノニ限リ詮議スルコト、~~[illegible]ル~~可
致　右先方ヘ可然御申聞相成度

满铁总务部庶务课关于支出视察九一八事变战迹所需旅费事的回议笺（一九三一年十一月三十日）

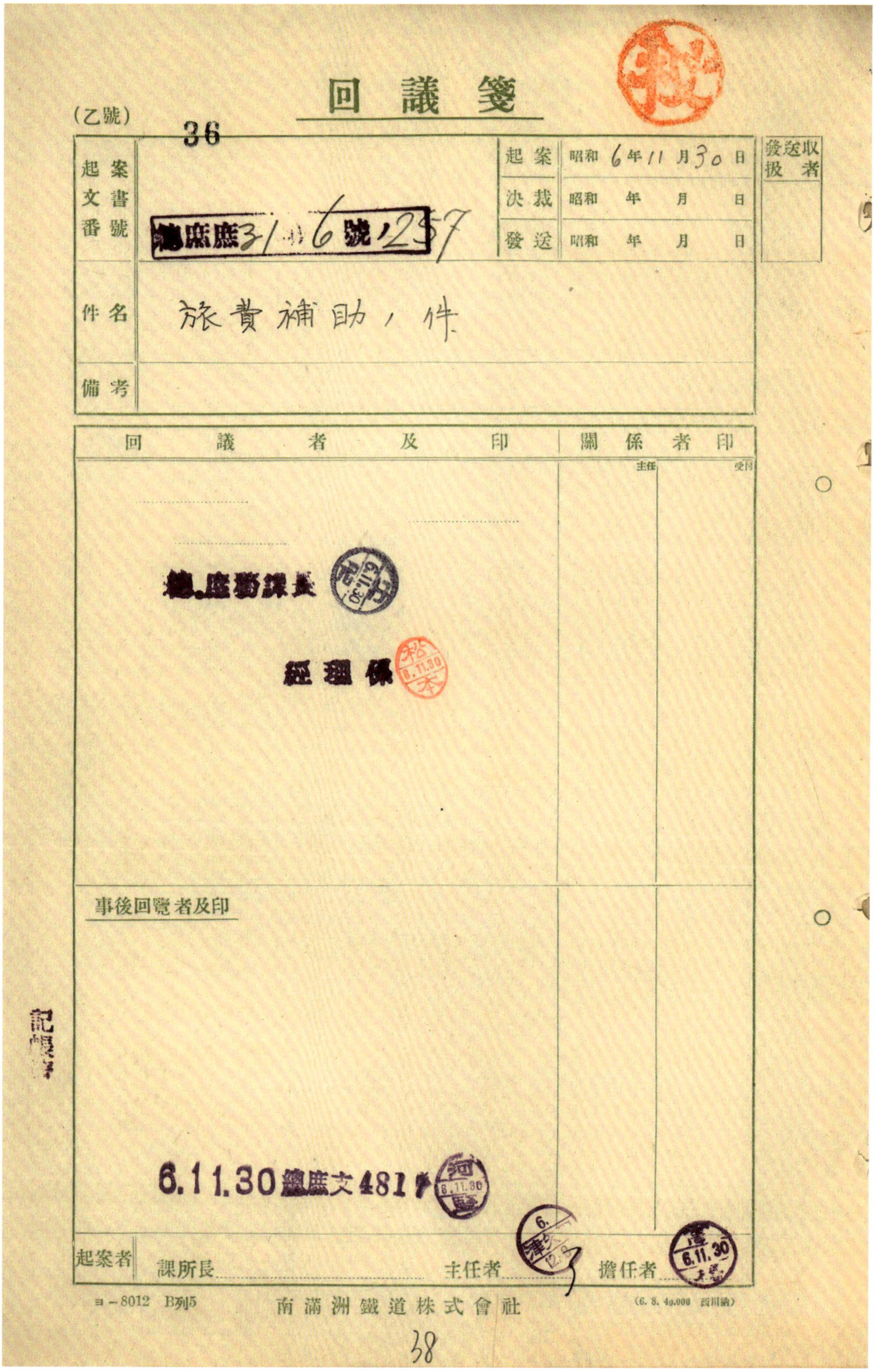
回議箋

(乙號) 36

起案文書番號	總庶庶31−6號1257	起案	昭和6年11月30日	發送取扱者
		決裁	昭和 年 月 日	
		發送	昭和 年 月 日	
件名	旅費補助ノ件			
備考				

回議者及印	關係者印
總.庶務課長 經理係	主任 受付
事後回覽者及印 6.11.30 總庶文481	

起案者 課所長 主任者 擔任者

ヨ−8012 B列5 南滿洲鐵道株式會社 (6. 8. 40,000 西川納)

記帳

38

満日社員五百旗頭氏来社、満洲事変ヲ
内地ヘ宣傳準備ノ為戦跡視察ニ付
旅費援助申入アリタルニ就テハ金50円也
支出相成可然哉

满铁奉天事务所庶务课课长迫喜平次关于通知向各部队寄送九一八事变影集事致关东军高级副官恒吉秀雄的函（一九三一年十二月三日）

396

奉庶庶三一第一〇號四七ノ三

昭和六年十二月三日

南滿洲鐵道株式會社
奉天事務所庶務課長
迫 喜平次

關東軍高級副官
恒吉秀雄 殿

慰問寫眞帖各部隊へ送付通知ノ件

十月二十九日附日録贈呈致置候軍隊慰問滿洲事變寫眞帖壹萬五千部中左記ノ通リ御指示ニ從ヒ夫々御送付致候間御通知申上候也

追而殘部壹百九十五部ハ當課ニ保管致居候間御承知相成度

記

部隊名	册數	送付地	發送日
第二師團司令部	五、二二九	奉天	十一月十九日
混成第三十九旅團司令部	三、〇六四	長春	十二月三日
獨立守備司令部	三五	四平街	十一月二十一日

415

397

獨立守備步兵第一大隊	七七九	公主嶺	十一月二十一日
〃 第二大隊	八七三	奉天	十一月十九日
〃 第三大隊	八二〇	大石橋	十一月二十一日
〃 第四大隊	八五八	連山關	〃
〃 第五大隊	九二一	四平街	〃
〃 第六大隊	八六九	〃	〃
遼陽衛戍病院	一一二	遼陽	〃
鐵嶺 〃	一八九	鐵嶺	〃
關東軍司令部	四七五	奉天	十一月十九日
關東憲兵隊本部	三五四	〃	〃
長春臨時陸軍倉庫	三二七	長春	十一月二十一日
計	一四、八〇五		
殘	一九五		

417

日军驻辽阳步兵第十六联队第十一中队原精作关于感谢捐赠九一八事变影集事致满铁总裁内田康哉的函（一九三一年十二月二十三日）

196

總.庶務課長

No.

記念写真帖礼状

拝啓　時下向寒の候と相成り候処
御貴殿様には益々御勇健の事と遠察仕り居り候
降而小生義御蔭様を以て壮健にて軍隊に服し居り候から
他事乍御休神被下度候
今回は誠に栄えある記念になるべき写真帳を御送付
被下れ有難拝受仕り候　乱筆乍ら御礼申上候
我々は今迄常に第一線に立ち然も錦北の北極寒漠々たる
荒野に在りて前には幾十倍に当る敵兵を控へ後には銃剣を手に
敗残兵を相手に全く心身休息の暇も無く奮闘致し
又幾多の犠牲者を出す如の悲況も無く本日に至るも
遂行致し候
今次の警備八日目にして錦州攻撃を命せられ出発致しも
途中で休止と相成り一先駐劄地たる遼陽に帰り
時機の戦闘準備を致し待機の姿勢にて専ら休養
中の処　昨日第十一中隊は自動車に乗り　行行に出発

TOKYO

192

2.

致し候も内戸等一方は今當を待機の此勢に候
目下錦州軍は陣地を占領致し我軍の攻撃を待ち居る
との事に候が支那軍でも幾十万居るうとも之れ等に有りなにか
何国民の寒気にはた身の當を置き所も定れ[illegible]い感じに候も
我か同胞たる者は是の構成る労を厭ひある同は慰問状
ある同は慰問袋又は貴殿の構成る記念品を是非に御送
下さる段心から感謝の意を表し乍欣幸に候
自分等皆後の戦斗には全命を捧げ御国の為身に盡し覚悟に
御座候
先は乱筆を請ちて御礼迄
草々
遼陽駐剳隊
歩十六ノ十一　平野精作
内田康哉殿

TOKYO

日军驻辽阳步兵第十六联队第十一中队安达三次关于感谢捐赠九一八事变影集事致满铁总裁内田康哉的函（一九三一年十二月二十五日）

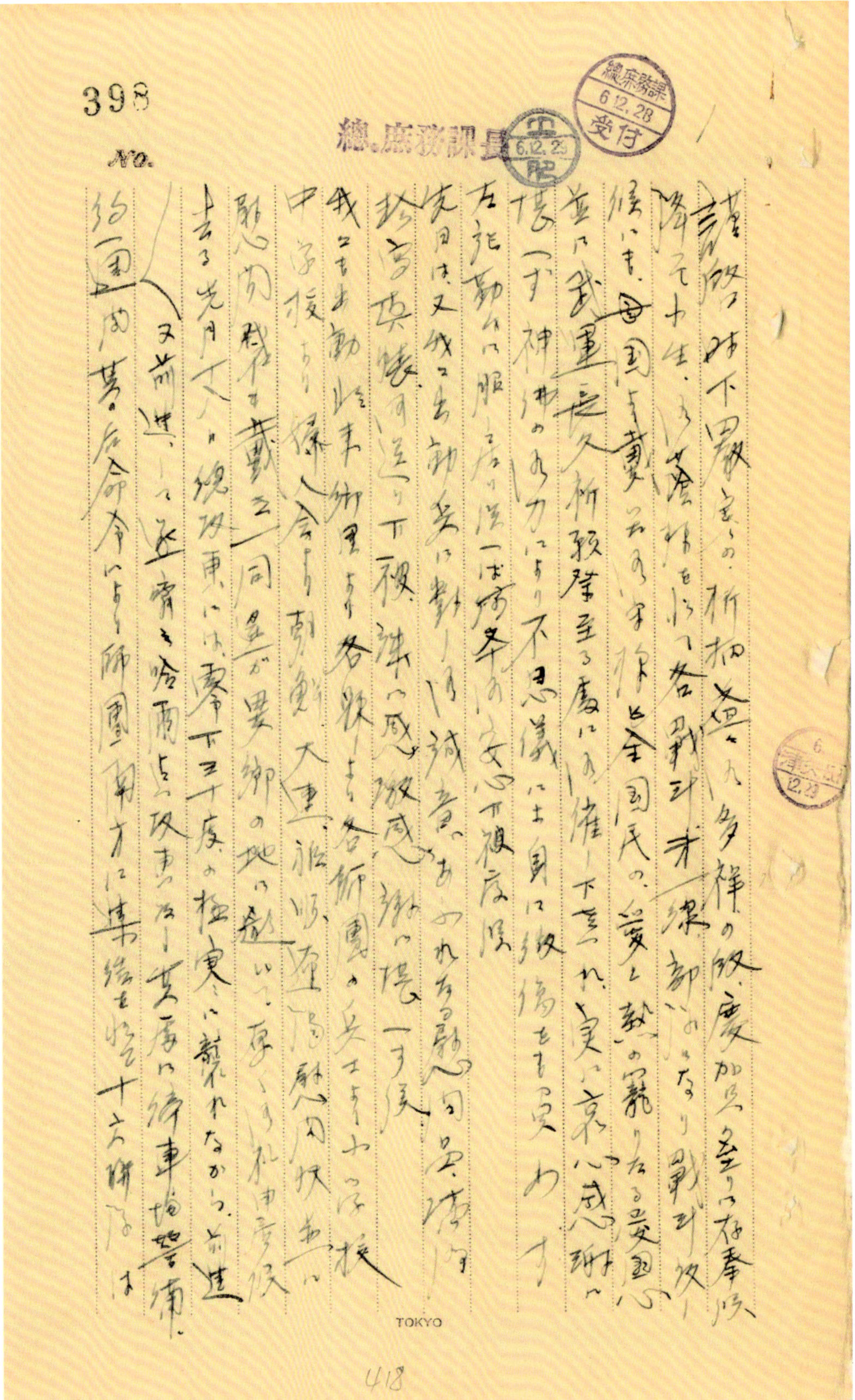

399

No.

2

懐しの遼陽に途中、四平街奉天、停車内は、歓迎者で割れる様な騒ぎにて候。幾十日目かに兵営に帰った時の心持ちは何人にも云われぬ感に打たれ候

去る四日には白塔公園に於て戦死者ヲ敬弔、英霊祭祭行被下十六師、歩三十、連隊並に一般参拝者の参列多数の中に獨り師団長閣下の御弔辞には唯だ涙をこぼさぬ者は無之候、

今後、兵営被服の事ハ充分致し且つ休養致し周遊の錦州攻略に向ふ事に御座候

右は御禮のみ。斯様に御座候　敬具

十二月廿六日　安達二次

満鉄総裁
内田康哉閣下

TOKYO

419

满铁奉天事务所庶务课、总务部庶务课关于追加捐赠九一八事变影集事的来往函（一九三一年十二月三十一日至一九三二年五月十三日）

满铁奉天事务所庶务课致满铁总务部庶务课的函（一九三一年十二月三十一日）

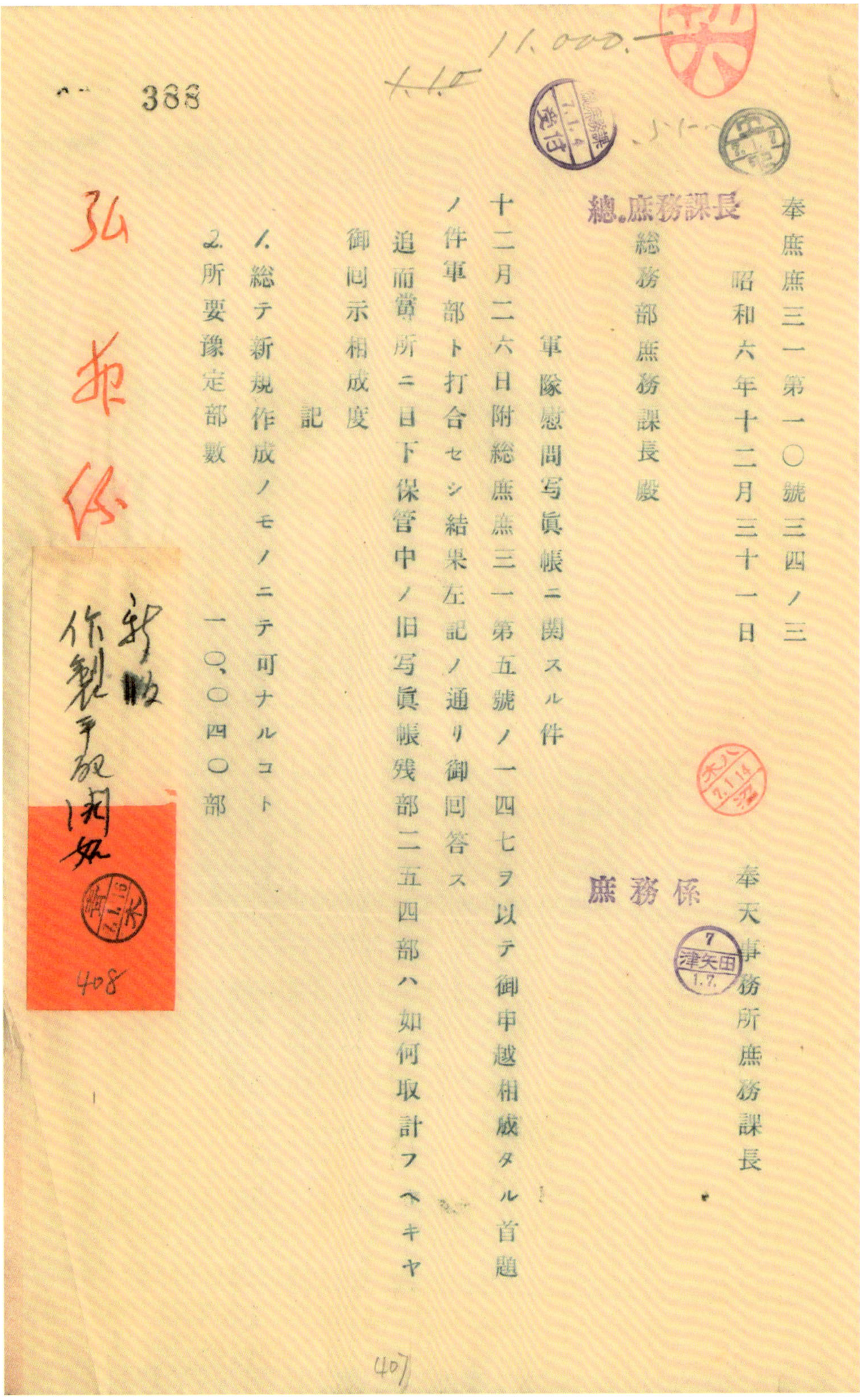
奉庶庶三一第一〇號三四ノ三

昭和六年十二月三十一日

奉天事務所庶務課長

總務部庶務課長殿

軍隊慰問写眞帳ニ関スル件

十二月二六日附総庶庶三一第五號ノ一四七ヲ以テ御申越相成タル首題ノ件軍部ト打合セシ結果左記ノ通リ御回答ス

追而當所ニ目下保管中ノ旧写眞帳残部二五四部ハ如何取計フヘキヤ御回示相成度

記

1. 総テ新規作成ノモノニテ可ナルコト

2. 所要豫定部數 一〇、〇四〇部

總.庶務課長

庶務係

满铁奉天事务所庶务课致总务部庶务课的函（一九三二年五月十三日）

386

（乙）　回議箋

起案文書番號	總庶庶32第5號170	起案 昭和7年5月12日	發送取扱者
		決裁 昭和　年　月　日	
		發送 昭和　年5月13日	
件名	事變紀念寫眞帖ニ関スル件		

回議者及印	關係者印
總務部長	主任　受付
總務部次長	
總。庶務課長	
弘報係	
事後回覧者及印	

起案者　課所長　主任者　擔任者

案

總庶務課長

奉天事務所庶務課長

件名

客年12月31日附奉庶庶31第10号ノ34ノ3ヲ以テ御回示ニ依ル首題写真帖追加頒布ノ分10,040部出来内地印刷所ヨリ逐次

ヨ－8012　B列5　南滿洲鐵道株式會社　(6. 11. 1,000冊 一流堂納)

405

387

到着ニ従ヒ其ノ都度当所ヨリ
送附スベキニ付 全部ノ刷リタル上
軍部ニ贈呈方可然取
計乞フ
追テ右ハ日数ヲ経過スルニ付
軍ノ移動ニ付ヒ送附先キ
変ニ付 或ハ軍ニ於テ将来ノ
希望アルヤモ計ラレザルニ付
其旨至急御打合セ置
カレ度（見本ノ部分同封送附ス一応
軍部ニ供覧乞フ）

印刷部数 11,000部
@5.5銭

前回贈呈 14,805部

406

總庶務課長

謹啓
過般ハ滿洲事變寫眞帳ヲ御惠贈
頂キ有難感激ニ不堪候出征軍人家
族トシテハ無二ノ記念トシテ永代保存仕
ル可ク候早速御禮申上ベキノ處他出ノ爲メ
延引失禮仕リ候乍略儀葉書ヲ以テ
御禮迄如斯ニ御座候　敬具
昭和七年一月八日

庶務係
康田 1.14
192
188

日军抚顺独立守备队关金藏之父关佐兴沼关于感谢捐赠九一八事变影集事致满铁总裁内田康哉的函（一九三二年一月八日）

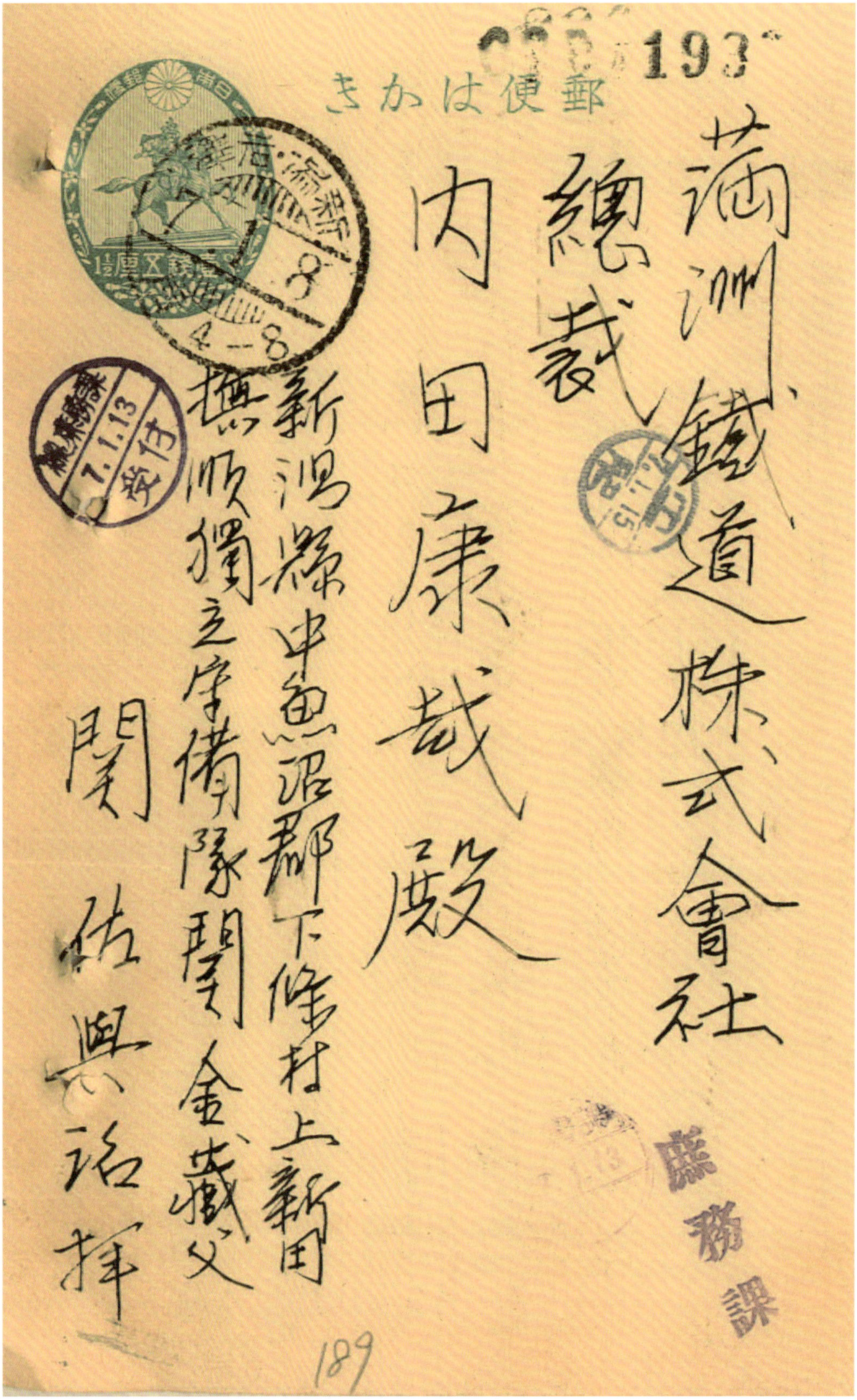
郵便はかき

193

滿洲鐵道株式會社
總裁
内田康哉殿

新潟縣中魚沼郡下條村上新田
撫順獨立守備隊關金藏父
關佐與治拜

7.1.13 受付

庶務課

189

日军驻奉天步兵第二十九联队第二中队柳沼章关于感谢捐赠九一八事变影集事致满铁总裁内田康哉的函（一九三二年一月九日）

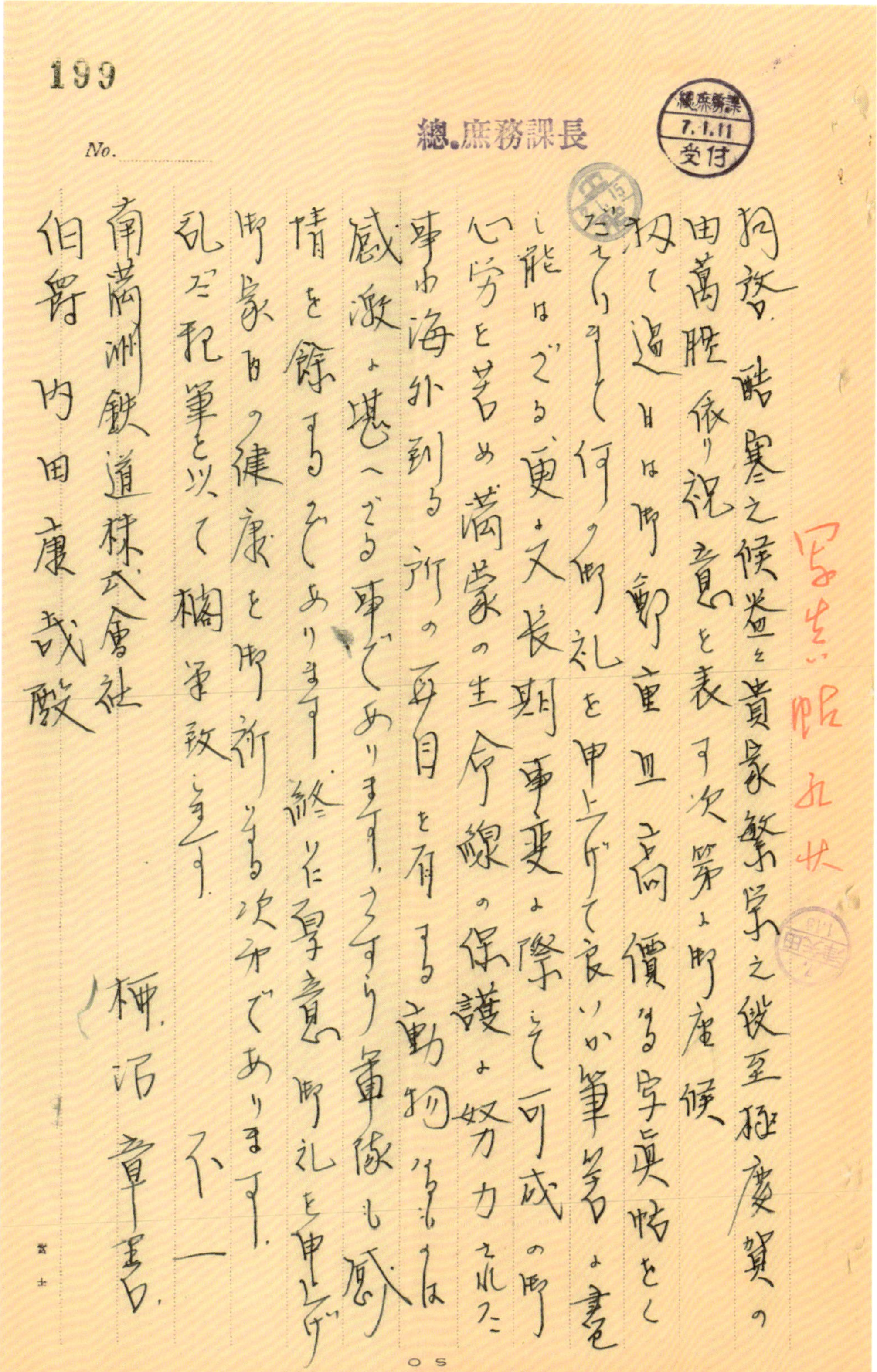

199

No.

總務課長

總務庶務課 7.1.11 受付

写真帖九冊

拝啓 酷寒之候益々貴家繁栄之段至極慶賀の由萬腔依り祝意を表す次第に御座候、

扨て過日は御鄭重且高價なる寫眞帖をくださりまして何の御禮を申上げて良いか筆舌に盡し能はざる更に又長期事變に際して可成の御心労と苦め満蒙の生命線の保護に努力された事は海外到る所の耳目を有する動物なれば感激に堪へざる事であります。ますます軍隊も感情を餘するのであります。終りに厚意御禮を申上げ御家内の健康を御祈りする次第であります。乱筆を以て擱筆致します。

不一

柳沼章書

南滿洲鉄道株式會社

伯爵 内田康哉殿

富士

OS

196

日军驻奉天步兵第二十九联队第二中队本望清次关于感谢捐赠九一八事变影集事致满铁总裁内田康哉的函

（一九三二年一月九日）

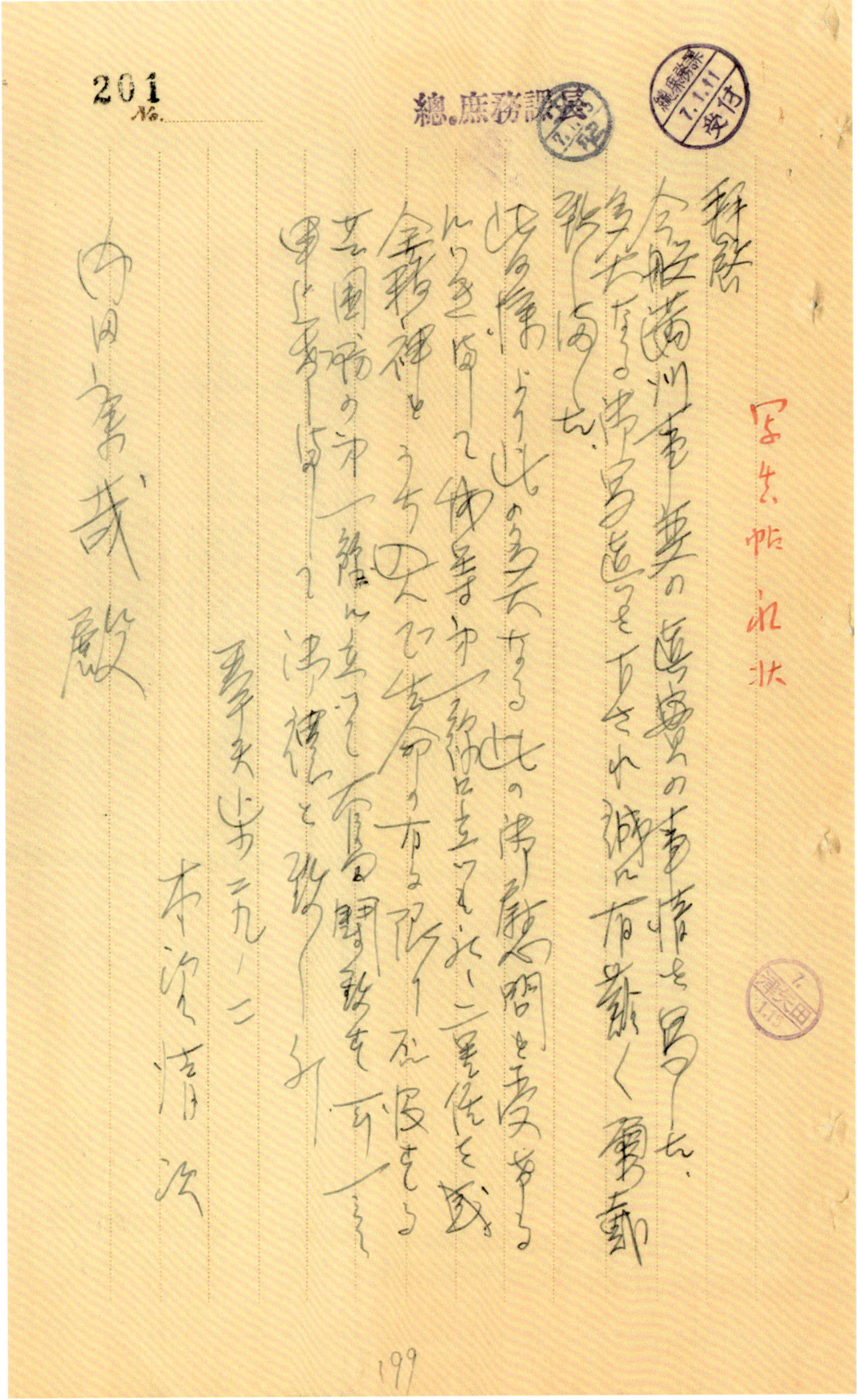
201
No.
總。庶務課
總庶務課 7.1.11 受付
写真帖礼状

拝啓

今般満州事変の重要の事情を写せし

多大なる御写真帖を下され誠に有難く厚く御

礼申し上げ候。

皆様より此の多大なる此の御厚志御同情を受け奉る

れば益々隊一同我等一同も益々此の重任を感じ

全精神を注ぎ以て生命の有る限り不撓不屈

我国防の第一線に立ちて奮闘致す覚悟

由上取敢へず御礼を述べ候 拝具

奉天歩兵二九ノ二

本望清次

内田康哉殿

199

日军驻奉天步兵第二十九联队第二中队铃木秀好关于感谢捐赠九一八事变影集事致满铁总裁内田康哉的函（一九三二年一月九日）

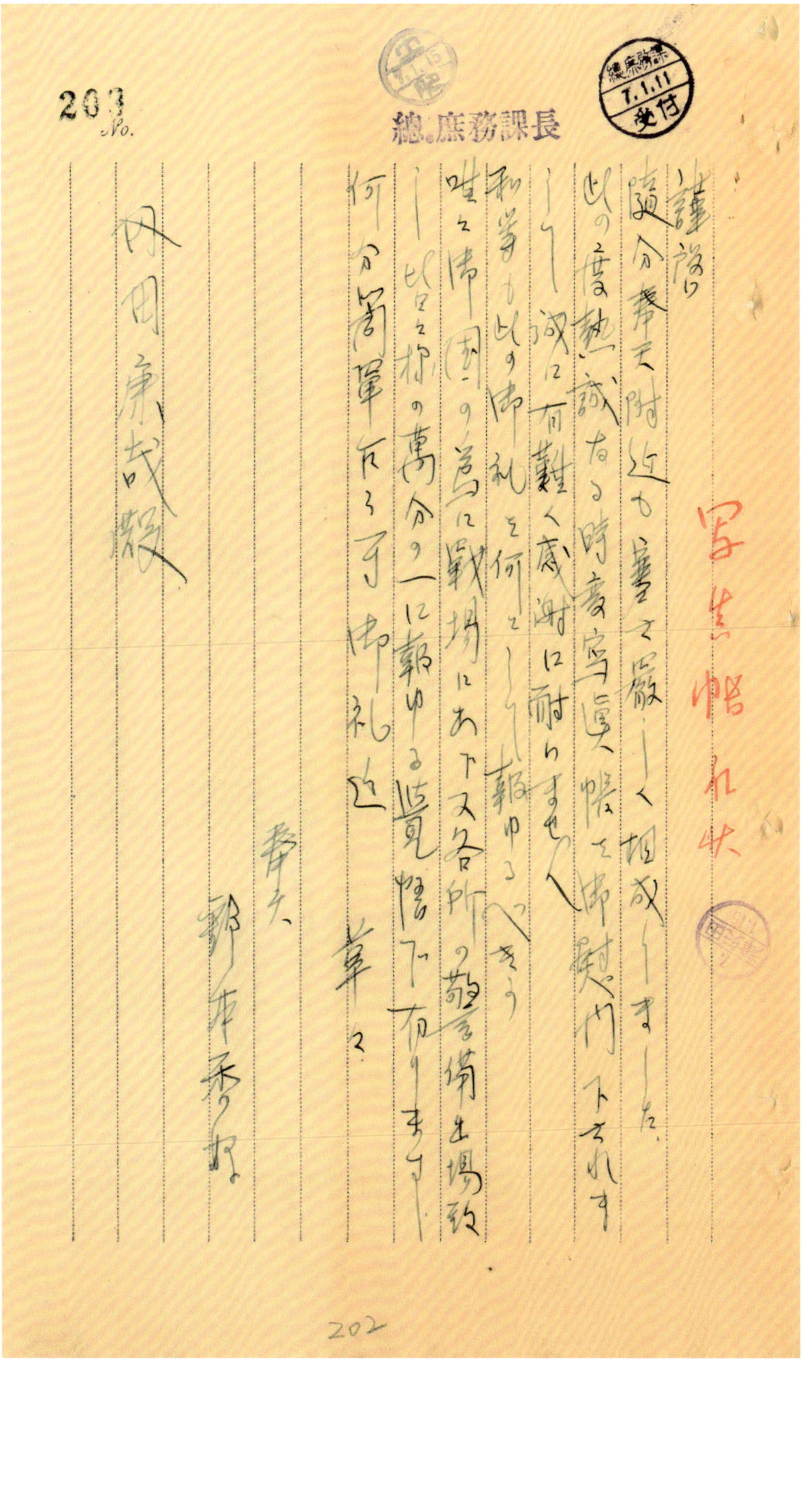
203
No.

總務課受付
7.1.11

總。庶務課長

写真帖礼状

謹啓
随分奉天附近も寒さ厳しく相成りました。
此の度熱誠有る時変写真帖を御贈附下されま
し誠に有難く感謝に耐へません
私等も此の御礼を何として報ゆるべきか
唯々御国の為に戦場にあって又各所の警備出場致
し此の位の萬分の一に報ゆる覚悟で有ります
何分簡単乍ら御礼迄　草々
奉天
鈴木秀好
内田康哉殿

202

满铁奉天事务所庶务课关于向军部追加捐赠九一八事变影集事致满铁总务部庶务课的函（一九三二年五月二十五日）

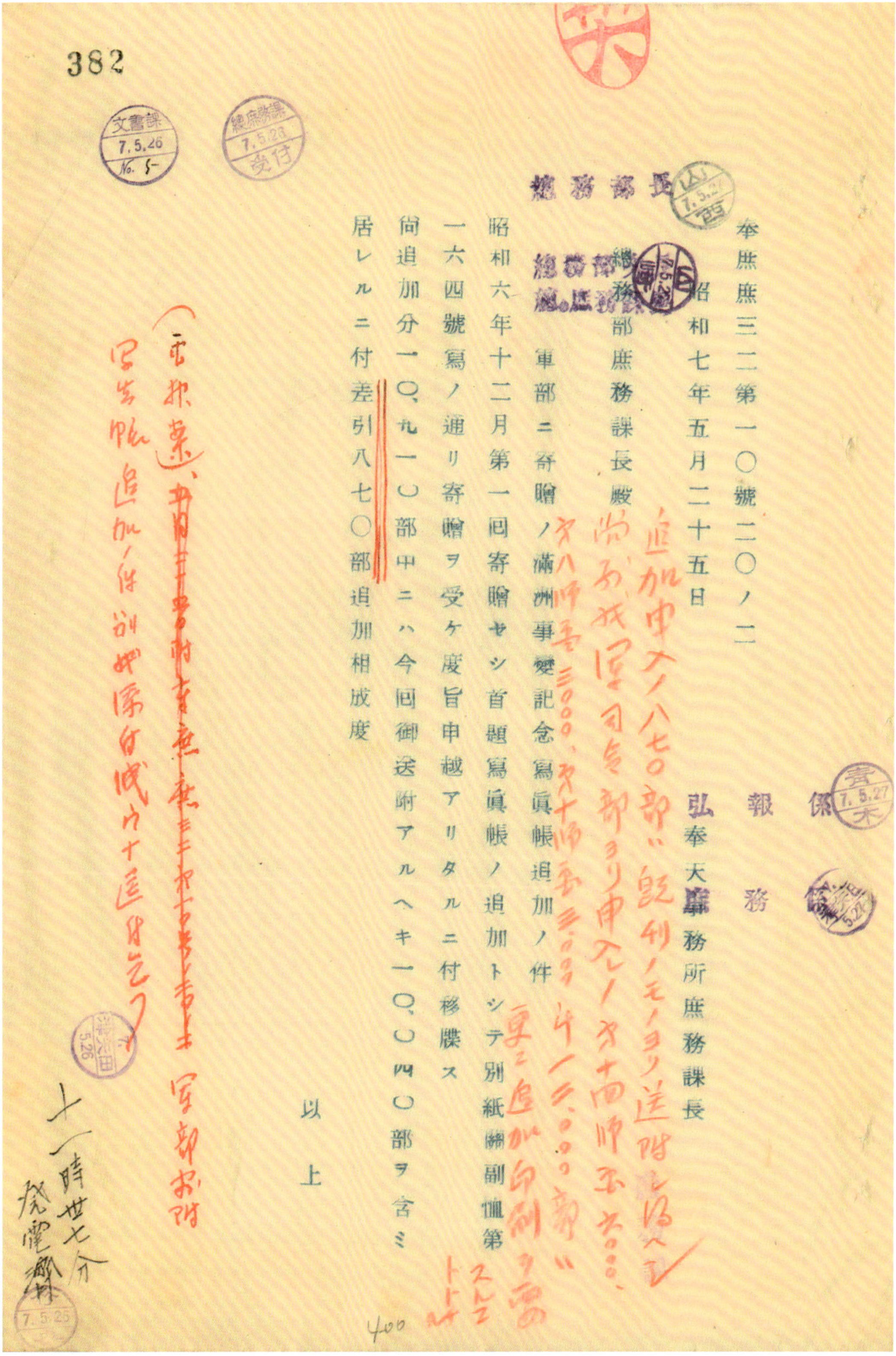
382

奉庶庶三二第一〇號二〇ノ二

昭和七年五月二十五日

總務部庶務課長殿

弘奉天事務所庶務課長

軍部ニ寄贈ノ滿洲事變記念寫眞帳追加ノ件

昭和六年十二月第一回寄贈セシ首題寫眞帳ノ追加トシテ別紙締副恤第一六四號寫ノ通リ寄贈ヲ受ケ度旨申越アリタルニ付移牒ス

尚追加分一〇、九一〇部中ニハ今回御送附アルヘキ一〇、〇四〇部ヲ含ミ居レルニ付差引八七〇部追加相成度

以上

383

7.5.27 受付

關副恤第一六四號

滿洲事變記念寫眞帳追加寄贈セラレ度件

昭和七年五月十六日　關東軍司令部

南滿洲鐵道株式會社　御中

昭和六年十二月第一回寄贈相受候記念寫眞帳ノ追加トシテ別紙ノ通寄贈被下度　及御依頼申上候

追而第十四、第八、第一〇師團增加部隊ノ分ハ次回ニ追加寄贈相成度尚現品發送前豫メ當部ニ連絡相煩度

401

384

記念寫眞帳配給一覽表

送付部隊	員數	摘要
第八師團司令部	三、八〇〇冊	混成第四旅團ノ分
獨立守備隊司令部	一、二〇〇	第一回交付ノ不足分
關東軍自動車隊	二〇〇	
同　鐵道中隊	一五〇	
同　電信隊	二〇〇	
同　飛行隊	五〇〇	
旅順要塞司令部	三〇〇	旅順部隊全部（旅重砲ヲ除ク）
大連倉庫	一〇〇	大連部隊全部
第十師團司令部	三、〇〇〇	混成第八旅團ノ分
第二十師團司令部	二〇〇	
混成第三十八旅團司令部	二、〇〇〇	
關東軍衛生隊	一六〇	

403

385

輸送監視隊　一〇〇冊

合計　一〇、九一〇

404

满铁奉天事务所庶务课关于请向军部追加捐赠九一八事变影集事致满铁总务部庶务课的函（一九三二年七月十一日）

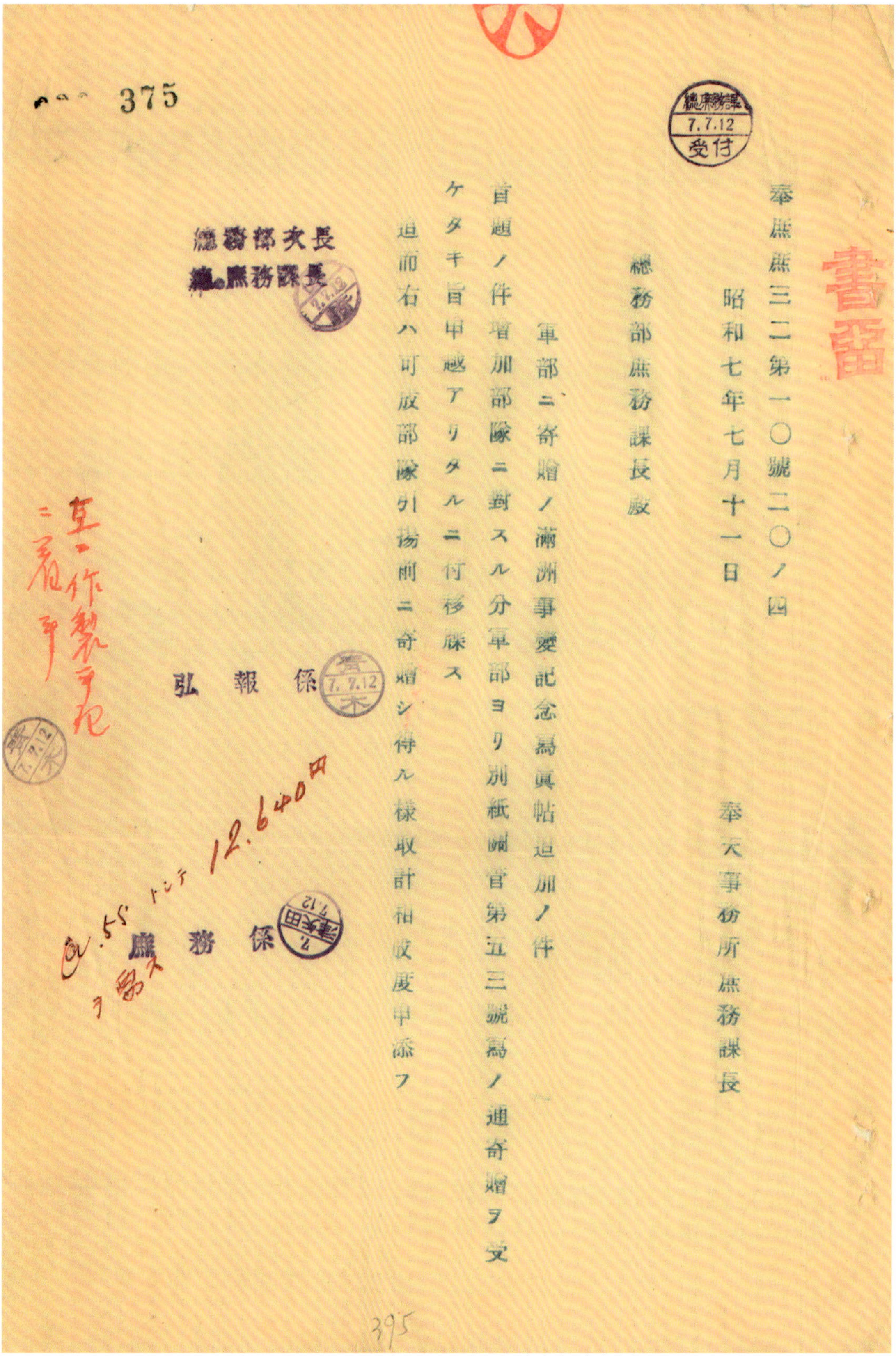

書留

奉庶庶三二第一〇號二〇ノ四

昭和七年七月十一日

奉天事務所庶務課長

總務部庶務課長殿

軍部ニ寄贈ノ滿洲事變記念寫眞帖追加ノ件

首題ノ件増加部隊ニ對スル分軍部ヨリ別紙副官第五三號寫ノ通寄贈ヲ受ケタキ旨申越アリタルニ付移牒ス

追而右ハ可成部隊引揚前ニ寄贈シ得ル様取計相成度申添フ

總務部長　次長　庶務課長

弘報係

庶務係

376

關管第五三號

滿洲事變記念寫眞帖所要數ノ件回答

昭和七年七月八日

關東軍管理部

南滿洲鐵道株式會社御中

昭和七年七月七日電話ヲ以テ奉天地方事務所ヨリ照會有之シ首題ノ件別紙ノ通リ回答ス

追テ現品ハ奉天關東倉庫ニ送付セラレ度申添フ

陸軍

（大連滿書堂納）

396

記念寫眞帖配給人員表

送付部隊	員數	摘要
第十師團司令部	四六〇〇冊	混成第八旅団ヲ除ク (了)
第八師團司令部	三三一一	混成第四旅団ヲ除ク (了)
第十四師團司令部	一〇二〇〇	
鐵道第一聯隊	七〇〇	
騎兵第一旅團	一三〇〇	
飛行隊司令部	二四八	
飛行第十一大隊	六八〇	
飛行第十二大隊	三三五	
飛行第十六大隊	四一四	
野戰自動車隊	三一四	
野戰航空廠	一四九	

陸軍

397

378

野戰兵器廠 一三二
関東軍司令部 一〇〇〇
合計 二二九八三

九一八事变纪念日委员会委员长小矶国昭关于请通知各方九一八事变一周年当天默哀鸣笛并停止一切活动事致满铁总务部部长山西恒郎的函（一九三二年九月五日）

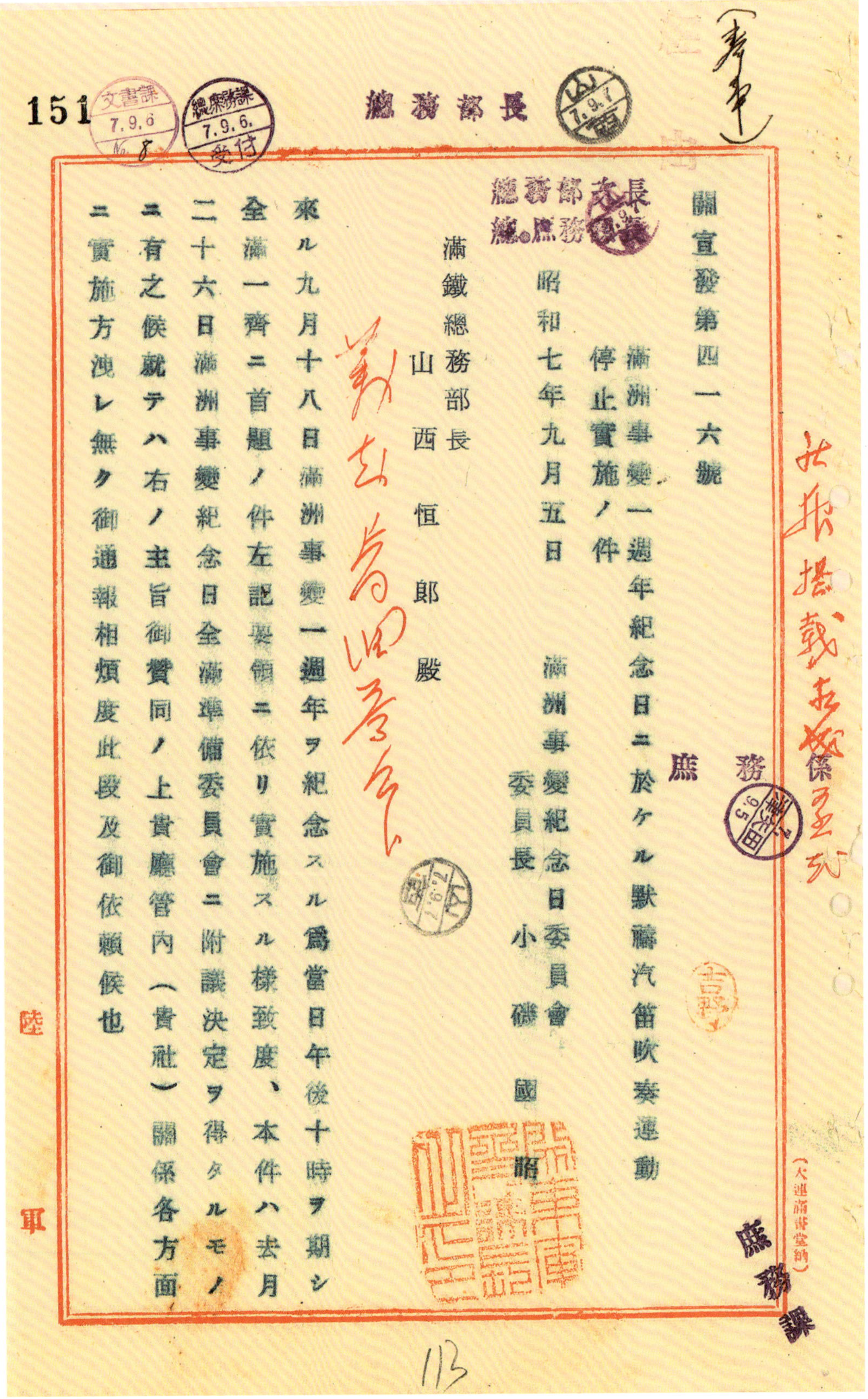

總務部長

關宣發第四一六號

滿洲事變一週年紀念日ニ於ケル默禱汽笛吹奏運動停止實施ノ件

昭和七年九月五日

滿洲事變紀念日委員會
委員長　小磯國昭

滿鐵總務部長
山西恒郎殿

來ル九月十八日滿洲事變一週年ヲ紀念スル爲當日午後十時ヲ期シ全滿一齊ニ首題ノ件左記要領ニ依リ實施スル樣致度、本件ハ去月二十六日滿洲事變紀念日全滿準備委員會ニ附議決定ヲ得タルモノニ有之候就テハ右ノ主旨御賛同ノ上貴廳管内（貴社）關係各方面ニ實施方洩レ無ク御通報相煩度此段及御依賴候也

庶務課

陸軍

152

左記要領

一、各所ノ汽笛ヲ吹奏シ、警鐘ヲ連打スル等

二、各種車馬人員等ヲ一齊ニ運動、走行ヲ停止ス

但シ列車等止ムヲ得サルモノヲ除ク

三、各自戰沒者英靈ニ對シ默禱ヲ捧ク

四、右三項ハ十八日午後十時ヲ期シ全滿各地一齊ニ約三十秒間實施ス

陸軍

（大連滿書堂納）

114

在满日本人时局后援会、满洲日报社、大连新闻社关于请担任总务系委员事致满铁理事山西恒郎的函（一九三二年九月七日）

153

拜啓

來ル十八日滿洲事變一週年紀念會擧行ノタメ貴下ヲ總務係委員ニ推擧仕候間何卒御了知ノ上御盡力煩度此段得貴意旁々御願申上候

追テ明後九日（金曜日）午前十時ヨリ市役所會議室ニ於テ委員協議會開催候條御參集被下度御通知申上候

昭和七年九月七日

在滿日本人時局後援會

滿洲日報社

大連新聞社

委員山西恒郎殿

115

满铁总务部部长山西恒郎关于回复已知悉九一八事变一周年各项活动事致九一八事变纪念日委员会委员长小矶国昭的函（一九三二年九月八日）

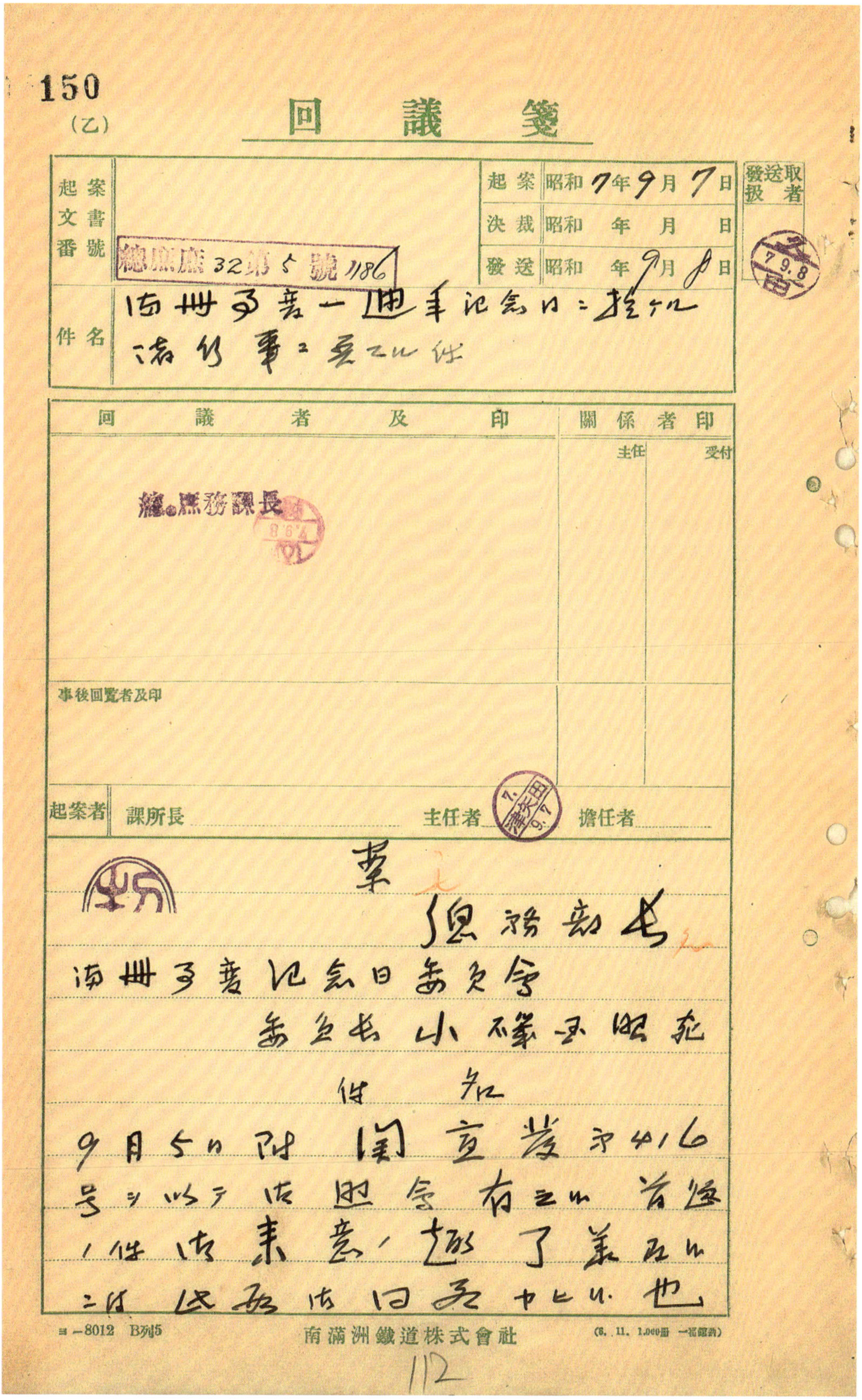
150
（乙）

回議箋

起案文書番號	總庶庶32第5號 1186	起案	昭和7年9月7日
		決裁	昭和　年　月　日
		發送	昭和　年9月8日
件名	満洲事変一周年記念日ニ於ケル諸行事ニ関スル件		

回議者及印　　關係者印（主任　受付）

總庶務課長

事後回覽者及印

起案者　課所長　　主任者　　擔任者

案

總務部長

満洲事変記念日委員会

委員長 小磯国昭殿

件名

9月5日附 関立发第416号ヲ以テ御照会有之候首題ノ件御来意ノ趣了承致候ニ付此段御回答申上候也

ヨ—8012　B列5　　南滿洲鐵道株式會社

112

满铁总务部关于请提前准备九一八事变一周年活动事致满铁铁道部、地方部、抚顺煤矿等的函（一九三二年九月十日）

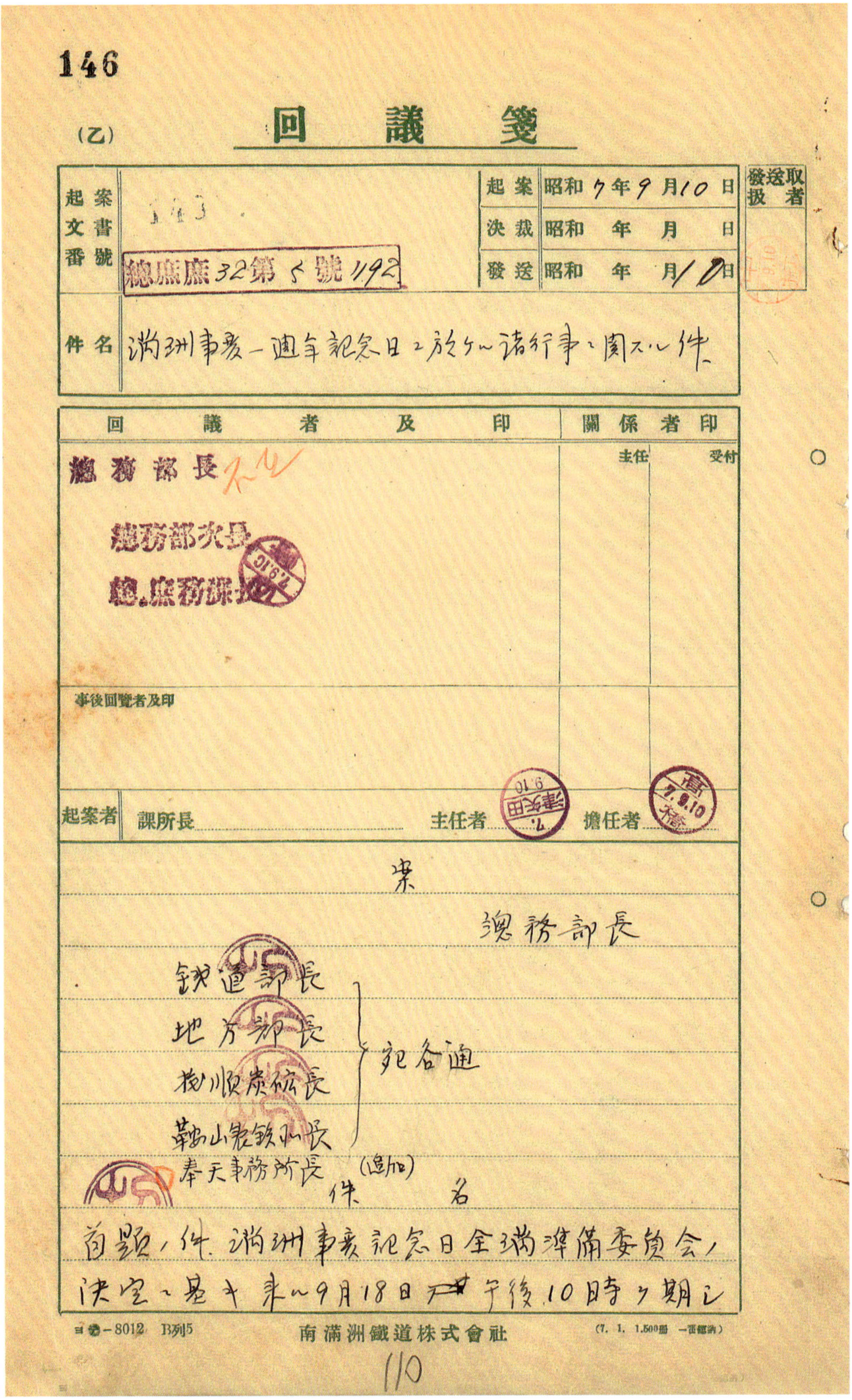

146

（乙）

回議箋

起案文書番號	總庶庶32第5號 1192	起案	昭和7年9月10日	發送取扱者
		決裁	昭和　年　月　日	
		發送	昭和　年　月10日	
件名	満洲事変一週年記念日ニ於ケル諸行事ニ関スル件			

回議者及印	關係者印 主任	受付
總務部長 總務部次長 總庶務課長		
事後回覽者及印		

起案者　課所長　主任者　擔任者

案

總務部長

鉄道部長
地方部長
撫順炭礦長
鞍山製鉄所長
奉天事務所長（追加）
宛各通

件名

首題ノ件、満洲事変記念日全満準備委員会ノ決定ニ基キ来ル9月18日午後10時ヲ期シ

ヨ②-8012　B列5　南満洲鐵道株式會社　(7. 1. 1.500冊 一亜鉛納)

110

別紙写ノ事項

全満一斉ニ~~下記要領ニ~~依リ実施ノコトトナリ一般社員ニ対シテハ社報ヲ以テ周知セシムベキモ~~要領中~~汽笛吹奏、警鐘連打ニ関シ特ニ関係箇所ニ対シ豫メ御手配置乞フ

~~要　　　領~~

(~~以下別紙ノ通~~)

(別紙)関憲警第四一六号写添付

111

大连民政署关于九一八事变一周年当天默哀鸣笛并停止一切活动事致满铁的函（一九三二年九月十日）

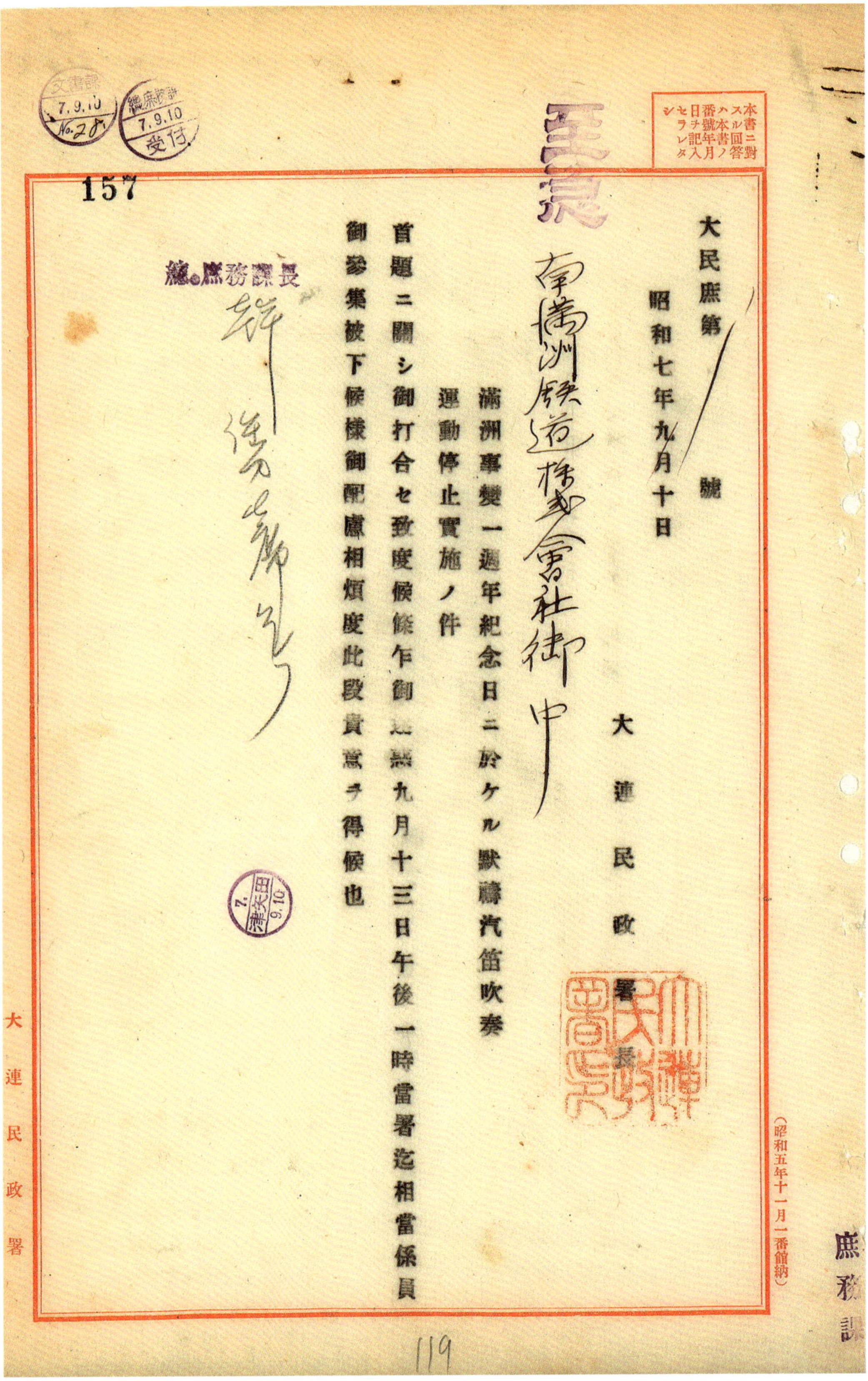
本書ニ對スル回答ハ本書ノ番號年月日ヲ記入セラレタシ

至急

157

大民庶第　號

昭和七年九月十日

大連民政署長

南満洲鉄道株式会社御中

満洲事變一週年紀念日ニ於ケル默禱汽笛吹奏運動停止實施ノ件

首題ニ關シ御打合セ致度候條乍御迷惑九月十三日午後一時當署迄相當係員御參集被下候様御配慮相煩度此段貴意ヲ得候也

總務課長

大連民政署

（昭和五年十一月一番館納）

庶務課

119

158

本書ニ對スル回答ハ本書ノ番號年月日ヲ記入セラレタシ

（昭和六年十一月河田納）

實施事項

一、各所ノ汽笛ヲ吹奏シ警鐘ヲ連打スル等

二、各種車馬人員等ヲ一齊ニ運動、走行ヲ停止ス
但シ列車等止ムヲ得サルモノヲ除ク

三、各自戰沒者英靈ニ對シ默禱ヲ捧ク

四、右三項ハ十八日午後十時ヲ期シ全滿各地一齊ニ約三十秒間
實施ス

大連民政署

120

159

協議案

一、前日迄各新聞紙及ラヂオニテ一般ニ周知セシム

二、時間ヲ正確ニ合セ置キ午後十時一齊ニ三十秒間サイレンヲ鳴ス

三、午後十時ヲ期シ三十秒間一瞬間消燈ス

四、煙火三發打揚ゲルコト

五、午後十時ヨリ三十秒間諸車歩行停止（各区長車輌業者ニ注意）

六、歌舞音曲ノ中止（演藝関係ニ注意）

七、諸運動停止ニ就テハ市役所ヨリ各区長ヲ通シテ周知セシム

八、各派出所員ハ當該時刻ニハ燈火ヲ以テ交通整理ヲ兼ネ合圖ヲ為サシム

121

160

満洲事變一週年紀念日ニ於ケル默禱汽笛吹奏運動停止實施事項

一、各所ノ汽笛ヲ吹奏シ警鐘ヲ連打スル等

船舶、工場、サイレン、消防所、寺院、

二、各種車馬人員等ヲ一齊ニ運動、走行ヲ停止ス

但シ列車等止ムヲ得サルモノヲ除ク

自動車、馬車組合ニ通知スルト共ニ宣傳ニ努ムルコト

三、各自戰沒者英靈ニ對シ默禱ヲ捧ク

宣傳スルコト

四、右三項ハ十八日午後十時ヲ期シ全滿各地一齊ニ約三十秒間實施ス

122

在满日本人时局后援会、满洲日报社、大连新闻社关于请向管区通知九一八事变一周年活动一般实施事项事致满铁总务部庶务课的函（一九三二年九月十五日）

拝啓

陳者來ル九月十八日滿洲事變一周年紀念日ニ於ケル諸行事中別紙二項ハ全市一般ニ實行致度ニ付貴管內ニ於テ洩レナク周知實施セシムル樣特ニ御配慮相煩ハシ度此段及御依頼候也

昭和七年九月十五日

在滿日本人時局後援會

滿洲日報社

大連新聞社

庶務係 殿

155

満洲事變一周年紀念日ニ於ケル一般實施事項

(一)國旗揭揚ニ關スル件

(1)當日ハ各戸ニ國旗ヲ揭揚スルコト

(2)自動車、馬車、人力車モ國旗ヲ揭グルコト

(3)國旗揭揚ハ日滿國旗交叉ヲ原則トスルモ準備ナキトキハ其ノ何レカ一ヲ必ラズ揭揚スルコト

(4)國旗ヲ交叉スル場合ハ左ノ方法ニ依ルコト

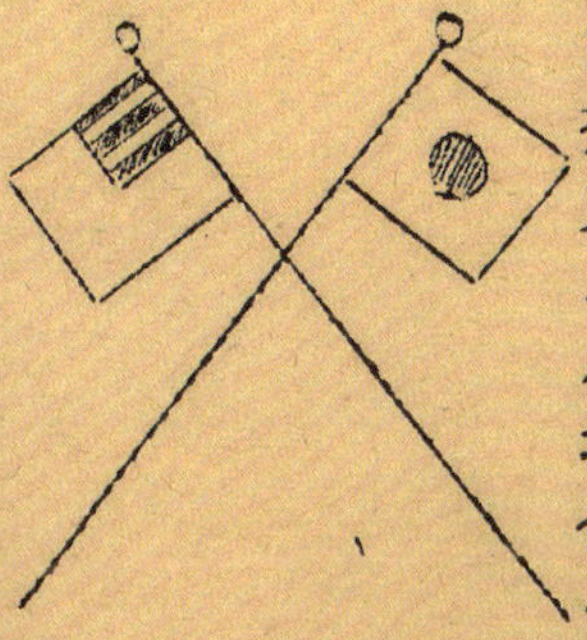

外部ヨリ見タル位置、旗竿ハ~~日本~~満洲國旗外方

(二)默禱ニ關スル件

(1)十八日午後十時ヲ期シ全滿各地一齊ニ約三十秒間、各種車馬人員等運動步行ヲ停止シ戰沒者英靈ニ對シ默禱ヲ捧グルコト

117

156

(2)午後十時ヲ正確ニ合ハスル爲當夜放送局ヨリラヂヲヲ以テ二回時刻ヲ放送ス
(3)午後十時ヲ期シ電燈ハ一齊時消燈ス
(4)同時刻各工場、汽船、サイレンハ汽笛ヲ吹奏シ、各寺院ニ於テハ梵鐘ヲ連打ス
(5)右三十秒間歌舞音曲停止ノコト

118

满铁总务部关于编写《九一八事变之中的满铁》事致满铁各部、所的函（一九三三年五月八日）

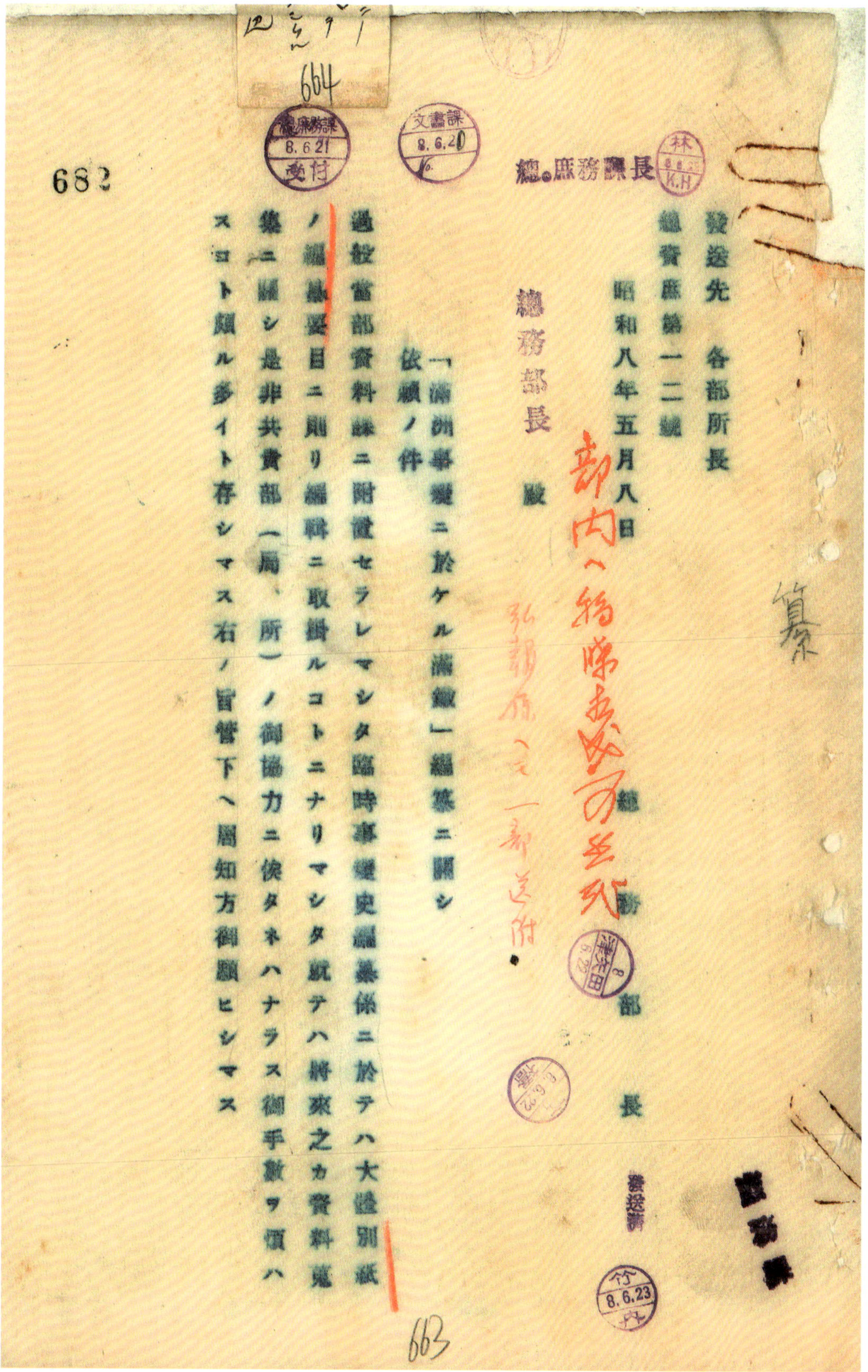
總務部庶務課長

發送先　各部所長

總資庶第一二號

昭和八年五月八日

總務部長

總務部長　殿

「滿洲事變ニ於ケル滿鐵」編纂ニ關シ依頼ノ件

過般當部資料課ニ附置セラレマシタ臨時事變史編纂係ニ於テハ大體別紙ノ編纂要目ニ則リ編纂ニ取掛ルコトニナリマシタ就テハ將來之カ資料蒐集ニ關シ是非共貴部（局、所）ノ御協力ニ俟タネハナラス御手數ヲ煩ハスコト頗ル多イト存シマス右ノ旨管下ヘ周知方御願ヒシマス

附：《九一八事变之中的满铁》编写纲要

683

「滿洲事變ニ於ケル滿鐵」編纂要項

（昭和六年四月一日至同八年三月三十一日）

上編　滿洲事變ニ於ケル滿鐵ノ貢獻

第一章　事變ニヨル臨時設置機關

第二章　滿鐵從事員ノ活動

第一節　兵匪ノ襲撃事件

第二節　會社ノ兵匪防禦施設ト犧牲者ニ對スル待遇

第三節　從事員功績調査

第三章　軍事輸送

第一節　輸送ニ關スル準備、手配竝計畫

第二節　軍隊列車、裝甲列車及修理列車等ノ編成及運行狀態

第三節　車輛及其ノ他施設ノ整備竝運用

第四節　社外線ニ對スル設備ノ貸與

第五節　派遣從事員ノ配置竝活動

第六節　輸送數量

665

684

666

685

667

686

668

687

第十二章　各地主要機關ノ活動狀況

第十三章　救護、醫療、慰問ニ對スル滿鐵ノ活動（附、北滿ノ水害

附　社員會ノ活動

第十四章　事變ニ於ケル各關係會社事績

第一節　軍事輸送及其ノ他交通（國際運輸滿電）關係

第二節　支那側施設管理（滿電、瓦斯等）

第三節　派遣社員

第四節　經費支出ト物件ノ提供

第五節　調査活動

第六節　其ノ他

669

688

下編　滿洲事變期間ニ於ケル會社ノ業務遂行狀況
（影響ヲ主眼トシテ）

第一章　組織及人事

第一節　會社組織ノ變更（職制改正
（鐵道委任經營ニヨル總局ノ創設等）

第二節　會社重役ノ任免

第三節　從事員

第一項　從事員數ノ增減

第二項　從事員ニ對スル待遇

第二章　資本及會計

第一節　株式

第二節　社債

第三節　積立金

第四節　豫算及決算

第五節　營業收支

670

689

671

690

672

691

692

674

在满日本人时局后援会会长小川顺之助关于请出席伪满洲国纪念日及九一八事变两周年活动实施项目协商会事致满铁总务部庶务课的函（一九三三年九月四日）

總庶務課長

昭和八年九月四日

在滿日本人時局後援會（電八四五四）

會長　小川順之助

課長　殿

拝啓來ル十五日（滿洲國承認紀念日）及十八日（事變紀念日）當日紀念行事實施事項打合セノタメ旅順要塞司令部ヨリ飯野參謀派遣ノ旨通報有之候條左記ニ依リ同事項ニ就キ御協議願度候條御出席被下度御願旁々得貴意候也

一、日時　明五日午後二時

一、場所　市役所會議室

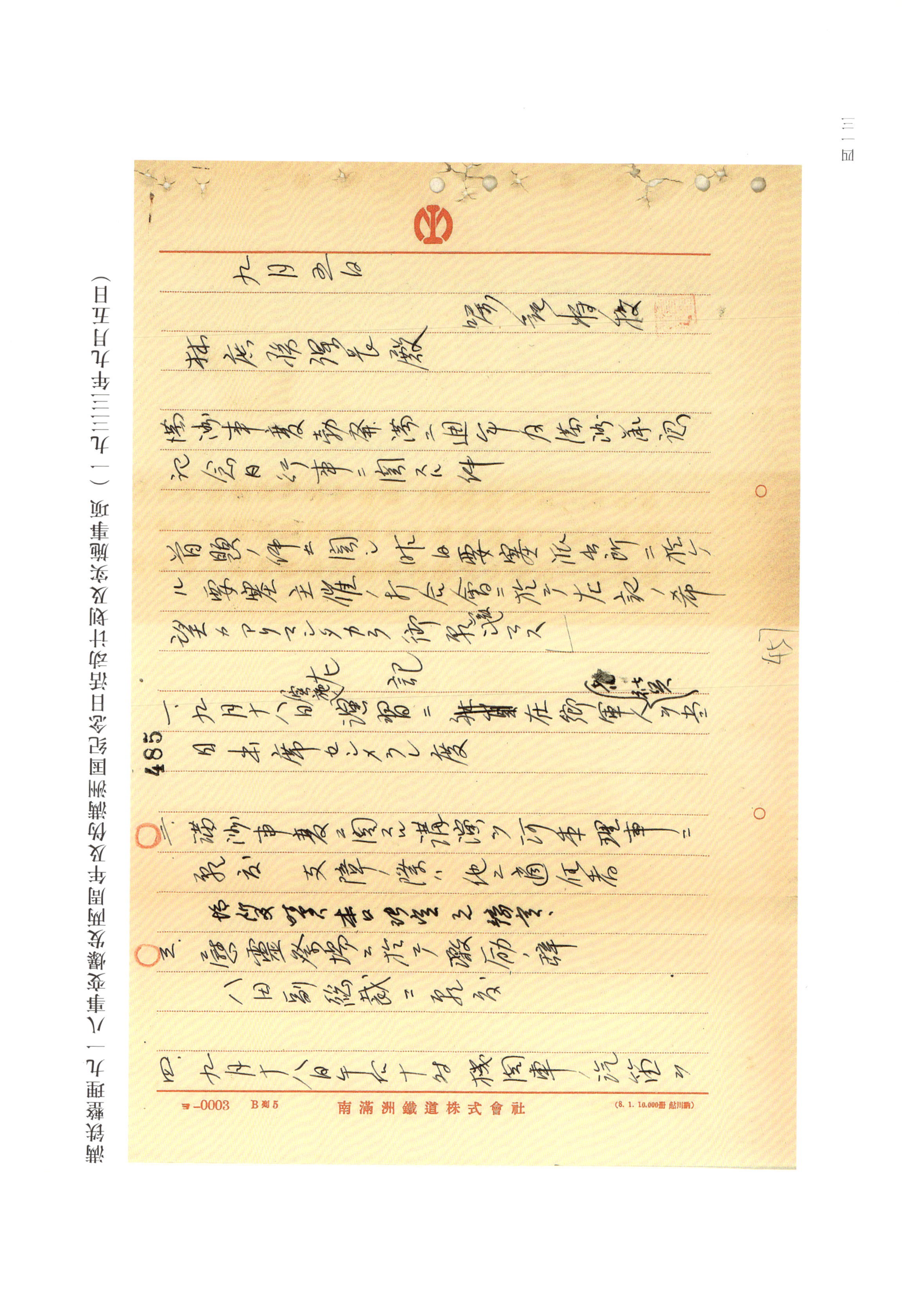

九月五日

總務部長

林庶務課長殿

滿洲事變勃發滿二周年及滿洲國記念日行事ニ關スル件

首題ノ件ニ關シ昨日[illegible]ニ於テ[illegible]
ル[illegible]主催ノ打合會ニ於テ左記ノ事
項申合セアリタルニ付御承知相成度

一、九月十八日[illegible]遙拜ニ撫順在郷軍人[illegible]
同日本人全部[illegible]

二、滿洲事變ニ關スル講演[illegible]
[illegible]

[illegible]

三、滿洲國承認記念日ニ於テ[illegible]
[illegible]

四、九月十八日午后十時撫順事件[illegible]

南滿洲鐵道株式會社

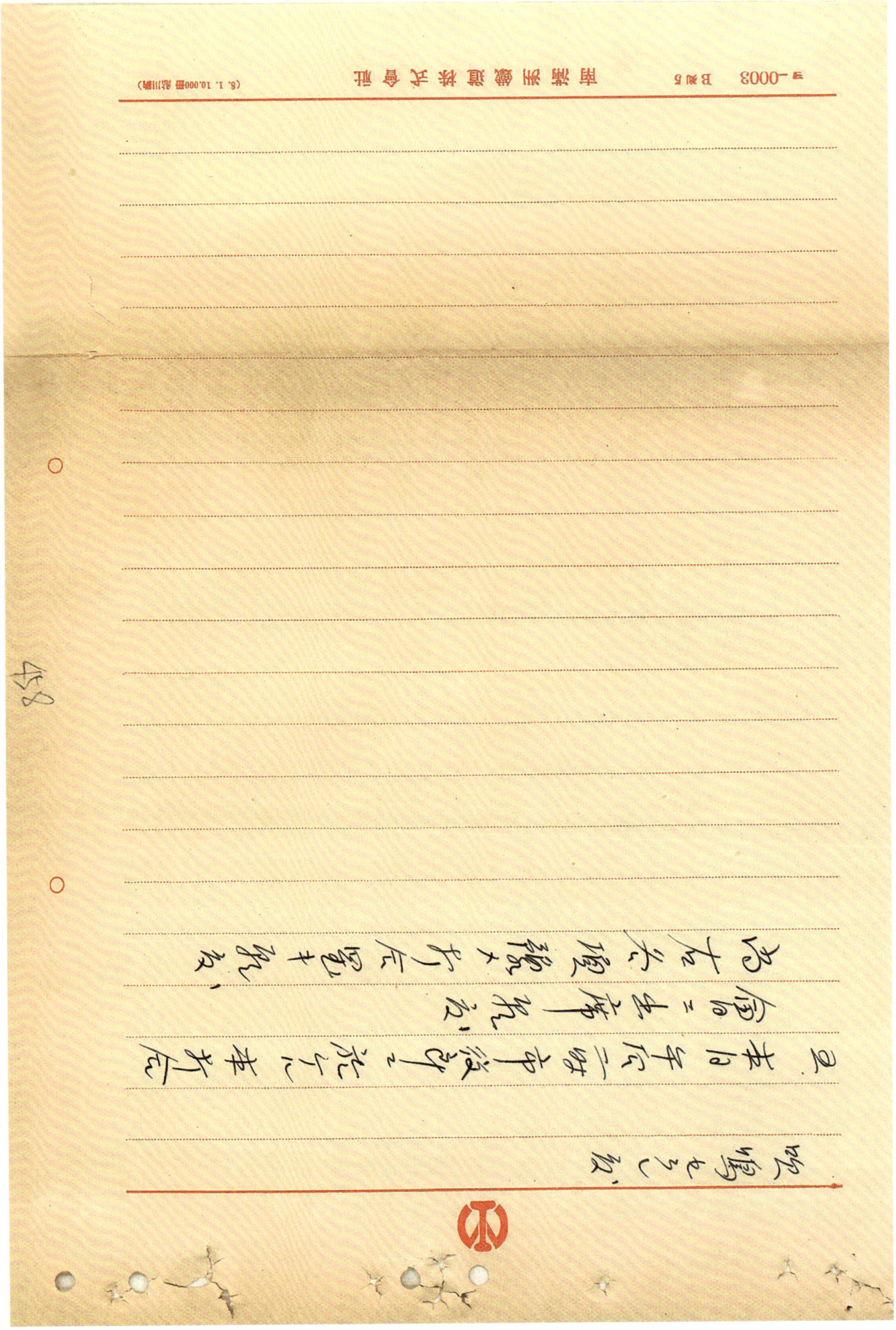

照覧セラレ度

又、本日午後二時本社ニ於テ社長ト本社在
留ニ出張所設ケ
為メ左記準備スルト共ニ電報セラレ度

458

ヨ-0003　B列5　南滿洲鐵道株式會社　(8. 1. 10,000冊 舘川納)

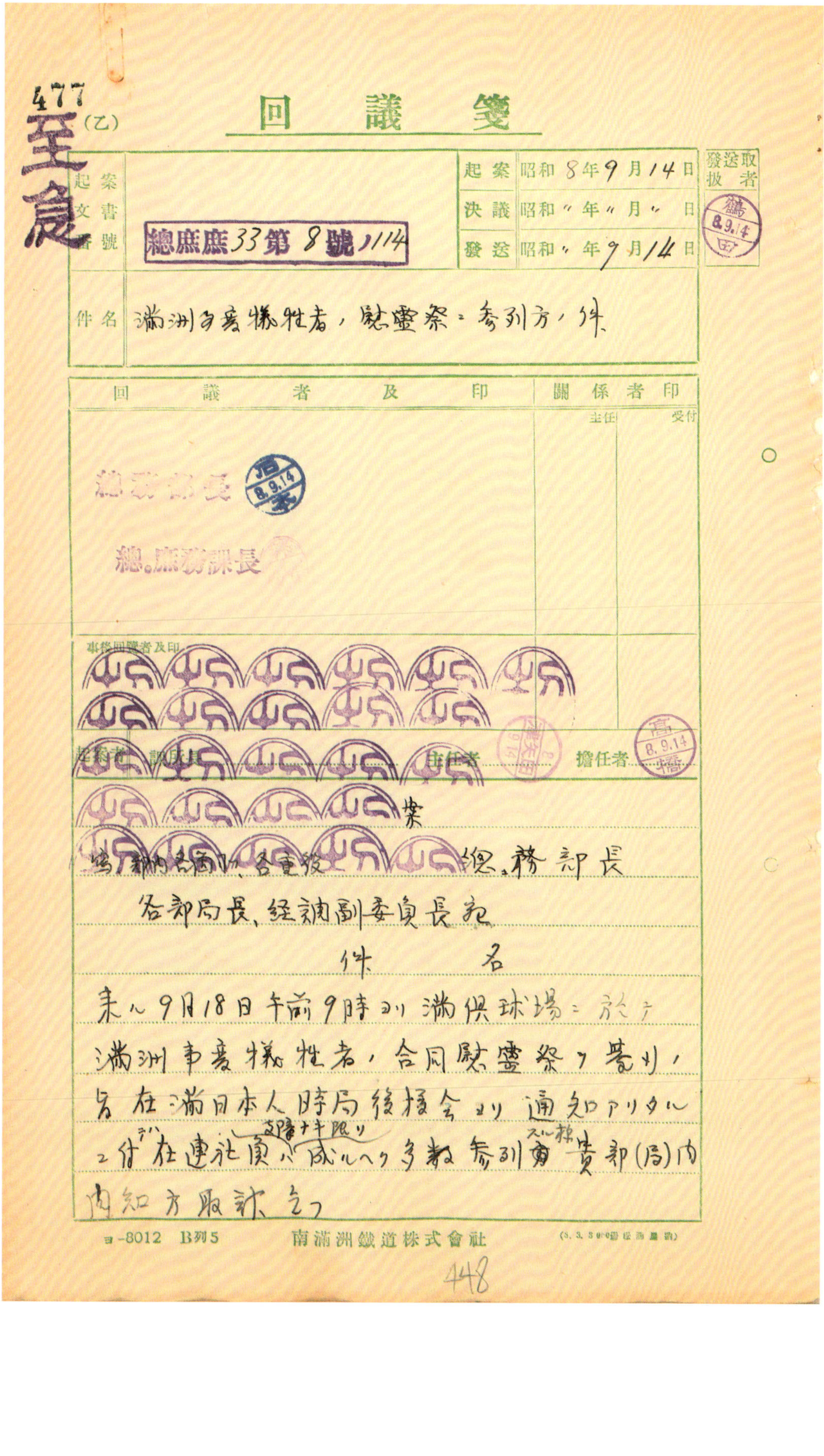
477
至急
(乙)

回議箋

起案文書番號	總庶庶33第8號 1114	起案	昭和8年9月14日
		決議	昭和〃年〃月〃日
		發送	昭和〃年9月14日
件名	滿洲事変犧牲者ノ慰靈祭ニ参列方ノ件		

發送取扱者 鶴田 8.9.14

回議者及印：總務部長（高木 8.9.14）　總庶務課長

關係者印：主任　受付

事務回議者及印

起案者　課長　主任者　擔任者（高橋 8.9.14）

案

總務部長

各部局長、経調副委員長宛

件名

来ル9月18日午前9時ヨリ滿倶球場ニ於テ滿洲事変犧牲者ノ合同慰靈祭ヲ營ムノ旨在滿日本人時局後援会ヨリ通知アリタルニ付テハ在連社員ハ支障ナキ限リ成ルヘク多数参列スル様貴部（局）内周知方取計ヒ乞フ

ヨ-8012　B列5　南滿洲鐵道株式會社

448

满铁总务部关于通知参加九一八事变「牺牲」者追悼仪式事致满铁各部、局、经调副委员等的函（一九三三年九月十四日）

478

追而参列者ハ式終了後（約40分ニテ終了ノ豫定）

直チニ会社殉職者追悼会ニ参列相成様申添フ

ヨ-0003　B列5　南滿洲鐵道株式會社　（8.6.20,000冊 福盛號納）

449

479

滿洲國承認一周年
滿洲事變二周年　紀念行事案

主催　在滿日本人時局後援會

一、滿洲國承認一周年紀念行事

日時　昭和八年九月十五日

(イ)旗行列　午前十時　滿俱球場ニ集合出發

(ロ)紀念祝宴　〇時三十分

會場　神明高女雨天体操場

會費　金五拾錢

二、滿洲事變二周年紀念行事

日時　昭和八年九月十八日

(イ)慰靈祭　午前九時　於滿俱グラウンド

(ロ)紀念訓練　中等學校以上ノ男學生、青訓及陸軍ヨリ野砲二門、甲裝自動車二臺參加（軍部擔任）

(ハ)警備及爆破演習　在鄉軍人聯合分會員（聯合會擔任）

(ニ)紀念飛行　日滿航空會社、警察機參加（要塞及警務局擔任）

(ホ)ポスター、宣傳ビラ配付　軍部ニテ作製セルモノ（軍人分會擔任）

(ヘ)兵士ホーム基金募集　於街頭（大連婦人團体聯合會擔任）

480

工場、船舶へも通知

(ト)默禱　午後十時ヲ期シ警笛ト共ニ人及交通機關（汽車ヲ除ク）ノ運動ヲ中止シ三十秒默禱

三、十五日及十八日ノ兩日ハ各戸及馬車、人力車、自動車ニハ日滿兩國小旗ヲ掲揚ス

四、旗行列參加用並諸車用ノ小旗（日滿）ハ後援會ヨリ受取ラレタシ

五、實行委員氏名（別紙）

451

481

滿洲國承認一周年紀念旗行列　（昭和八、九、一五）

一、行進經過路

滿倶グラウンド…忠靈塔前…虎溪橋…琴岐町…若狹町…三河町…西廣場…伊勢町…浪速町…大山通…大廣場…神明町…大連神社　（全行程約四千米）

二、參加團体及行進順序

(イ)各團体ノ行進隊形ハ四列側面縦隊トシ其ノ團体ノ先頭ニハ團体ヲ標示スル大旗ヲ携行スルコト

(ロ)各團体ノ距離ハ八歩トス

(ハ)團体ノ行進順序

警察官…各種委員…軍用犬隊…行列委員…（以下伏見校ヨリ順次出發順ニ依ル、別表）

(ニ)各團体ハ所屬ノ音楽隊ヲ參加セシメラレタシ

(ホ)行列委員ノ襷及徽章ハ後援會ヨリ受取ラレタシ

(ヘ)行列用小旗ハ十三、十四日兩日中ニ後援會ヨリ受取ラレタシ

452

482

満洲国承認一周年紀念旗行列集合位置図

音樂堂

正門

入口

△日時　昭和八年九月十五日

△場所　満倶グラウンド

△伏見校　△朝日校

△日本橋校　△常盤校

△大廣場校　△春日校

△柗林校　△南山麓校　△嶺前校

△沙河口校　△大正校　△聖徳校

△光明台校　△霞校　△下藤校

△伏見台公堂　△土佐町公堂　△秋月公堂

△沙河口公堂　△西崗子公堂

△大連商業学堂、△早苗校　△市立実業校

△大連一中

△大連二中

△神明高女

△彌生高女

△大同女子　△大連技藝

△羽衣校　△女子商業

△職業教育　△育成　△鉄道講習　△逓信講習

△其他ノ団体及市民

◎注意

一、各団体整列隔員ハ五歩トス

一、行列行進順ハ整列順

一、集合午前十時迄

一、挨拶　小川会長

一、会長発声ニテ満洲国承認日本万歳三唱後直ニ行進開始

一、合図ハ總テ「ラッパ」ニヨリテス

一、大連神社ニテ各団体ニテ万歳三唱ノ上散会

453

283

58

第五節　滿洲事變勃發以來會社カ軍其ノ他ノ日滿機關ニ寄與セル事項

第一款　總務部關係

一、事變關係戰死傷者弔慰

事變發生以來死傷將士及警官ニ對シ贈呈セル弔慰金額左記ノ如シ

(イ)軍人

弔慰金	一、二七七名	四五四、二〇〇圓
見舞金	二、八二三名	二四八、〇九〇圓

(ロ)警官

弔慰金	三五名	八、八〇〇圓
見舞金	三二名	二、四二五圓

（昭和八年三月末日現在）

二、紹介宣傳

滿洲國ノ樹立サルルヤ世界ノ視聽ハ急激ニ滿洲並日本ニ注カルルニ至レリ。殊ニ聯盟調査團一行ノ來滿アリ。而シテ九月十五日日本ノ

294

284

59

滿洲國承認、引續キゼネバニ於ケル聯盟理事會竝總會等ノ開催サルルアリ滿洲ヲ爼上ニ乘セテノ國際關係ハ慌タタシクモ異常ナル緊張ヲ示シ殆ント或種ノ事態ヲ想起セシメル程ノ逼迫サヲ思ハシメルニ至レリ。

此ノ間ニ在リテ、滿鐵會社ハ克ク軍部竝其ノ他各種機關ト協力アラユル方面ニ向ツテ日本及滿洲國ノ正當ナル行動及實狀ヲ紹介宣傳セリ。　其ノ主ナル實施事項左ノ如シ

(一)印刷物ニ依ル宣傳

(イ)歐洲

對國際聯盟特ニ佛、獨二國ニ於ケル對日輿論ヲ好轉セシムル爲當社坂本巴里駐在員ヲシテ數種ノ會社歐文刊行物ヲ關係方面ヘ配布セシムルト共ニ一方新聞雜誌記者ノ操縱ニ當ラシメ或ハ之等新聞雜誌ニ論文ヲ寄稿セシムル等遺憾ナキヲ期シツツアリ

次ニ上海イーブニングポスト紙主筆ウツドヘツド氏ニ滿洲ヲ實地視察セシメ「滿洲旅行記」ナル著書ノ執筆ヲ依賴シ同新聞社

295

ノ名ヲ以テ廣ク歐米各方面ニ配布シ滿洲ノ正シキ認識ニ力メタリ

(ロ) 米國

紐育事務所ヲシテ不斷之等ニヨル宣傳ヲナサシメテイルカ、更ニ安達金之助氏ニ依賴シテ在米新聞其ノ他ニ宣傳記事ヲ執筆セシムルノミナラス、同氏著**テイルス、オブ、スリー、シティース、イン マンチユリア**ナル小册子ヲ米國各方面ニ配布シ又同事務所囑託河上清氏ヲシテ滿洲ノ實地視察ヲ行ハシメタル上「**アメリカ、ザ、フイリツピン、アンド、オリエント**」「**ジヤパン、スピークス**」及「滿洲國」ナル三著ノ出版ニ付物質的援助ヲ與ヘ歐米知名士ニ配布セシメ、尚機會アル毎ニ米國著名新聞雜誌ニ論文ヲ寄稿セシメ多大ノ宣傳效果ヲ擧ケツツアリ

(ハ) 日本

從來各種ノ印刷物ヲ以テ宣傳紹介ヲ試ミツツアルモ、本年度ハ特ニ事變後ノ滿洲竝滿鐵ヲ知ラシムル爲、滿鐵ノ概要、滿洲ノ

296

61 286

概要ナル小册子ヲ編纂シ各方面ニ配布セリ。此ノ他繪葉書寫眞帳等ヲ作製適宜配布宣傳紹介ノ效果ヲ來シツツアルモ、更ニ事變寫眞帳ナルモノヲ編纂シテ内地歸還ノ我カ將兵ニ贈呈セリ。

(二)活動寫眞

各種ノ活動寫眞ヲ撮影、滿洲竝日本ノ紹介宣傳ニ利用セルモ、内主ナルモノヲ擧クレハ次ノ如シ

(イ)建國ノ春(三月十日滿洲國建國式典ノ狀況ヲ收メタルモノ)

(ロ)滿洲ニ於ケル國際聯盟調查團

(ハ)敢然承認(日滿議定書調印ノ狀況ヲ收メタルモノ)

(ニ)守レ熱河(熱河聖戰ノ狀況ヲ收メタルモノ)

等ナルカ、之等ヲ其ノ種類ト場合ニ應シ、日本、滿洲各地ハ勿論歐米各方面ニ向ケ宣傳ニ利用セルカ特ニ前記ノ内建國ノ春ハ天覽ノ光榮ニ浴シ又聯盟調查團ナル映畫ハ時恰モ聯盟會議ノ前後及期間中ニ巴里、**ゼネバ**、**ベルリン**其ノ他各地ニ於テ映寫シ多大ノ效果ヲ擧ケタリ。

297

其ノ他滿洲國、外務省、文部省、拓務省等ヨリ滿洲ニ關スル各種映畫ノ撮影、編輯及之等ニ就テノ援助方依賴アリ全部其ノ要求ヲ充足セシメタリ。

(三)普通寫眞

不斷滿洲竝滿鐵ノアラユル狀態ヲ撮影、各種印刷物ハ勿論內外各方面ノ言論機關等ニテ利用サレツツアルカ、尙博覽會、展覽會等ニモ出品、益其ノ效果ヲ擧ケツツアリ。

(四)其ノ他

宣傳一般ニ付博覽會、展覽會等ヲ利用セル外、外出先機關ヲシテ講演竝活動寫眞等ヲ以テ滿洲竝滿鐵ノ宣傳紹介ヲナセリ

(五)今後ニ於ケル紹介宣傳

前記ノ如ク事態ニ應シ各方面ニ向ツテ各種ノ宣傳紹介ヲナシ來レルカ、今後滿洲國ノ進展ニ伴ヒ滿鐵ノ社業ニモ幾多ノ影響アルヘキハ當然ナルカ、宣傳ニ付テハ特ニ之等ノ事態ヲ注視シ一層充實セル陣容ト設備ヲ整ヘ日本、滿洲國自體ニ對シテハ因ヨリ歐米各

63 288

地ニ向ツテ最效果アル滿鐵並滿洲國ノ宣傳紹介ヲ試ミルヘキハ當然ナリ

299

64 289

三、人的寄與

イ、社員派遣

滿洲國建設ニ伴ヒ同國政府諸機關ノ要求ニ應シ社員ヲ割愛就任セシメタル者二四四名ナリ

又軍ノ委囑ニ依リ臨時線區司令部、各種資源調査其ノ他ノ爲派遣セル者常ニ二〇〇名内外（本年四月末日現在一九七名）ニシテ之等派遣社員ノ俸給、諸手當及旅費等ハ何レモ會社負擔トセルノ外軍事輸送、情報ノ蒐集供給、社業遂行就中軍事行動ノ援助等ニハ社員ノ獻身的努力ハ蓋シ甚大ナリ

ロ、事變以來ノ時局關係死傷者數次ノ如シ

時局關係死傷病者及被拉致者調　昭和八年五月四日現在

國籍	殉職者	重傷者	重疾者	被拉致者			合計
				被拉致者	歸還者	殘存者	
日本人	二八	五九	七	二一	二一	｜	一一五
滿洲人	一二	一二	｜	六六	六四	二	九〇
計	四〇	七一	七	八七	八五	二	二〇五

300

四、情報資料等供與

イ、年末蒐集セル資料中ニハ各要路ニ於テ保有セサル貴重ナルモノ少ナカラス、何レモ時局善後經營上ニ重要セラレタリ

ロ、附屬地自衛ノ手段トシテ及鐵道保護ノ目的ノ爲ニ現地ニ於ケル匪賊情報蒐集費約二萬圓ヲ支出シ、其ノ他奥地ノ滿鐵機關ニ於テモ軍隊及領事館ト協力（主トシテ費用提供）匪賊情報ヲ蒐集シタルコトハ警備上多大ノ效果アリシト信スルモノナリ

第二款　鐵道部關係

(一)從業員ノ派遣

時局ノ進展ニ伴ヒ軍ノ移動ハ更ニ各方面ニ亘リ之ニ要スル從事員ノ派遣ハ必要缺クヘカラサルモノアリ、極力人繰ヲ行ヒ優秀從事員ヲ派遣シ使命遂行上遺憾ナキヲ期シタリ、卽チ七年五月北滿ニ於ケル馬占山討伐、同十月蘇炳文討伐、本年一月山海關事件勃發並東部線出動同二月熱河攻略ト從事員ノ活動ハ軍ト行動ヲ共ニシ軍隊輸送、列車運轉、線路補修、通信線架設等ノ任務ヲ果スハ勿論兵器糧秣ノ運搬、傷病兵收容等ノ事ニ當リ眞ニ獻身的活動ヲ續ケ居レリ。

一方社線ニ於テモ匪賊ノ跳梁依然トシテ止マス殺戮、拉致、襲擊等ノ迫害相次キタルモ克ク其ノ難苦ニ堪ヘ社業ノ遂行ニ支障ナカラシメテ今日ニ至レリ今事變以來ノ派遣員數及死傷者數ヲ示セハ左ノ如シ。

67 292

派遣員ノ實人員及延人員數（七年十一月末迄ノ累計）

資格別 實延別	實人員	延人員
日本人		
月俸者	二、八九九	一二〇、四四七
雇員	一、二三一	五一、〇二七
傭員	五、〇七四	一六二、八〇九
准傭	四一四	九、七九二
計	九、六一八	三四四、〇七五
滿洲人		
傭員	二、二四五	六七、二四四
常役方	四三九	五、四五一
計	二、六八四	七二、六九五
總合計	一二、三〇二	四一六、七七〇

303

過去ニ於ケル最大派遣員數（八年二月末日現在）

線別	日人	滿人	計
奉山線	七七八	一八五	九六三
瀋海線	二三	—	二三
四洮線	三四	—	三四
洮昂線	三四	—	三四
齊克線	二二	一	二三
吉長吉敦線	一四	六	二〇
呼海線	三七	三	四〇
建設關係	三二五	八二	四〇七
軍部關係	八〇	—	八〇
無電	五八	—	五八
哈爾濱水運	二二	—	二二
合計	一、四二七	二七七	一、七〇四

294

69

七年度末事變關係派遣員現在數

線名	日人	滿人	計
奉山	九七		九七
瀋海	一		一
四洮	二七		二七
洮昂	二六		二六
齊克	一四		一四
教圖	三		三
天圖	一		一
呼海	二五	二	二七
齊克建設	四		四
裝甲列車	三九		三九
無電	二七		二七
軍部關係	三四		三四

305

70 295

哈市水運	四		四
社線番犬	二		二
計	三〇五	二	三〇七

時局ニ原因セル死傷病數（八年四月末日迄ノ累計）

區別＼日滿人別	日本人	滿洲人	計
殉職	二二	一二	三四
重傷	四五	六	五一
輕傷	四八	一〇	五八
拉致	一八	一六	三四
病死	八	一	九
計	一四一	四五	一八六

備考　被拉致者ハ全部歸還ス

306

71 296

(一)車輛ノ製作及改造

(イ)装甲軌道車　社線及齊克線並新線線路監督用トシテ軌道車ノ機關部運轉部其ノ他重要箇所ニ防彈設備ヲ施ス装甲作業ハ二三輛ノ中一五輛ヲ三月末迄ニ完成セリ。

(ロ)装甲自動車　新線線路監督及滿洲國農民保護用トシテ一・〇—一・五噸積貨物自動車ノ機關部及乘務員室ニ防彈装置ヲ施セル自動車ノ装甲作業ハ測量監督用四輛、農民保護用九輛ヲ完成セリ。

(ハ)宿營車

事變カ熱河出動ヘト展開スルニ伴ヒ軍ノ要求ニ依リ移動兵舍トシテ有蓋車一二輛ヲ宿營車ニ改造シ、又新線敷設ノ爲有蓋車三一輛ヲ宿營車及勤務車ニ改造セリ。

(ニ)病院車　軍ノ要求ニ依リ病院車七輛ヲ準備セリ

(ホ)装甲列車用車輛

軍ノ要求ニ依リ左記装甲列車用車輛ヲ製作セリ

307

車種	社線	社外線
機關車	一〇	五
歩兵車	一〇	七
砲兵車	一一	七
防護車	二〇	二
水槽車	一〇	七

(ヘ)新線用機關車及客貨車ノ設計及購入

敦圖、拉濱、海克、拉訥各新線ニ要スル機關車及客貨車約千五百輛中本年度設計製圖ヲ終ヘ註文契約ヲ完了セルモノ左記ノ如シ

貨物機關車ミカイ型	三四輛
旅客機關車パシ型	一九輛
貨車	八五七輛
客車	一一九輛

(ト)社外日滿機關ニ對スル車輛工作

308

73 298

鐵道工場ノ主ナル社外工作左ノ如シ・

	奉山	瀋海	四洮	洮昂	齊克	吉長	鐵道聯隊	滿洲國實業部	計
機關車	修一〇	修一	修一五	修六	修七	修五			四四
裝甲機關車			修一						一
客車	修一〇	製二一	修二二			製二			五五
貨車			修三	修二					五
モーターカー		修五	製六			製一五			二六
四〇噸無蓋車裝甲砲兵車						製六			六
三〇噸同步兵車						製六			六
四〇噸同水槽車						製七			七
索引車							修四		四
裝甲自動車								製九	九
計	二〇	二七	四七	八	七	四一	四	九	一六三

309

㈢水害復舊工事請負

昨年ノ雨期ハ連日ノ豪雨ニシテ未曾有ノ出水アリ洮昂齊克洮索呼海及中東線ハ七月末ヨリ八月ニ亘リテ甚タシキ慘害ヲ蒙リタリ、洮昂齊克及呼海線ノ之等水害復舊工事ハ滿鐵ニ於テ請負シカ馬占山ノ南下復舊材料ノ輸送困難、匪賊ノ横行等ノ爲ニ甚タシク難工事タリシモ社員ハ軍隊掩護ノ下ニ晝夜兼行超人的努力ヲ拂ヒ工事ヲ急キシ結果九月上旬ニ至リテ漸ク復舊セルカ之ニ要セシ費用ハ約一千二百五十萬圓ノ巨額ニ達セリ。

(イ)洮昂線

洮南江橋間

橋梁被害　一〇箇所

線路被害　二箇所延長約二粁

江橋昂昂溪間

橋梁被害　五箇所

線路被害　三箇所延長約九粁

75 300

復舊費用約八百萬圓

(ロ)齊克線（新線ヲ除ク）

龍江泰東間

橋梁被害　八箇所

線路被害　七箇所延長約三〇粁

復舊費用約三百萬圓

(ハ)呼海線

橋梁被害　五箇所

線路被害　七箇所延長約二粁

復舊費用約百五十萬圓

又哈市浸水ノ爲排水作業ノ依賴ヲ受ケタルヲ以テ機械關係從事員三〇名、排水喞筒五臺ヲ哈市ニ急派シ、約四十日間排水作業ニ從事セシメテ之ヲ完成セリ。

31

(四) 軍事輸送

A、熱河作戰ニ依ル軍事輸送

(1) 熱河討伐ノ爲軍事輸送ニ伴ヒ設置シタル機關

本年二月中旬熱河作戰ニ依ル軍事行動開始サルルヤ新京線區司令部奉天移駐ト共ニ二月十五日滿鐵奉山、四洮洮昂ノ各鐵道輸送統轄機關ヲ奉天ニ集中シ臨時奉天時局事務所ヲ設置シタリ又錦縣以遠ニ於ケル軍事輸送最繁激ヲ加フヘキヲ以テ二月十七日錦縣時局事務出張所ヲ設ケ北票線及錦縣山海關間各現場機關ノ指揮統轄ニ當ラシメタリ（三月五日限廢止）

(2) 輸送狀況

軍事輸送ハ奉山線ニ在リテハ奉山鐵路局ニ於テ專ラ之ニ當リ滿鐵之ヲ援助スル建前ナリシモ同線ニ於ケル各種設備ノ不完全、車輛ノ不足、從事員訓練ノ不足ハ到底奉山從事員ヲ主トシテハ圓滑ナル軍事輸送ヲ期待スルコト困難ナルヲ以テ滿鐵機關ニ於テ奉山從事員ヲ指導且實行セシムルヲ可トセル爲次ノ如ク豫期

77　302

以上ノ從事員ノ出動、各種車輛ノ貸與ヲ見タリ

從事員ノ出動數

社員日本人		七一七名
〃	滿洲國人	一九〇名
臨時雇人夫		二〇三名

機關車入込數　四五輛

一日最高客車入込數　一四九輛

一日最高貨車入込數　一、三一七輛

而シテ熱河作戰ニ依ル自二月十七日至三月十日迄ニ軍隊及軍需品輸送ノ爲各線ニ運轉セル列車回數及之ニ使用セル車輛數ハ左表ノ通トス

軍隊及軍需品輸送列車數及同使用車輛

輸送線名	滿鐵線	奉山線	四洮、洮昂線	瀋海線	吉長線	合計
列車運轉回數	六六	二三七	三六	六	六	三五一
使用車輛數　機關車數	六六	二三七	三六	六	六	三五一
使用車輛數　客車數	一五六	四六四	八四	一一	三九	七五四

313

貨車數	車輛計
一、六〇二	一、八二四
四、九〇八	五、六〇九
八九三	一、〇一三
五四	七一
一三五	一八〇
七、五九二	八、六九七

記事　右數量ニハ空車返送列車ヲ含マサルヲ以テ之ヲ加フル時ハ殆ト倍數ニ近カルヘシ

右表ノ如ク奉山線ニ於ケル輸送ハ最多數ニ上リ一日ノ最高列車數三二箇列車ニ上ルカ如キ空前ノ大輸送處理シ又占領鐵道北票線ニ於テハ克ク鐵道聯隊ト協調作業ニ努メ軍事輸送ニ遺憾ナキヲ期シタリ

(3) 線路及施設物ノ修復竝通信線ノ架設

鐵道ニ依ル作戰ノ行ハルルトコロ必ス鐵道各種施設物ノ破壞サルルニ依リ豫メ修理列車ヲ編成シ之ニ線路班、通信班及給水班ヲシテ乘込マシム奉山鐵路局ニ於テモ亦一修理列車ヲ編成左記ノ如キ作業ニ依リ大ナル效果ヲ擧ケ得タリ

奉山打通線　二九號橋梁爆破セラレタルヲ以テ直チニ奉山修理列車出動復舊セシメタリ

314

79 304

北票線、(イ)満鐵線路修理班

熱河軍退却ト同時ニ朝陽寺入口隧道及大凌河橋梁大爆破セラレタリ之カ修復ハ軍作戰行動上最緊要ナルヲ以テ線路修理班ハ晝夜兼行作業ニ努メ速ニ復舊セシムルト共ニ爾後線路小破損箇所ノ修復ニ停車場側線ノ增設及卸下場ノ設置等ニ從事ス

(ロ)通信班

北票線、通信線ノ破壞箇所ノ修復ヲ爲シ又同線ニ於ケル連絡不充分ノ爲一回線ヲ增設シタリ

(ハ)給水班

奉山線一帶ニ於ケル湧水量ノ稀薄、給水設備ノ不完全ハ列車運轉ニ屢不安ヲ感セラレタリ殊ニ北票線ハ南嶺扣北營子給水塔破壞セラレ最困難ヲ感シタルトコロニシテ之等ヲ應急施設ニ依リ

315

或ハ修復シ事無キヲ得タリ

(ホ)車輛及積卸用具等ノ整備

(イ)給水用車輛ノ整備

機關車給水用トシテ水槽車十七輛（内十五輛ハ豆油槽車ヲ洗滌ノ上充當）ヲ機關車ニ連結裝備シ尚飲料水用トシテ水槽車五輛ヲ準備セリ

(ロ)無蓋車ノ側棲板撤去

砲車及自動車ノ輸送ニ無側車不足ノ爲無蓋車六十二輛ノ側棲板ヲ撤去ス

(ハ)貨車附屬品及積卸用具準備

貨車及積卸用具不足ノ爲左記購入整備ス

電栓棒	イ號	六〇〇本
	ロ號	六〇〇本
	ハ號	二〇〇本
砲車板		二五〇枚

長踏板	一七〇枚
ダハ用踏板	二〇〇枚
輕便踏板	五〇枚
藁	四〇、〇〇〇瓲
支柱	二〇〇本

(二) 客車ノ借入

客車ノ運用ニ不足ヲ來スヲ以テ朝鮮鐵道局ヨリ一二〇輛ノ借受ヲ爲シタリ

(5) 奉天錦縣間ニハ有線及無線電信ノ設備アリシモ輻湊ノ爲連絡ニ充分ナラサルヲ以テ錦縣ニ第二無電ヲ設置シ又皇軍北票占領ト共ニ同地ニ列車無電ヲ（後ニ固定ニ移ス）設ケ軍ノ使用ニ供セリ

317

82

307

B、東邊道匪賊討伐軍事輸送

(1) 輸送概要

本輸送ハ新京、奉天、遼陽並海城ニアリシ主力部隊及吉林、錦縣等ノ特殊部隊ヲ吉海、瀋海、安奉各線ニ依リ輸送シ一擧東邊道一團ノ匪賊ヲ包圍殲セムトスル計畫ノ下ニ實施サレタルモノニシテ輸送期間ハ昭和七年十月三日ヨリ初マリ七、八、九ノ三日ヲ最盛期トシ十一日ハ略一段落ヲ見タリ

(2) 輸送ノ爲運轉セル列車數

本輸送期間中運轉セル列車數ハ軍用列車四三修理及先驅列車五總計四八箇列車ニ及ヒ之ニ使用セル車輛ハ大約機關車四〇客車一四六貨車一、〇〇〇輛トス

(3) 當社ヨリ瀋海線ニ派遣社員數

派遣社員數ハ修理班二組、列車乘務員一組、連絡員其ノ他ヲ合セテ總計一三三名ニ及ヒ大部分ハ十月九日出動十二日ニ歸還セルモ修理班ハ十三日ニ至ルモ未歸還作業セリ

318

~~83~~ 308

(4) 修理作業狀況

瀋海線ハ九日社修理班、瀋海修理班協力四六粁附近木橋修理ヲ爲シ十二時之カ補習ヲ完了シ更ニ四九粁附近ニ於テ第一次軍用列車連結貨車二輛脫線セルヲ以テ之カ復舊作業ニ當レリ

(5) 無線電信所ノ設置

朝陽鎮ニ無線電信所ノ設置、十日ニ完了シ軍ノ使用ニ供シタリ

C、呼倫貝爾作戰軍事輸送

(1) 軍事輸送概要

本輸送ハ呼倫貝爾ニ於ケル蘇炳文叛軍討伐ノ爲中東線ニ於ケル軍隊及軍需品輸送ニ際シ間線輸送機關ノ監督指導ノ爲ニ社從事員多數ノ出動ヲ爲シタルモノニシテ昭和七年十一月二十七日ヨリ十二月十三日ニ至ル期間トス

(2) 軍事輸送ノ爲設置シタル機關

本輸送ノ統轄及線區支部ト連絡ノ必要上臨時龍江時局事務所ヲ設置シタリ

319

309

84

(3)社從事員出動數及各班ノ編成並作業概要

(イ)從事員出動數

日本人　八四名

滿洲國人　七〇名

計　一五四名

(ロ)作業班ノ編成並作業概要

一、裝甲列車班

特ニ鐵道聯隊長指示アリタル場合裝甲列車ニ乘務シ他ハ軌道修理班ト協同作業ス

二、軌道修理班

軌道及橋梁ノ修理ニ從事ス

三、通信班（有線及無線）

有線電話架設ニ當リ無電班ハ龍江及列車無電ヲ設置スルト共ニ通信連絡ニ任シタリ

四、給水修理班

320

85

310

破壊給水所ノ應急修理ヲ爲ス

五、車輛修理班

車輛事故ノ復舊ニ從事シタリ

六、列車乘務班

軍用交通列車ニ乘務ス

D、中東鐵道ノ調査

十二月十四日輸送一段落トナリタルヲ以テ出動人員ノ一部ヲ以テ十四日ヨリ二十九日迄中東西部線ノ各機關ヲ調査シ更ニ十二月二十九日ヨリ一月十五日迄東部線ノ調査ヲ爲シタリ

321

86 311

第三款　地方部關係

(一) 土地ノ供給

(1) 奉天飛行場	一、九三八、九二五 m²
(2) 新京 〃	三、五六九、六四四 〃
(3) 遼陽 〃	三六〇、〇〇〇 〃
(4) 鳳凰城 〃	二七五、〇〇〇 〃
(5) 大石橋 〃	四四一、五二四 〃
(6) 敦化軍用地	九、四二六 〃
(7) 四平街 〃	一、三七〇、四五六 〃
(8) 新京射撃場	一二六、〇〇〇 〃
(9) 奉天航空廠	二五三、五七五 〃
計	八、三四四、五五〇 〃
金額	五九一、三七八圓五〇錢

(二) 救護、醫療

(イ) 關東軍計畫ニ係ル鮮支人施療實施

322.

87 312

各醫院（吉林、哈爾濱ヲ除ク）ニ於テ昭和六年十一月五日乃至十日ヨリ一箇月間醫師三名乃至七名ヲ以テ施療班ヲ組織シ院外ニ進出シテ實施セリ。其ノ取扱患者數次ノ如シ

鮮人	八、六九九名
滿洲國人	一八、四六七〃
計	二七、一六六〃

(ロ)關東軍參謀長ヨリ第二次施療實施方依賴アリ七年四月十五日ヨリ一箇月間鮮支人ニ對シ施療ヲ實施シタリ其ノ實施醫院及取扱患者數次ノ如シ

(1)鞍山醫院	三、一四七名
(2)新京〃	三、二六二〃
(3)撫順〃	六、五二五〃
(4)吉林東洋醫院	三、五七二〃
計	一六、五〇六〃

323

88 313

㈧傷病兵ヲ會社醫院ニ收容ノ件

(1) 新京醫院

昭和六年九月十九日南嶺及寛城子ノ戰鬪ニ於ケル負傷兵四三名ヲ收容シ次テ二箇病棟ヲ衞戍病院トシテ提供シ院長以下五名ハ臨時醫務ヲ囑託セラレ十一月十三日迄之カ治療ヲ援助セリ

(2) 吉林東洋醫院

六年九月二十一日皇軍吉林入城以來新病室ヲ野戰病院トシテ收用セラレ十一月五日解除セラレタリ

(3) 四平街醫院

六年十月五日、十月二十八日、十一月四日ノ三回ニ亘リ同地方面ニ於ケル負傷軍人ヲ收容治療セリ

㈡救護班出動ノ件

匪賊討伐其ノ他ニ際シ救護班ヲ組織シ出動セシメタルモノ次ノ如シ

(1) 瓦房店醫院

324

89 314

六年十一月二十四日蘆家屯方面ニ於ケル匪賊討伐ニ際シ外科醫長以下六名出動セリ

(2) 大石橋醫院

六年十一月二十四日匪賊討伐ニ出動シ救療ニ當ル、六年十一月十三日沙崗ニ於テ匪賊ノ爲乘務員負傷ノ際外科醫長外二名ヲ派遣セリ。八年一月十七日湯崗子、千山間ニ於テ一八列車カ匪賊ノ襲擊ヲ受ケタル際負傷者救護ノ爲外科醫長外四名ヲ大石橋驛ニ出動セシメタリ

(3) 本溪湖醫院

六年十二月八日牛心臺ニ於ケル匪賊ノ討伐ニ際シ醫院長以下五名出動セリ

(4) 鞍山醫院

六年十月二十六日千山附屬地ニ襲來セル匪賊討伐ニ向ヒタル負傷警官救護ノ爲院長以下三名出動シタル外救護班ノ派遣一再ナラス

325

90 315

(5)哈爾濱醫院

齊齊哈爾方面戰鬪ノ直後同地ニ於ケル我陸軍衞生部カ手不足ナルヲ仄聞シタルヲ以テ哈爾濱醫院長ハ哈爾濱事務所長、陸軍特務機關長及總領事ト協力ノ上同院ヨリ外科醫長ヲ主班トシ看護婦三名及其ノ他二名ヲ以テ救護班ヲ組織シ陸軍衞生部援助ノ爲六年十一月二十五日齊齊哈爾ニ派遣セリ

(6)新京醫院

七年二月九日哈爾濱醫院ニ收容シタル戰傷兵診療援助ノ爲醫員以下八名ヲ派遣セリ

(7)四平街醫院

八年三月十七日四洮線收虎屯附近ニ於テ龍江行列車カ匪賊ノ襲擊ヲ受ケタル際其ノ負傷兵救護ノ爲外科醫院以下七名ヲ鄭家屯驛ニ急行セシメタリ

(8)其ノ他

(イ)吉林東洋醫院

326

316

91

事變初頭同地居留民領事館ニ避難セル際救護班ヲ派遣シ病者ノ救護ニ當レリ

(ロ)遼陽衛戍病院ニ於テ看護婦手不足ノ爲援助方申出ニ依リ撫順醫院ヨリ五名派遣セリ

尚守備隊教化行軍用藥品費トシテ七年度ニハ八、〇〇〇圓ノ補助ヲ爲シタリ

(三)慰問

(1)陣中文庫

陣中ニアル將兵慰問ノ爲全滿二十五滿鐵圖書館協力恤兵圖書ヲ募集シ各軍隊駐屯地ニ同付セリ

(2)軍隊慰問映畫班其ノ他ノ派遣及援助

各地駐屯軍隊及避難鮮支人慰問ノ爲映畫及蓄音機ニヨリ慰問隊ヲ組織シ各地ヲ巡回セル外各種音樂、演藝等ヲ援助シ軍ノ慰問ヲ計レリ

327

92　317

第四款　經濟調査會ノ設置其ノ他諸調査ノ實施

事變ノ經過ニ伴ヒ隨時ノ必要ニ應シ、例ヘハ東三省兵工廠各工廠ノ設備及貯藏材料ヲ評價セル等軍其ノ他ノ依頼ニヨリ會社ニ於テ諸般ノ調査ヲ引受ケ施行セル事例多キモ、漸ク事變ノ收拾カ政治的經濟的解決ヲ必要トスルニ至ルヤ、之カ建設的根本的方策ノ迅速ナル立案研究ハ蓋シ滿鐵ノ如キ多數ノ人員ト完備セル調査機關トヲ有スルモノノ之ヲ引受クルニ非サレハ固ヨリ不可能ナルヘク、恰モ軍ニ於テモ滿蒙ニ於ケル諸般ノ事情調査並建設的方策及計畫ノ立案研究機關ノ滿鐵ニ於ケル設置方要望アリタルヲ以テ、會社ハ客年一月末新ニ總裁ニ直屬シ理事一名ヲ委員長トスル經濟調査會ヲ臨時設置シ、廣ク一般經濟政策ノ立案ハ固ヨリ、農業及移植民、牧畜、林業、水產、工業、鑛業、勞働問題、鐵道、道路、水運、空運等諸般ノ諸交通政策、貿易、金融並財政、外交政策其ノ他ノ諸法制ニ關シ何レモ社內ノ各專門研究者ヲ集メテ急遽之カ調査、研究ニ着手セシムルコトトシ、關東軍特務部ト緊密ナル連繫ヲ保チツツ各種重要事項ノ立案ヲ進メツツアリ。

328

满铁总务部庶务课关于提交九一八事变史编纂资料的回议笺（一九三四年二月二十二日）

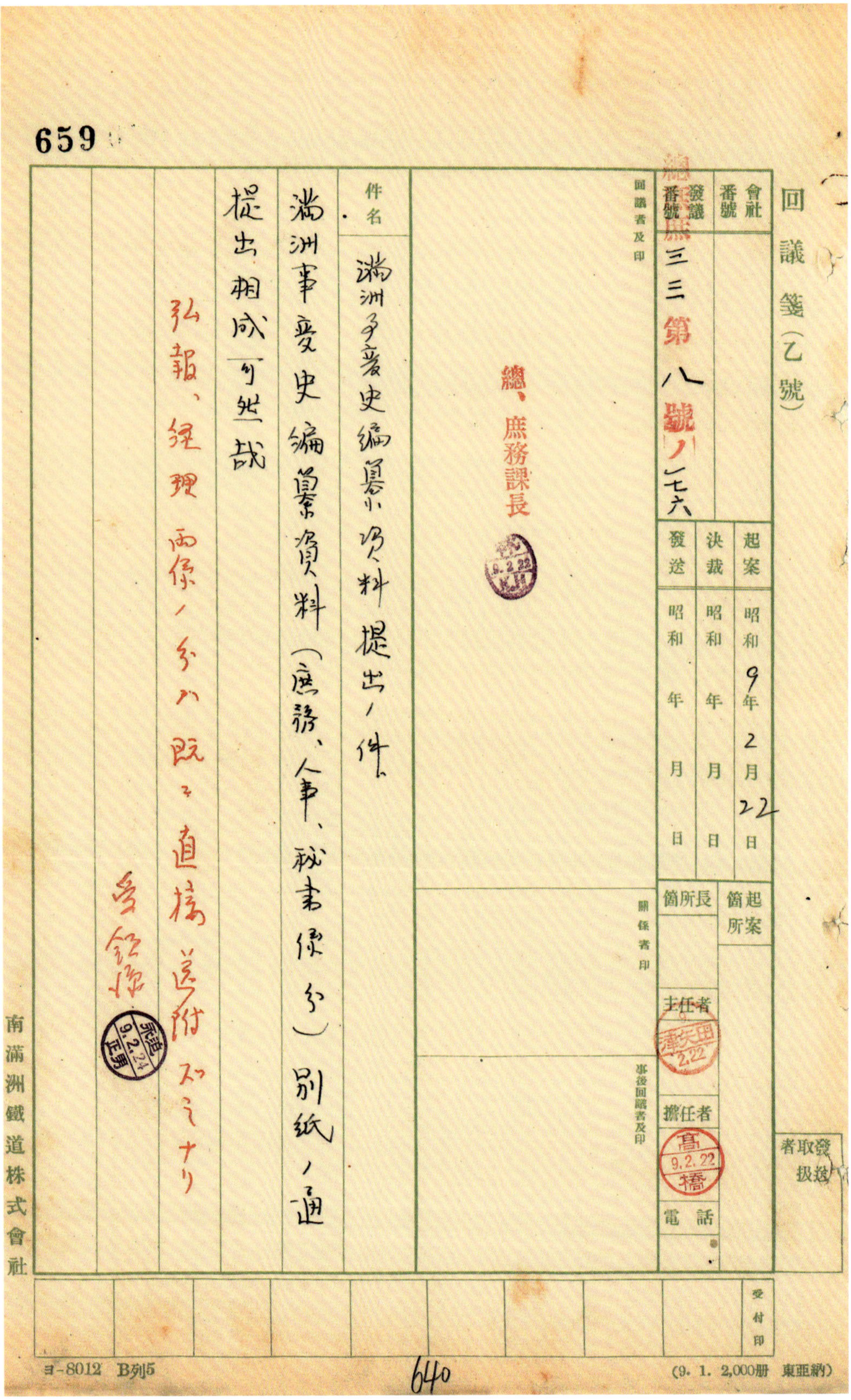
659

回議箋（乙號）

會社番號

發議番號 總庶三三第八號ノ一七六

起案 昭和9年2月22日

決裁 昭和 年 月 日

發送 昭和 年 月 日

起案箇所

箇所長

主任者 津矢田 9.2.22

擔任者 高橋 9.2.22

電話

發送取扱者

回議者及印 總、庶務課長 9.2.22

關係者印

事後回議者及印

件名 滿洲事変史編纂資料提出ノ件

滿洲事変史編纂資料（庶務、人事、秘書係分）別紙ノ通提出相成可然哉

弘報、經理両係ノ分ハ既ニ直接送附スミナリ

9.2.24 正男

南滿洲鐵道株式會社

受付印

ヨ-8012 B列5　640　（9. 1. 2,000冊 東亜納）

660

満洲事變史編纂資料

総務部庶務課

一、満洲事變關係戰死傷軍人並警官ニ對シ左記標準ニ依リ總裁名ヲ以テ弔慰金並見舞金ヲ贈呈セリ

標準

階級職名	弔慰金	見舞金 重傷	見舞金 輕傷
將校、准士官	六〇〇圓	三〇〇圓	一〇〇圓
下士官	四〇〇	二〇〇	七〇
兵	三〇〇	一五〇	五〇
警視	六〇〇	三〇〇	一〇〇
警部、警部補	四〇〇	二〇〇	七〇
巡査部長、巡査	三〇〇	一五〇	五〇
巡捕	一〇〇	五〇	二〇

641

661

事變勃發以降昭和八年三月三十一日ニ至ル支出額左記ノ如シ

記

(イ)軍人

弔慰金	一、二七七名	四五三、三〇〇圓
見舞金	二、八二八名	二四八、七九〇圓
計	四、一〇五名	七〇二、〇九〇圓

(ロ)警官

弔慰金	三四名	八、五〇〇圓
見舞金	三二名	二、四二五圓
計	六六名	一〇、九二五圓

二、事變ノ尊キ犧牲トナリタル軍人及警官ノ告別式又ハ慰靈祭ニハ總裁名ヲ以テ弔電ヲ發スルト共ニ正副總裁名花環各一個ヲ供ヘ弔意ヲ表セリ

別表「慰靈祭花環代調」參照

三、出征將士ノ慰問ニ就テハ前記弔慰金並見舞金支出以外別表（見舞品、慰問品等一覽表）ノ通內地歸還傷病兵ノ慰問、來滿及凱旋部隊ノ歡送

642

662

迎、前線部隊ノ陣中見舞等凡ユル機會ニ於テ慰問、歡待ニ努メタリ

四、事變ニ出動セル將卒一同ニ對シ會社ヨリ慰問品トシテ滿洲事變寫眞帖約三萬八千部ヲ寄贈セリ

右所要經費約二萬一千圓

五、滿洲事變勃發當初ニ於ケル出征軍人慰問金トシテ金三萬五千圓也ヲ關東軍司令官ニ送付シ適當分配方ヲ依頼セリ（昭六、一〇）

六、時局ニ際シ州外在勤警察官吏ノ勞苦ヲ察シ之ヲ慰藉スル爲會社ヨリ慰問金トシ左記ノ通贈呈セリ（昭六、一〇）

關東廳警察官	一、九五七名	二、〇〇〇圓
外務省警察官	一一〇名	三〇〇圓

七、關東廳警務局長ヨリノ申出ニ依リ安奉線警備費トシテ金三萬圓也支出セリ（昭七、三）

八、大連市役所發起ノ下ニ全滿同胞ノ義金ニ依リ軍用飛行機「滿洲號」五機ヲ關東軍ヘ献納ノコトトナリタルヲ以テ右義金中ヘ會社ヨリ金一萬圓寄附、重役及社員一同ヨリ金一萬六千九百六十七圓醵出アリタリ

643

663

（昭七、五）

九、上海事變出征軍人慰問金トシテ左記ノ通贈呈ノコトニ決定シ伍堂理事携行親シク現地ニ慰問セリ（昭七、二）

陸　軍　　約二萬人へ　　金一萬圓也

海　軍　　約二萬人へ　　金一萬圓也

一〇、上海事變ニ戰死セル陸海軍人弔慰金トシテ金五萬圓也ヲ贈呈セリ

（昭七、四）

644

664

一、軍部及滿洲國派遣社員復歸ニ關スル件

事變ニ際シ社內各部所ヨリ軍部及滿洲國ニ派遣中ノ社員ニシテ先方ノ用務終了ノ爲內二十二名ハ本人ノ舊所屬ニ於テ既ニ補充濟ニシテ復歸出來サリシヲ以テ不取敢總務部附トシ其ノ後各方面ニ配屬ヲ終レリ

645

665

慰靈祭花環代調　（軍　隊）

年月日	場所	花環代	摘要
昭和六年十月	長春	四五圓	南嶺及寛城子戰死者
	鐵嶺	一五	工兵第二大隊小林上等兵
	奉天	七	獨守、新國伍長外一名
	遼陽	二五	倉本少佐以下七三名
	四平街	四〇	獨守、高橋、佐藤兩上等兵
	瓦房店	一五	戰死者全般
	開原	一〇	同
	公主嶺	四五	獨守、倉本少佐外三八名
	鞍山	二〇	戰死者全般
	奉天	七	獨立飛行隊中林少尉
十一月	鞍山	二〇	獨守、大塚上等兵
	撫順	三〇	同　池田上等兵

646

十一月	奉天	七圓	步兵第二十九聯隊栗原少佐外四名
	大石橋	二〇	獨守、中村上等兵外二名
	開原	一五	同　作本伍長
	瓦房店	一五	同　栗山上等兵
十二月	奉天	七	關東憲兵隊榎本曹長
	鐵嶺	一五	工兵第二大隊、平井上等兵
	遼陽	二五	第二師團隸下戰沒將士
	奉天	七	獨守、板倉少佐
	旅順	六五	第三〇聯隊戰死者三十名
	海城	一五	野砲兵第二聯隊佐々木曹長以下七名
	奉天	七	陣野原特務曹長以下九名
	長春	三〇	第四聯隊五名、獨守三名
	公主嶺	二〇	騎兵第二聯隊吉澤中尉外六名
	奉天	七	步兵第五聯隊太田上等兵外一名
	四平街	四〇	獨守、安藤上等兵

667

十二月	鐵嶺	三〇圓	獨守、奥村少佐外三名、憲兵隊一名
昭和七年一月	本溪湖	三〇	獨守、鳥井特務曹長
	營口		第三〇聯隊伊藤上等兵外二名
	大石橋	二七	獨守、鷹取伍長
	海城	二七	野砲兵第二聯隊、寺島、須藤兩上等兵
	瓦房店	一〇	獨守、谷本上等兵
	奉天	七	同　小杉曹長以下九名
	奉天	六	同　千葉伍長
	安東	二五	同　杉山曹長
	旅順	二〇	步兵第三〇聯隊、河野大尉
	奉天	六	獨立飛行隊花澤大尉外一名
	鳳凰城	二五	獨守、傭人杉本貞吉
二月	大石橋	三〇	同　尾池伍長外三名
	熊岳城	二〇	同　岡部一等兵
	長春	三二	獨立飛行隊清水少佐

648

二月	奉天	七圓	軍囑託山口氏外二名
	哈爾濱	七六	第二師團隷下戰死者
	公主嶺	一五	獨守、相澤伍長、今井上等兵
	長春	五〇	第四聯隊、熊谷曹長以下二十名
三月	長春	三〇	步第四聯隊慰靈祭
	同	二〇	同
	本溪湖	二〇	獨守、山根上等兵
	哈爾濱	五〇	第二師團慰靈祭
	公主嶺	一五	獨守、慰靈祭
	本溪湖	二五	連山關守備隷松伍長外
	大連	八	林大佐慰靈祭
	安東	七五	杉山軍曹外
	鐵嶺	三〇	獨守、田中上等兵
四月	大石橋	一五	同　石田上等兵
	哈爾濱	九二	第二師團戰沒將士慰靈祭

649

669

四月	奉天	一二圓	林少將外
	公主嶺	一五	獨守、慰靈祭
五月	安東	二五	安東守備隊坂田上等兵
	鐵嶺	三〇	軍屬、五十嵐定吉外
	遼陽	三〇	煙臺守備隊西部伍長
六月	旅順	二〇	於松花江、細川特務少尉
	鄭家屯	四〇	通遼步兵青木曹長外
	哈爾濱	八九	十師團戰沒將士慰靈祭
	大連	一五	慰靈祭
	同	一〇	細井特務少尉
	同	一〇	於埠頭、守屋少尉
	遼陽	三〇	菊池看護長
	哈爾濱	五二	十師團慰靈祭
	吉林	二〇	三〇聯隊、二聯隊慰靈祭
	同	三	同上花環代

650

六月	長春	二〇圓	步四聯隊慰靈祭
	同	三〇	同
七月	大連	一〇	大川大尉慰靈祭
	瓦房店	二〇	倉形上等兵
	本溪湖	一五	渡邊伍長
	新京	二〇	武田中尉
	奉天	五	日支戰死者合同慰靈祭
	同	五〇	戰沒將士慰靈祭
	鞍山	四〇	小澤伍長
	同	二〇	林特務曹長
	大連	一〇	埠頭慰靈祭
	鐵嶺	一五	軍屬村田岩氏
	奉天	七	松井大佐
	哈爾濱	六〇	十師團慰靈祭
	奉天	一七	日滿合同慰靈祭

651

671

八月	遼陽	三〇圓	遠矢少佐慰靈祭
	大連	一〇	埠頭慰靈祭
	哈爾濱	九八	綏化、十四師團慰靈祭
	齊齊哈爾	四〇	石谷大尉、清田中尉
	大連	二〇	泊田特務曹長
	鞍山	二〇	木脇曹長外
	奉天	一三	山中上等兵
	吉林	三	花輪黒モス代
	鐵嶺	一五	黒澤守備隊長
	哈爾濱	二	花輪臺二個
九月	奉天	一〇	龜岡伍長外
	公主嶺	一〇	於公主嶺小學校慰靈祭
	大連	一〇	四平街村上曹長告別式
	同	一〇	北滿戰死將士慰靈祭
	哈爾濱	一四	慰靈祭花環代

652

九月	大連	一〇圓	埠頭慰靈祭
	奉天	一一	航空兵中尉大塚玄治
	本溪湖	一五	土谷上等兵
	哈爾濱	四九	十師團告別式
十月	大連	一〇	埠頭慰靈祭
	同	一〇	同
	大石橋	一五	船戶曹長外
	遼陽	三〇	五十川七造
十一月	奉天	五	大崎少尉外
	瓦房店	二〇	渡邊上等兵
	哈爾濱	三五	江防艦隊中川、渡邊兩氏慰靈祭
	奉天	七	高橋甚四郎上等兵
	四平街	五〇	北原曹長外
	撫順	五〇	佐藤曹長、丸田伍長
	奉天	五	航空兵香地中尉

673

十一月	鐵嶺	三〇圓	守備隊慰靈祭
	大連	一〇	埠頭慰靈祭
十二月	同	一〇	同
	鞍山	二四	松井上等兵
	撫順	二〇	丸山上等兵
	奉天	一〇	板倉航空士告別式
	大石橋	一五	平野上等兵
	新京	五〇	渡邊少佐外
	大連	一〇	工兵權伍長
昭和八年一月	奉天	一〇	飯塚上等兵
	大連	一〇	埠頭慰靈祭
	新京	三〇	航空福島大尉外
	四平街	五〇	藤原上等兵
	新京	二〇	佐藤憲兵軍曹
	公主嶺	一〇	守備隊慰靈祭

654

一月	旅順	二〇圓	慰靈祭
	安東	二五	鷄冠山守備隊 袖山松雄上等兵
	大連	一〇	埠頭慰靈祭
	鞍山	一八	長岡少佐外
二月	同	二一	江口上等兵
	新京	三〇	關東軍經理部松本誠
	同	三〇	飛行大隊吉井上等兵
	遼陽	二〇	煙臺、渡邊甲子男上等兵
	鐵嶺	一五	二十五聯隊慰靈祭
	新京	三〇	森下伍長
	同	三〇	飛行、大谷特務曹長
	大連	一〇	埠頭慰靈祭
	同	一〇	同
	同	五〇	第二師團慰靈祭
	公主嶺	一〇	守備隊慰靈祭

675

昭和八年三月

遼陽	二〇圓	山本一等兵
大連	一五	呼倫馬爾戰死者
撫順	二〇	金子上等兵
遼陽	二〇	二十三聯隊礒俣上等兵
同	二〇	牧野上等兵
大連	二五	埠頭慰靈祭
遼陽	二〇	獨守、笛木上等兵
同	二〇	步四十五聯隊、十七聯隊告別式濱田外
新京	二〇	獨守、久保田上等兵
合計	三、五八二圓	

656

676

慰霊祭花環代調（警察）

年月	場所	花環代	摘要
七年五月	本溪湖	二〇	警部坂本收之助
六月	大石橋	一五	巡査部長木田龜之助
〃	本溪湖	二〇	姜巡捕市民葬
八月	營口	一五	殉職警官市民葬
〃	〃	二〇	〃
〃	本溪湖	一五	秦巡捕長
〃	安東	二五	山崎壽一巡査部長
九月	本溪湖	一三	荒木清巡査部長
十月	開原	一五	水間高春外三名
〃	安東	二五	鳳凰城土岐巡査部長
十一月	撫順	二五	野本巡査部長
〃	開原	一五	槐近巡査部長

657

677

七年十二月	安東	二五	藤井、賀門両巡査部長
八年　一月	鞍山	二〇	東中道巡査部長
三月	新京	四〇	日高巡査部長（二口）
	合計	三〇八	

658

678

見舞品、慰問品等一覧表（昭和八年三月末日現在）

年	月	摘要	品種	慰問者
六	一一	公主嶺軍隊慰問	リンゴ　四箱	村上理事
	〃	鐵嶺　〃	〃　四箱	〃
	〃	長春　〃	〃　一六箱	〃
	〃	齊齊哈爾駐屯軍幹部慰問	ウイスキー　一打	竹中理事
	〃	〃	ブドウ酒　一打	〃
	〃	遼陽　傷病兵慰問	リンゴ　一〇箱	〃
	〃	奉天　〃	〃　三〇箱	〃
	〃	鐵嶺　〃	〃　一五箱	〃
	一二	滿洲派遣補充部隊	清酒　六樽	

659

679

七	一	內地歸還傷病兵見舞	甘栗 百匁入 二三五個	
	二	上海駐屯軍及在留民慰問	清酒 四斗五升入 二樽 二斗入 七樽	伍堂理事
	四	內地歸還戰傷兵見舞	甘栗百匁入五〇個	
	〃	第二十師團司令部引揚ニ付寄贈	ウイスキー 一打	伍堂理事
	五	白川軍司令官外六名負傷者見舞	ブドウ酒 七打	上海事務所
	〃	第十四師團上陸部隊ヘ寄贈	清酒 二斗入六樽 鯣代 五〇圓	
	七	內地歸還傷病兵見舞	ロシア飴 六一罐	
	〃	仝上	仝上 七一罐	
	八	仝上	仝上 五〇罐	
	九	仝上	仝上 六一罐	
	〃	安東衛戍病院負傷兵見舞	リンゴ 五箱	副總裁
	九	內地歸還傷病兵見舞	ロシア飴 九〇罐	
	一〇	仝上	仝上 六〇罐	
	〃	仝上	仝上 五〇罐	

660

680

七	一〇	內地歸還傷病兵見舞	ロシア飴	四〇罐	
	一一	富錦駐在守備兵ニ挨拶ヲ兼ネ慰問	烟草、菓子等（金額三八四圓）ヲ		哈爾濱事務所運輸課事務員　清水利吉 備員有馬藤吉赴任ニ際シ
	〃	內地歸還傷病兵見舞	ロシア飴	五〇罐	
	〃	仝上	仝上	八二罐	
	一二	仝上	仝上	六五罐	
	〃	仝上	仝上	六五罐	
八	一	仝上	仝上	六〇罐	
	〃	天野旅團司令部及旅順駐劄步兵第三〇聯隊本部凱旋ニ付寄贈	清酒	一樽	
	〃	內地歸還傷病兵見舞	ロシア飴	四五罐	
	〃	仝上	仝上	六六罐	
	二	仝上	仝上	四五罐	
	〃	仝上	仝上	五〇罐	

661

681

八	二	內地歸還傷病兵見舞	ロシア飴	七〇罐	
	三	仝上	仝上	二〇〇罐	
	〃	錦州進出中ノ軍司令官（陣中見舞）	清酒	二樽	總裁名
	〃	內地歸還傷病兵見舞	ロシア飴	一五五罐	
	〃	仝上	仝上	五五罐	
	〃	仝上	仝上	八〇罐	
	〃	奉山線駐屯軍隊慰問	シャンパン	二八本	十河理事
			ウイスキー	二打	
			シガー	二箱	
			果物	二箱	

662

208

一、紹介宣傳

前年報告ニ依リ大要記述セルモ之カ補足竝其ノ作ニ於ケル經過左ノ如シ

イ、歐米方面

歐米各國ノ滿洲滿鐵ニ對スル注意ノ集中ハ周知ノ如シ、政治的ニ經濟的ニ凡ユル研究ヲ爲サムトスル傾向著シキモノアリ乃チ此ノ機ヲ捉ヘ更ニ其ノ現況ノ認識ヲ深メムト努力シアリ。

紐育事務所ヲ通シ事變前ヨリ宣傳依囑中ノ赤木英道氏ハコロンビヤ大學日本講座擔任者トシテノ肩書ヲ有シ、事變後特ニ講演ニ執筆ニ大ナル努力ヲ續ケ來リ、今回大學ノ契約滿期ト共ニ本社ニ於テ專ラ該計畫ニ參與シツツアリ

昭和八年市俄古萬國博參加ヲ契機トシ同地ニ滿洲美術寫眞展ヲ開キ爾後全米各地ニ巡回展ヲ實施シツツアリ實施ノ結果ニ依レハ滿洲ヲ

八月二十日 庶務係

9.9.6

219

209

美術的ニ知ラシムルハ政策味ナキ企トシテ好感ヲ以テ向ヘラレ一面技術的ニモ相當ノ尊敬ヲ以テ扱ハレツツアルヲ確認セル所本年ハ歐州方面ニモ之ヲ及ホサムトシテ目下計畫中ナリ
從來派遣員トシテ扱ハレシ巴里ノ機關モ事務所ヲ開設スルニ至リシヲ以テ今後ハ一段ノ力ヲ注キ機能ヲ發揮セムトシ既ニ各種資料ヲ充實セシメツツアリ、其ノ他新設倫敦駐在員等モ之ト協力セシメ逐次實施中。

ロ、日本

支社竝各案内所等各出先機關ト協力從來實施シ來レル各種方式ヲハ状況ニ應シ進メツツアリ

ハ、刊行物類

其ノ後新刊配付サレタルモノ左ノ如シ
邦文、滿洲讀本、滿洲と日本、撫順炭礦概要等其ノ他滿洲グラフハ隔月發行實費頒布ヲ主眼トシ、各種事情ト併セ時々ノ事象ヲ輯錄シテ英文ノ説明ヲモ加ヘ廣ク頒布シツツアリ

220

ニ、活動寫眞

滿洲國ノ依託ヲ契機トシテ事變後ノ新興滿洲國全貌ヲ輯錄シ之ヲトーキー化シテ英、佛、獨、西、日、滿語六種ノ說明ヲ以テ各國ニ汎ク配置實施中

其ノ他事變後ノ記錄ノ一トシ製作シタルモノニ「滿洲國帝制實施ノ御大典」「鄭修聘使日本訪問經過」「秩父御名代宮殿下滿洲國御訪問狀況」ノ三種ハ滿洲國側ノ希望ト併行シ記錄ノミナラス國內宣傳用トシ、サウンド版、サイレント版兩樣ニ製作セラレ曠ク普及シツツアリ

ホ、普通寫眞

普通寫眞ノ利用ハ非常ナル曠範圍ニ亘リ之カ材料蒐集ニ就テハ新線ノ敷設ニ件ヒ銳意新資料ノ蒐集ニ努メ從來紹介セラレサリシ奧地各方面ヲ逐次諸種樣式ニヨリ發表シツツアリ

一面新線建設ノ諸狀況ヲ蒐集シテ社業ノ記錄竝將來施工上ノ參考資料トシテ輯錄シツツアリ

211

へ、其ノ他

展覧會ノ利用ニ就テハ各出先機關ニ圖表、繪畫、寫眞、其ノ他ノ資料ヲ常備シ各方面ニ於ケル催シニ應シ適宜出品、映畫ノ利用、刊行物ノ配付等ト併セ實施シツツアリ

新設軍人會館ニ滿蒙室設置サレタルニ依リ之カ内部陳列ニ就テ社業竝滿洲事情ニ關スル各種資料蒐集、支社竝滿洲資源館ト協力第一段ノ陳列ヲ七月末陛下ノ行幸ノ際ニ完成セシメタリ

ト、今後ノ宣傳

情勢ノ推移ニ伴ヒ滿洲國側其ノ他關係方面トノ連絡協調ハ益緊密ナルヲ要シ之ニ就テハ常ニ適當ナル連繋ヲ保チツツアリ。之カ爲一面比較的經費ヲ節約シ、實施ノ成果ヲ大ナラシムルモノ少ナカラス乃チ滿洲國ノ映畫製作ヲ會社ニ於テ引受ケツツアルカ如キハ其ノ一事象ニ外ナラサルナリ。

后　记

本套汇编编纂工作在《抗日战争档案汇编》编纂出版工作领导小组和编纂委员会的具体领导下进行，编者主要来自辽宁省档案馆（辽宁省工业文化发展中心），档案保管中心、电子档案与信息安全部的同志为本书的编辑出版提供了大力支持和帮助。在编纂过程中，关杰、王天明、姜艳、张晓彤、王新健、孙叶、朱海楠等同志参与了编纂服务工作。清华大学出版社对本套汇编的编纂出版工作给予鼎力支持，谨向上述单位和同志致以诚挚的感谢！

编　者